주장관리론

Beverage & Bar Management

머 리 말

본서의 전판이라고 할 수 있는 주장관리론이 출판된 후 상당한 시간이 흘러갔다. 그 당시 주장관리 교재는 거의 습작 수준이었는데, 그럼에도 불구하고 공저자께서 출판하고자 하여 출판하였다. 그 뒤로 이 주장관리를 전면적으로 개정을 하든가 혹은 새로운 주장관리 교재를 출판하려고 마음을 먹었으나 시간이 나지 않다가 마침내 시간적으로 기회가 되어 드디어 출판하게 되었다.

본서는 총3부 13장으로 되어 있다. 제1부인 음료의 이해에서는 제1장 음료란 무엇인가?, 제2장 술이란?, 제3장 양조주, 제4장 증류주, 제5장 혼성주로 구성되어 있는데, 독자들이 주장의 경영을 하기 전에 필수적으로 알아야 할 사항을 서술하였다. 이 부분은 주장경영을 전공하지 않는 독자라도 상식적으로 알아야 할 사항을 기술하였다. 제2부인 주장경영은 본서의 핵심 분야로서, 제6장 주장의 운영관리, 제7장 주장의 메뉴 관리, 제8장 주장 서비스, 제9장 주장의 이익 관리, 제10장 주장의 설비, 제11장 주장의 마케팅을 포함하고 있다. 이 부분은 주장경영을 전공하고 있는 독자들이 필수적으로 알아야 할 사항을 서술하였다. 제3부인 칵테일 이론과 조주법을 서술하였는데, 조주기능사 시험을 준비 중인 독자들을 위해 준비하였다. 조주기능사

시험을 준비하려는 독자들은 본서를 참고하기를 바란다. 최근 조주기능사에서 출제되는 레시피의 수가 개정되어 개정된 수에 맞추어 본서를 기술하였다.

본서를 이용하는 교수들께서는 대학 및 대학교에서의 한 학기가 16주로 구성되는 만큼 이것을 감안하여 각 장에 대해서 강의를 수행하시면 될 것이다. 제13장 칵테일 조주법에서 3절 기출문제는 상당한 양이 되므로 강의 시 배제하시면 될 것이다.

본서를 만드는데 공저자인 황성혜 교수와 김윤형 교수께서 많은 고생을 하셨다. 이 지면을 빌려 감사를 드린다. 또한 본서의 출판이 가능하게 해주신 한올출판사 임순재 사장님과 황남수 부장님께 깊은 감사를 드리며, 다른 임직원 여러분께 고마움의 말씀을 전한다. 본서를 제작하는데 있어 저자들은 최선을 다하였으나, 아마도 여러 가지 고쳐야 할 부분이 있을 것으로 사료된다. 그러한 부분에 대해서는 기탄없는 조언을 부탁드린다.

2014년 8월

저자 일동

Contents

PART
01

음료의 이해

PART
02

주장경영

CoNtentS

Chapter

07 주장의 메뉴 관리_82

Contents

PART 03

칵테일 이론과 조주법

Chapter
13 칵테일 조주법_150

PART

01

음료의 이해

Chapter

이
음료란
무엇인가?

01 음료란?

음료란 인간이 마시는 모든 종류의 액체들이라 정의할 수 있다.

사람은 음료를 마시지 않고는 삶을 영위할 수 없다. 그 중 가장 기본이 되는 것이 물이다. 사람의 신체를 구성하는 물질 중 70% 이상이 물로 구성되어 있으며, 인체는 수분의 균형이 깨어지면 생명까지도 위험하게 된다. 인체에 필요한 물은 물 자체로 섭취하는 경우도 있으나 인간은 생활 속에서 전골, 국, 주스, 우유, 주류 등으로 많은 양의 수분을 섭취한다.

사람은 생명을 영위하는데 필요한 수분을 여러 가지 방법으로 섭취하고 있으며, 최근 삶에 대한 가치관의 변화 및 가처분 소득의 증가, 건강에 대한 인식의 변화, 환경오염 등으로 말미암아 다양한 형태의 음료를 통하여 인체에 필요한 수분을 섭취하고 있다. 기업은 이러한 사람의 음료에 대한 생각과 소비 패턴의 변화에 따라 다양한 상품을 대중매체를 통해 광고하고 있다.

오늘날 사람이 마시는 음료는 수없이 많으며 그 성분 또한 다양하기 그지없다.

음료에는 크게 알코올성 음료와 비 알코올성 음료가 있으나 일반적으로 음료라 것은 비 알코올성 음료로 생각되어지는 경우가 많다.

알코올성 음료와 비 알코올성 음료는 알코올의 함유에 따른 분류이며 일반적으로 알코올이 1% 이상 함유되어 있으면 알코올성 음료이다. 즉, 알코올이 1%이상 함유되어 있으면 술이라 칭한다.

술은 인간의 역사와 같이 한다. 손님을 청해 놓고 술을 준비하고, 사람과 사람의 만남의 자리에도 우리는 흔히 술을 보게 된다. 이렇듯 인간과 술은 밀접하게 연관되어 있으며, 문명이 발달하고 산업이 발달하면서 다양한 종류의 술이 출현하고, 술과 관련된 기업들도 발전하게 되었다. 인간은 슬플 때, 즐거울 때, 괴로울 때 어느 경우라도 술을 찾으며 술에 너무 의지한 나머지 중독에도 이르게 된다.

술의 재료는 지방과 나라에 따라 꿀, 포도, 곡식, 대추, 야자, 우유, 사탕수수, 딸기 및 각종과일 등 여러 가지이며, 이러한 알코올성 음료는 수세기전에 약초들과 혼합하여 의약품으로 사용되기도 하였다.

02 음료의 역사

인류가 최초로 마신 음료는 물일 것이다. 세월이 흐르면서 우연이건 숙명이건 물에 첨가물이 첨가된 음료를 발견하게 되고 그 맛에 매료되어 제조를 시작하였을 것으로 생각된다. 인간이 즐기는 음료에 관한 정확한 유래는 알 수 없으나 최초의 혼합 음료는 벌꿀을 물에 혼합하여 즐겼으리라 추측하고 있다. 음료에 관한 역사를 알기 위하여 추측할 수 있는 역사적 근거를 찾으면 1919년에 발견된 스페인의 발렌시아(Valencia) 부근의 동굴에서의 벽에 세긴 조각을 들 수 있다. 이 벽의 조각은 약 1만 년 전의 것으로 고고학자들은 추측하고 있으며 조각의 내용 중 한 손에 바구니를 들고 벌꿀을 채취하는 사람의 모양이 존재한다. 이 사람들은 이 벌꿀을 여러 가지 방법으로 활용을 하였을 것이며 물에 혼합하여 음용도 하였을 것으로 추측한다. 다음으로 인간이 발견한 음료는 과즙이었을 것이다. 기록을 살펴보면 기원전 6,000년경 바빌로니아에서 레몬 과즙을 마셨다는 기록이 있다. 또한 그 이후 이 지방의 사람들은 빵이 물에 젖어 발효된 맥주를 발견하였고 양생의 포도가 쌓여 발효된 포도주를 발견하여 즐겼다고 전하고 있다. 그 이후 인간의 탄산 가스의 발견과 알코올의 발견 그리고 발효기술의 습득 및 발전으로 많은 그리고 다양한 음료를 즐겼고 지금도 많은 형태 또는 다양한 종류의 음료가 개발되고 시장에 출시되고 있다.

03 음료의 분류

음료는 일상생활과 밀접한 관계가 있으며 그 종류도 수없이 많다. 음료는 크게 나누어 알코올이 함유되어 있는 알코올성 음료와 함유되어 있지 않는 비 알코올

음료 (Beverage)	비 알코올성 음료 (Non-Alcoholic Beverage)	청량음료 (Soft drink)	탄산음료 (Carbonated drink)	콜라, 사이다, 진저엘, 소다수, 토닉 워터
			무 탄산 음료 (Non-Carbonated drink)	광천수, 에비앙
		영양 음료 (Nutritional drink)		주스류 : 과일, 야채음료
				우유
		기호음료 (Fancy drink)		커피
				차류
	알코올성 음료 (Alcoholic Beverage)	양 조 주 (Fermented liquor)		맥주, 와인, 청주, 막걸리
		증 류 주 (Distilled liquor)		위스키, 진, 브랜드, 럼, 데킬라, 보드카
		혼 성 주 (Liquer)		리큐르
		혼 합 주 (Mixing liquor)		칵테일

표 1
음료의 분류

성 음료로 구분할 수 있다. 알코올성 음료는 일반적으로 양조주, 증류주, 혼성주, 혼합주로 구분할 수 있으며, 비 알코올성 음료는 청량음료, 영양 음료, 기호음료 등으로 구분할 수 있다.

Ⅰ 비 알코올성 음료의 종류

(1) 영양음료의 종류(Nutritional Drink)

❶ 주스류의 종류(Juice)

주로 사용하는 주스로는 레몬주스, 라임주스, 오렌지 주스, 토마토 주스, 포도 주스 등 여러 가지 각종 주스류가 사용된다.

❷ 유성음료

유성 음료로는 지방질을 제거한 우유와 유지만을 모아 만든 스위트 크림(Sweet Cream) 등이 있다.

(2) 청량음료의 종류(Soft Drink)

탄산음료의 종류

❶ 콜라

콜라는 미국을 대표할 정도로 미국으로 부터 세계 각지의 대중 음료로 보급되고 있다. 주원료는 서아프리카, 서인도제도, 브라질, 말레이시아 등지에서 재배되고 있는 콜라 두(豆)[(Cola Bean)]를 가공 처리하여 콜라 엑기스(Extract)를 만들어 여기에 물을 섞고 각종 향료를 넣은 후 이산화탄소를 함유시켜 만든다. 향료로는 레몬, 오렌지, 육두구의 씨(Nutmeg), 계피(Cinnamon), 바닐라 등이 쓰인다. 콜라 엑기스에는 커피의 2배 정도의 카페인이 함유되어 있다.

❷ **사이다**(cider)

사이다는 사과를 원료로 하여 발효시켜 얻은 과실주의 하나로서 알코올 성분은 1~6%정도 함유되어 있다. 그러나 오늘날의 사이다는 알코올 성분이 거의 함유되어 있지 않아 양조주라기보다는 청량음료로서 각광을 받고 있다. 우리나라에서는 주로 구연산과 감미료 및 탄산가스를 함유시켜 만든다.

❸ **토닉 수**(Tonic Water)

영국에서 처음 개발된 무색투명의 음료로 레몬, 라임, 오렌지, 키니네 껍질(Quinine Peel) 등으로 엑기스를 만들어 당분을 배합한 것이다. 열대지방 사람들의 식욕증진과 원기를 회복시키는 강장제 음료로서, 진과 같이 혼합하여 즐겨 마신다.

❹ **진저엘**(Ginger Ale)

생강(Ginger)의 향을 함유한 소다수로 식욕증진이나 소화제로 많이 마시고 있으나, 주로 진이나 브랜디와 혼합하여 마신다.

❺ **칼린스 믹서**(Collins Mixer)

피즈(Fizz)나 칼린스(Collins)류를 만들 때 쓰이며 소다수에 레몬주스와 당분을 섞어 만든 음료이다.

무 탄산 음료(Non-Carbonated Drinks)의 종류

❶ **광천수**(Mineral Water)

광천수에는 천연수와 인공수가 있는데 보통 말하는 광천수란 칼슘, 인, 칼륨, 라듐, 염소, 마그네슘, 철 등의 무기질이 함유되어 있는 인공 광천수를 말한다. 유럽 등지에서는 수질이 나빠서 이러한 광천수를 만들어 일상 음료로 마시고 있다.

❷ **기타**

그 밖의 무 탄산 음료로 천연 광천수로서 유명한 Vichy Water, Evian Water, Seltzer Water 등이 있다.

(3) 기호음료(Fancy Drink)

기호음료는 고객이 기호에 따라 마시는 음료이며 고객의 기호가 다양한 만큼이나 즐기는 방법 또한 다양하다. 기호음료에는 커피와 차 두 가지 종류가 대표적이다.

❶ 커피(Coffee)

세계 경제의 붕괴, 이에 따른 우리나라 경제의 전반적인 불황에도 불구하고, 올해 4월 관세청의 보고에 따르면 올 들어 지난 5월까지 커피 수입량은 5만4천t으로 전년 동기 4만9천t에 비해 10.2% 증가했다. 또한 지난해 커피 수입량도 12만t으로 2012년 11만5천t에 비해 4.3% 늘었다. 이는 만 20세 이상 성인 1인당 연간 약 298잔의 커피를 마신 것으로, 2012년(288잔)에 비해 조금 증가한 수치다. 이렇듯 커피에 대한 선호와 수입이 증가함에 따라 커피를 전문적으로 다루는 바리스타에 대한 일반 국민들의 인식도 점차 긍정적으로 변화되어지고 있다.

커피의 기원에 대한 이야기는 여러 가지가 전해지지만 가장 대표적인 것은 에티오피아 양치기 소년인 칼디(Kaldi)의 이야기이다. 이 소년은 어느 날 염소들이 붉은 열매를 따먹고 밤에 자지 않고 울어대며 소란을 피우는 것을 보고, 그 열매를 따먹었다. 신기하게도 기분이 상쾌해지면서 각성되는 느낌이 들며 전신에 활력이 도는 것 같았다. 이에 칼디는 수도원장에게 이 사실을 알렸고, 수도원장은 이 빨간 열매가 잠을 쫓고 원기 회복에 도움이 된다는 사실을 알게 되었다. 이후 이 열매는 수도승들의 각성제로 사용되면서 이슬람 국가 전역에 널리 퍼져 가게 되었다. 이러한 커피의 효능이 이슬람 순례자들과 아랍 무역상들에 의해 아라비아 반도로 전파되었고 예멘의 북서부 산악 지역에 커피나무가 재배되어 커피하수를 중심으로 커피 음용이 확산되어 갔다. 16세기 중반에 이르러 오스만 투르크(지금의 터기)가 남부 아라비아까지 지배하게 됨에 따라 페르시아를 걸쳐 이집트로 전파되었다.

커피콩의 원산지는 에티오피아 이지만 음료로 개발해 마시기 시작한 것은 1400년 무렵 예멘의 모카에서였다. 예멘에서는 커피나무의 외부로의 반입을 엄격하게 금지 하였지만 여러 사람들에 의해 커피나무가 남아메리카, 중앙아메리카, 유럽 등으로 전파되었다. 이후 터키를 거쳐 로마에 들어온 커피는 교황 클레멘스 8세에 의해 가톨릭교도의 음료로 공인 받게 되면서 유럽으로 더욱 빠르게 퍼져 나갔고 베스에는 1615년 전해져 caffe 라 불리고 1645년 베니스 산 마르코 광장에 커피점을 개장하면서 이후 유럽 각국에 많은 커피점이 생겨나게 되었다(한국커피전문가협회, p3-12). 특히 프랑스 파리의 카페들은 처음에는 단순히 사교의 장이었으나 이후 당시 절대 왕권을 무너뜨리는 프랑스 대혁명의 진원지가 되기도 하였다.

우리나라에 커피가 처음 들어온 시기는 1890년 전후로 최초의 공식 문헌상의 기록으로는 1895년 을미사변으로 고종황제가 러시아 공사관에 피신했을 때 러시아 공사 위베르가 고종황제에게 커피를 권했다고 전해진다. 이후 커피를 좋아하게 된 고종황제는 덕수궁에 '정관헌'이라는 건물을 지어 그곳에서 커피를 즐겨 드셨다고 전해진다.

커피의 명칭은 나라마다 다르다. 프랑스에서는 Café(카페), 영국에서는 coffee, 이탈리아에서는 caffe라고 한다. 커피의 원어는 에티오피아의 "카파(Kaffa)"로 힘을 뜻하는 아랍어, 영국에서는 커피를 아라비아의 와인이라고 불렀다. 커피는 휘발성 향기성분과 비휘발성 성분을 함유하고 있다. 그 중에서 커피 향미에 가장 큰 영향을 주는 것은 비휘발성 성분이다. 커피의 비 휘발 성분이 신맛, 쓴맛, 단맛 등을 좌우한다. 커피는 저장하는 과정에서 공기(산소), 습도, 온도 등에 민감하게 반응하므로 커피의 제 맛과 향을 즐기려면 직사광선이 들지 않고 통풍이 잘 되는 신선한 곳에 보관해야 한다. 이렇듯 커피는 오늘날 전 세계 어느 나라도 즐기지 않는 곳이 없을 정도로 널리 보급 된 기호음료로서, 다량의 카페인이 함유되어 있다. 커피에 포함된 카페인 성분은 식도에서 염산의 분비를 돕고, 위의 운동을 도와 소화촉진에 도움을 준다. 또한 카페인은 사람의 중추신경계를 자극하여 각성에 도움이 되기는 하지만 이뇨작용을 한다.

이러한 커피의 주요 3대 원종은 아라비카종(coffea arabica; 에티오피아 원산지), 로부스타종(콩고가 원산지), 리베리카종(아프리카 서해안 원산지) 등이 있으면 전 세계적으로 약 40여 종이 있다. 아라비카 종은 전 세계 생산되는 원두의 약 70%를 차지하며 '마일드(mild;

질 좋은 아라비카 종에 붙이는 용어, 에티오피아 고산지대가 원산지이며, 맛과 향이 뛰어남)'와 브라질(Brazil;세계 제일의 산출량 품종으로 부드럽고 신맛이 강하다)'이 있다. 로부스타 종(coffea robusta)은 전 세계 커피 생산량의 20~30%를 차지하며, 아라비카에 비해 카페인 함량이 높고 쓴맛이 강하고 향이 부족하여 인스터트 커피의 주원료로 많이 쓰이고 주로 우간다, 인도네시아, 앙골라 등지에서 생산된다. 리베리카 종(coffea liberica)은 향미가 떨어지며, 쓴맛이 강해 거의 내국용으로 재배된다(김경옥 · 신용호, 2005, p.217-219).

커피는 배전(roasting), 블렌딩(blending), 분쇄(grinding)를 거쳐 비로소 음용이 가능하게 된다. 먼저, 수확한 커피 체리(coffee cheery)는 건조와 껍질을 벗기는 과정을 거쳐 배전하게 된다. 배전은 220˜230도의 고온에서 생두를 볶아 그린 빈(green bean)의 내부조직에 물리적, 화학적 변화를 일으켜 커피 특유의 향과 맛이 생성되는 작업을 의미한다.

일반적으로 배전 정도는 8단계로 나누어진다. 생두 상태(green beans)를 최약 배전(light roast), 약배전(cinnamon roast), 약강배전(medium roast), 중약배전(high roast), 중중배전(city roast), 중강배전(full city roast), 강배전(French roast), 최강배전(Italian roast) 등으로 나뉜다. 최약배전 상태에는 마시기에는 적합하지 않고 콩의 테스트용으로 사용되고, 약배전된 커피콩은 계피와 비슷한 연한 갈색을 띠며, 향기가 거의 없어 신맛이 강하여 아메리카 스타일의 커피에 적합하다. 약강배전은 아메리칸 로스토라고 불리며 원두가 충분히 부풀어 산미, 쓴맛, 좋은 풍미를 지니고 있어 다용도로 사용된다. 중중배전은 조금 강하게 볶아 풍부한 갈색을 띠며, 균형 잡힌 강한 느낌의 맛, 향, 약간 깊은 맛을 내기 때문에 스트레이트 커피용으로 사용된다. 중강배전은 커피콩을 조금 강하게 볶은 것으로 짙은 갈색을 띠고, 깊은 맛이 있고, 산미나 느껴지지 않고 쓴맛이 강해 크림을 가미하여 마시는 유럽 스타일의 커피에 적합하다. 강배전은 커피콩을 강하게 볶아 커피 오일이 표면에 유출되어 고소한 맛을 느낄 수 있어 쓴맛이 강하게 느껴지고, 아이리시 커피, 카페 로열, 카페오레에 적합하다. 최강배전은 에스프레소 로스트(Espresso roast)라고하도 하면 커피콩을 숯이 되기 직전까지 볶아 아주 강한 쓴맛을 내고, 에스프레소 및 카푸치노에 적합하다.

블렌딩은 품종과 배전 정도에 따라 서로 다른 맛과 향이 나는 커피 원두를 알맞게 조화시켜 최상의 풍미와 향, 맛을 잡아내기 위해 과정이다. 커피 입자를 어떻게 분쇄하느냐 따라 커피의 향, 농도 등 커피의 맛과 커피 추출속도와 관련성을 지니기 때문에 어떤 커피 추출 기구를 사용(드립퍼, 에스프레소 등)하느냐에 따라 분쇄 정도를 달리하여야 한다.

커피를 뽑는 방법은 드립퍼(Dripper), 사이폰(Siphon), 커피메이커(coffee maker), 에스프레소 포트(espresso pot), 프렌치 프레스(French press) 및 에스프레소 머신(espresso machine) 등이 있다.

커피를 사용하여 만들 수 있는 메뉴는 다양한데 대표적인들을 소개하면 다음과 같다(안우규·이정미, 2008, 156-160). 첫째, 카페 에스프레소(Caffe Espresso)이다. 이 메뉴는 에스프레소 추출 기계의 압력으로 25~30초 안에 빠르게 추출할 수는 커피로 모든 커피의 기본이 된다. 이 에스프레소 한잔으로 사용되는 원두의 질을 평가할 수 있다. 추출된 에스프레소 30㎖를 데워진 커피 잔의 물기를 닦고 바로 담아서 고객에게 제공한다. 추출된 에스프레소에 각얼음(cubed ice)을 넣고 시럽을 넣어 셰이킹을 하면 아이스 에스프레스(Ice Espresso)가 된다. 또한 추출된 에스프레소에 뜨거운 물(150cc)을 넣으면 흔히들 즐기는 아메리카노(Americano)가 된다. 둘째, 카페라떼(Caffe Latte)는 프랑스에서 카페오레로 불리는 메뉴로서 스팀 된 우유를 사용한 대표적인 메뉴로 전 세계에서 가장 많이 팔린다. 추출된 에스프레소 30㎖에 스팀 된 우유를 넣고 잘 저은 후에 우유 거품을 올려서 만들어지고, 우유 거품의 양을 많이 하여 큰 잔에 마시는 것이 일반적이다. 셋째, 카푸치노(Cappuchino)는 에스프레소 30㎖에 스팀된 우유를 넣고 저은 후에 우유 거품을 컵의 끝까지 따른 후에 계피(Cinnamon) 가루를 올려 제공하는 메뉴로서 카페 라떼와 함께 가장 애용되는 커피 음료 중 하나이다. 넷째, 카페 마끼아또(Caffe Macchiato)에서 마끼아또는 '점을 찍어 흉내를 낸다'는 뜻으로서, 추출된 에스프레소 30㎖에 스팀된 우유 거품 2~3 숟가락을 올려 에스프레소 잔에 제공한다. 이때 우유 거품은 에스프레소 잔 가운에 올려 고객에게 제공한다. 다섯째, 스팀된 우유 거품을 사용하여 커피 잔에 나뭇잎이나 하트 등 다양한 모양을 그리는 라떼아트(Latte Art)가 있다. 먼저 커피 잔에 에스프레소 30㎖를 추출한 다음, 찬 우유 180cc를 스팀 하여 우유 거품을 잘 만든다. 그 위에 여러 가지 모양을 그린다. 여섯째, 카페 모카(Caffe Mocha)는 커피 잔에 모카시럽(15cc)과 추출된 에스프레소 30㎖, 스팀된 우유를 넣고 잘 저은 후에 휘핑크림과 초코 가루를 뿌려 고객에게 제공하는 메뉴로 단맛이 강해 젊은 여성들이 좋아하는 메뉴이다. 마지막으로 캐러멜 마키아또(Caramel Macchiato)는 커피 잔에 바닐라 시럽과 에스프레소, 스팀된 우유를 넣고 난 다음 잘 저은 후 고운 우유 거품을 잔 끝까지 채우고, 캐러멜 소스로 토핑한 메뉴이다.

❷ 차(Tea)

차의 원산지는 중국이다. 약 300년 전 아라비아인과 영국인을 통하여 동서 전 세계로 전파되었으며 그 종류는 녹차, 홍차, 우롱차, 전차 등이 있다. 커피보다는 널리 전파되어 있지 않지만 많은 곳에 전파되어 있는 것이 차이다. 국가별 1인당 소비량을 살펴보면 영국(10 pound), 호주(8 pound), 캐나다(3-4 pound), 일본(1 pound)의 순이다. 차를 즐길 때는 물이 중요하며 물에 불순물이 함유되어 있으면 차 맛이 떨어지며 홍차의 경우 철기 제품에 담아 즐기는 것은 좋지 않다. 홍차를 즐길 때 레몬을 첨가하는 것은 레몬이 홍차의 맛을 변화시키지 않고 레몬의 상큼한 향을 즐길 수 있기 때문이다. 또한 홍차에 우유를 첨가하여 즐기면 탄닌의 강한 맛을 제거해 주고, 부드럽게 즐길 수 있으며 이러한 형태는 영국에서 많이 즐긴다.

MEMO

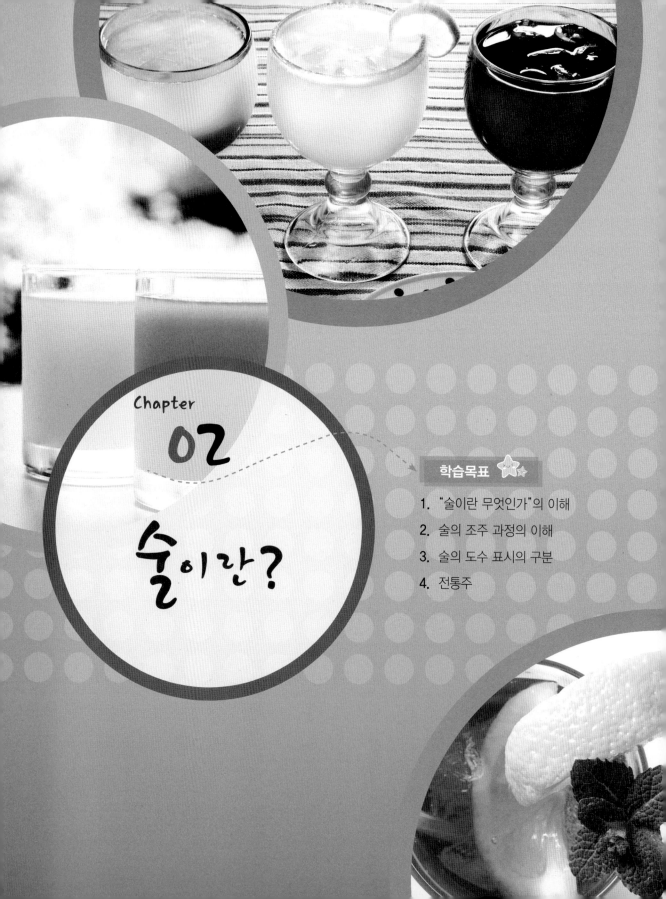

Chapter

02

술이란?

01 술의 정의

우리나라 주세법에서는 알코올 성분이 1% 이상 함유한 음료를 술로 구분하며, 술에는 알코올 이외에도 당분, 무기질 등이 함유되어 있다.

술은 제조 방법에 따라 양조주, 증류주, 혼성주로 나누어진다.

일반적으로 양조주는 알코올 도수가 약하며 시간이 지나면 상하기 쉬운 특성을 가지고 있다. 증류주와 혼성주는 일반적으로 알코올 도수가 강하며 오랜 기간 보관하여도 쉽게 상하지 않는 특성을 가진다.

세 가지 술의 종류 이외에 칵테일과 같이 2가지 이상의 술 또는 한가지의 술과 비 알코올성 음료를 혼합한 술을 혼합주로 분류하기도 한다.

술의 역사가 언제부터 시작되었는지는 확실히 알 수는 없지만, 동서양의 전설과 신화 속에서 쉽게 찾아볼 수 있는 술은 지구상에 인류의 존재를 확인할 수 있는 원시 시대부터 술의 역사가 시작되었다고 볼 수 있다. 태고의 시절에 인간은 우연한 기회에 발효된 과일이나 곡물을 접하게 되고 그 효능을 알아 술을 만들어 먹었을 것이다. 이러한 것이 술의 자연 발생적 기원이라고 여러 학자들에 의해 확인되고 있다.

02 술의 조주 과정

그림 1
술의 조주 과정

술은 효모의 발효과정에서 얻을 수 있다. 효모를 발효시키는 데는 전분과 과당이 필요하다. 때문에 사람들은 과실류를 재료로 하여 술을 담았다. 시대별로 살펴보면, 수렵, 채취시대의 술은 과실주가 주를 이루었고, 유목시대에는 가축의 젖으로 젖술[乳酒]이 만들어졌다. 곡물을 원료로 하는 곡주는 농경시대에 들어와서야 탄생했다. 청주나 맥주와 같은 곡류 양조주는 정착농경이 시작되어 녹말을 당화시키는 기법이 개발된 후에야 가능했다. 소주나 위스키와 같은 증류주는 후대에 와서 제조된 술이다.

술의 원료는 그 나라의 주식과 밀접한 관계가 있다. 그러므로 술로 만들 수 없는 어패류나 어류를 주식으로 하는 에스키모인들은 술이 없었다고 한다. 또한 원료가 있다고 하더라도 종교상 금주를 하는 나라의 양조주는 매우 뒤떨어져 있다. 현재, 술의 주재료는 과실류와 곡물인데 과실

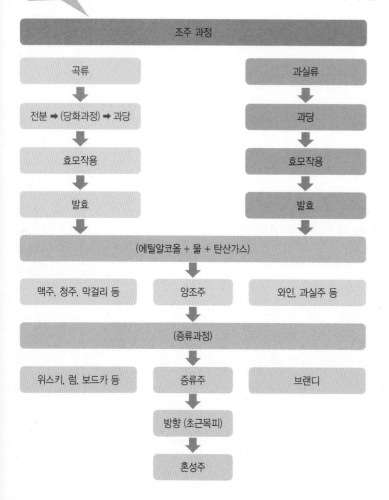

류는 과당과 전분이 모두 들어 있어 효모를 첨가하면 발효가 시작되는데 곡물은 당분이 없어 전분을 당분으로 변화시키는 과정이 필요하다.

03 술의 도수 표시 방법

술의 알코올 함유량을 도수라고 말하는데 각 나라와 술의 종류마다 조금씩 다르다. 일반적으로 널리 사용되는 표시는 프루프(proof)와 %가 있다. 도는 %와 같은 의미이며 100%와 같이 이해하면 된다. 즉 20% 또는 20도는 100ml 중에 20ml의 에칠 알코올(Ethyl Alcohol)이 포함되어 있음을 의미한다. 이것은 프랑스의 게이 류삭(Gay Lussac)이라는 사람이 고안한 도수 측정 방법으로서 우리나라를 비롯해 이탈리아, 오스트리아, 러시아 등의 국가에서 같은 방법의 %를 사용하고 있다. 미국식 표시인 프루프는 도의 2배가 된다. 즉 80proof는 40도이다. 이는 온도 60 °F(15.6℃)의 물 0에 에틸알코올 200을 프루프로 계산한다.

$$40° = 40\% = 80Proof$$

04 전통주

우리 민족의 역사와 함께 내려온 전통주는 전통적으로 내려오는 술 제조 방법에 따라 만드는 술을 부르는 말로서, 주원료로는 찹쌀과 멥쌀을 이용하였으나 각

지방의 특색과 지역적 여건에 따라서 보리, 조, 수수 등도 사용되어져왔다.

이러한 전통주는 삼한시대부터 주조되어져 왔다(류무희, 2006, 173-174). 삼국시대에는 술이 상업적으로 판매되고, 통일신라 시대에는 상류사회에서는 청주류를, 일반 백성들 사이에서는 양곡주 등이 조주되었다고 한다. 고려시대에는 송나라와 원나라의 양조법을 도입하여 누룩(국, 麴)을 사용한 제조법과 각종 약주의 제조법이 크게 발전하였다. 고려 말 원나라의 침략 이후로 소주 제조법이 전래되어 양조기술이 변화되었다. 조선시대는 각 지역마다 특색 있는 토속주가 자리 잡고, 주막을 중심으로 한 서민들의 술 문화도 크게 발전하였다. 또한 술의 재료의 고급화(멥쌀에서 찹쌀로 변화), 발효기술의 발전(중양법(重釀法: 밑술을 만들어 양조 원료를 여러 차례 나누어 덧술하는 방식) 등으로 인해 질 좋은 술들이 제조되었다. 하지만 1907년 일제가 조선 주세령을 발표하여 가정에서 술의 양조를 금하고, 주세를 부과하여 양조면허를 받은 양조장에서 공업적으로 술이 빚어지기 시작하였다. 그나마 명맥을 유지하던 전통주는 외래주의 대거 유입, 한국전쟁 등으로 인해 자취를 감추게 되었다.

우리가 잘 알고 있는 대표적인 전통주로는 막걸리 (농주, 탁주)가 있다. 막걸리는 한국에서 역사가 가장 오래된 술로, 색깔이 쌀뜨물처럼 희고 탁하며, 일반적으로 알코올 도수가 낮은 보관기간이 짧은(일반적으로 5일 이내) 대중적인 술이다. 막걸리는 주로 찹쌀·멥쌀 등을 쪄서 수분을 건조 시킨 고두밥에 누룩과 물을 섞고 일정한 온도에서 발효시킨 것을 맑은 것(청주)을 떠내지 않고 체에 거르고, 지게미는 손바닥으로 뭉개어 쌀알을 부수고 다시 물을 넣어 거른다. 손바닥으로 쌀알을 부수어 걸러낸다. 이것을 막걸리라고 한다. 또한 술을 거르지 않고 그대로 밥알이 담긴 채 떠는 술을 동동주 (또는 밥알이 떠있다고 하여 부(浮)의주) 라고도 한다.

그 외 각 지역별로 유명한 전통주가 많다. 평안도는 감홍주, 벽향주, 경상도의 경주 교동 법주, 안동 송화주, 안동 소주, 선산 약주, 부산 산성 막걸리, 문경 호산춘 등이, 제주도에는 고소리주, 오메기술, 한라산 허벅술 등이 널리 알려져 있다. 그 외, 문배주, 백하주, 계명주, 송절주(서울, 경기도), 지리산 국화주, 고창 복분자주, 전주 이강주(전라도), 청양 구기자주, 연천 두견주, 논산 가야곡 왕주, 계룡 백일주(충

청도) 등이 있다. 또한 강원도의 옥로주, 홍천 옥산주, 삼척 불술, 횡성 이의인주 등이 전통주로 잘 알려져 있다.

우리나라 전통주는 제조 방법에 따라 양조주, 증류주, 기타 주류로 구분하고 분류는 다음과 같다.

분류		설명	종류
양조주 (釀造酒)	순곡주류 (純穀酒類)	곡물, 누룩, 및 물로 빚은 술	탁주, 청주
	약용곡주류 (藥用穀酒類)	한약재를 술에 첨가하여 빚은 술	오가피주, 백세주, 복령주
	가향곡주류 (加香穀酒類)	꽃, 식물의 잎 등으로 향기를 더해 빚은 술	두견주, 송절주, 오미자주, 매실주
증류주 (蒸溜酒)	순곡증류주 (純穀蒸溜酒)	순곡주를 증류시킨 술	소주(燒酒) 노주(露酒) 화주(火酒)
	약용증류주 (藥用蒸溜酒)	약용곡주를 증류시킨 술	
	가향증류주 (加香蒸溜酒)	가향곡주를 증류시킨 술	
기타 주류 (其他 酒類)	이양주 (異釀酒)	특이한 발효 기법을 사용한 술	죽통주, 와송주, 지주, 송하주
	과실주 (果實酒)	술과 과일 또는 곡물과 과일 을 넣어 빚은 술	유자주, 사과주,배주, 포도주, 백자주
	혼성주 (混成酒)	곡물에 소주를 넣어 빚은 술	과하주, 송순주

‖표 1‖
전통주의
분류

자료원 : 류무희(2006). 음료의 이해. 교문사, p.175.

01 양조주(Fermented liquor)란 ?

양조주는 발효주라고도 불리며 과일이나 곡물(grain)을 재료로 하여 과일에 함유되어 있는 당분을 효모(yeast)로 발효시켜 만들거나 곡물에 함유되어 있는 전분을 당화시켜 발효시켜 만든 술이다.

발효란 효모가 분비하는 효소가 당류를 분해하여 알코올과 탄산가스가 발생하는 과정이다. 과일을 원료로 하여 얻어지는 대표적인 양조주는 와인이며 곡물을 원료로 하여 얻어지는 대표적인 양조주는 맥주가 있다. 이러한 양조주는 대부분 알코올 성분이 낮게 함유되어 있고 비교적 변질이 쉬우며, 특유한 향기가 있다.

02 양조주의 종류

1 와인(Wine)

양조주에 가장 대표적인 술은 와인이다.

와인은 포도를 원료로 하여 발효시킨 술로서 우리나라에서는 과거 일부 계층에서만 즐기다가 생활수준의 향상, 외국문물의 빠른 도입, 외국 생활 경험이 많은 국민의 증가 등으로 인하여 대중화되었다. 특히 레드와인의 경우는 건강에 긍정적인 영향을 주는 것으로 알려져 웰빙과 함께 많은 각광을 받고 있다.

(1) 와인의 역사

포도의 재배가 지구상의 어느 지방에서 언제쯤 부터 시작되었는지는 알 수 없다. 마찬가지로 포도 열매로 와인이 언제, 어디서, 누구에 의하여 만들어 졌는지도 분명치 않으나, 야생의 포도가 발생한 것은 지금부터 약 1만년 전 중앙아시아이며 포도로 와인을 만든 것도 이 지방 주민일 것이라고 학자들은 추정하고 있다.

그 시대는 지금으로부터 약 1만 년 전으로 거슬러 올라간다. 와인 제조(製造)에 관한 최고(最高)의 고고학적 증거는 신석기 페르시아(Persia) 현재의 이란]에서 찾아볼 수 있다. 와인에 관한 문헌은 기원전 3,000년경부터 기록되었다. 기원전 1,500년까지 페니키아, 레바논, 시리아, 이집트와 다른 중동 국가에서는 활발한 와인 거래가 있었다.

와인과 포도에 관한 신과 여인 그리고 전설과 노래들이 와인의 중요성을 찬양하기 위해 서로 다른 문화 속에서 창조되었다. 또한 와인은 많은 종교에서 신성한 음료수로 생각했는데 와인의 알코올 성분으로 인한 의학적인 특성이 수세기 동안 인정되어 왔기 때문이다.

그 후에 고대 그리스인들이 포도나무를 서부 유럽에 소개하였고, 로마인들은 그들의 정복지가 늘어감에 따라 더욱 멀리 포도나무를 퍼뜨렸는데 독일, 스페인, 포르투갈, 영국을 점령한 로마군은 포도나무를 심고 와인을 만들었다.

이 일은 군인들의 사기를 높이는데 도움을 주었고, 전쟁이 없을 때는 군인들이 하는 일이 되었다. 로마제국(Roman Empire)이 쇠퇴한 후 수세기 동안은 수도원이 포도밭을 널리 퍼뜨리고 와인을 계속 만들었다. 기독교가 전 세계에 전파됨에 따라 선교사와 탐험가들에 의해 새로운 세계로 포도와 와인 제조 방법이 알려지게 되었고 시간이 경과함에 따라 제조 방법에도 많은 발전을 가져왔고 또한 천연적인 와인에 여러 가지 초근목피와 열매를 배합하여 맛과 향을 더욱 독특하게 만들었으며, 식욕촉진제(Aperitif)로, 또는 몸이 허약하거나 병중 회복기의 환자에게 좋은 효과를 나타내는 약재로 사용되기도 하고 있다.

(2) 와인의 정의

와인이란 과일을 원료로 하여 발효시킨 양조주를 의미하나 현대에 와인이라 함은 포도를 원료로 하여 양조한 술을 의미한다.

와인의 조주는 포도를 파쇄기에 넣어 분쇄하는 작업으로 시작한다. 파쇄기에서 얻은 포도즙을 2~3주정도 발효조에 넣고 발효시킨다. 이것을 다시 오크통에 넣어 숙성시킨다. 숙성 기간은 레드와인은 2년, 화이트와인은 1년 6개월이며 숙성 기간 동안 침전물로 인하여 여러 차례 오크통을 교환해야 하며 증발 또는 오크통의 흡수 등으로 인해 양이 줄어드는데 이때 같은 와인으로 보충해야 한다. 숙성 기간이 끝나면 와인 병에 주입하고 코르크로 닫아 보관한다. 와인의 마개에는 숨을 쉴 수 있는 미세한 구멍이 있어 병에 주입한 이후에도 와인은 계속 숙성이 된다. 이러한 병 숙성 기간이 끝나면 라벨을 부착하여 출고하게 된다. 와인은 이태리에서는 (Vino), 독일에서는 (Wein), 프랑스에서는 (Vin)으로 불리어진다.

(3) 와인의 분류

와인은 조주법, 색, 맛, 식사용도, 숙성 기간에 따라 분류할 수 있다.

❶ 조주법에 따른 분류

🍶 비발포성 와인(Still wine)

와인은 발효 과정에서 탄산가스가 발생한다. 이 탄산가스를 완전히 제거하고 숙성해 병에 주입한 와인이 비발포성 와인이다. 비발포성 와인은 식사 중에 마시는 와인으로서 테이블 와인으로 많이 쓰인다.

🍶 발포성 와인(Sparkling wine)

발포성 와인은 비발포성 와인을 병에 주입한 후 당분과 효모를 첨가하여 병 내부에서 2차 발효를 일으키게 하여 탄산가스를 함유하게 한 와인이다. 대표적인 와인은 프랑스의 샴페인(Champagne), 이탈리아의 스푸만테(Spumante), 독일의 섹트(sekt) 등이 있다.

주정강화 와인(Fortified wine)

주정강화 와인은 비발포성 와인을 만드는 중이나 후에 브랜디를 첨가하여 알코올 도수를 높인 와인이다. 일반적으로 식후 디저트용으로 많이 이용된다. 대표적인 와인은 스페인의 크림쉐리(Cream Sherry), 포르투갈의 포트(Port) 등이 있다.

가향 와인(Aromatized wine)

가향 와인은 리큐르와 같이 약초 ,향초 등을 첨가하여 독특한 풍미를 첨가한 와인으로 혼성 와인이다. 대표적인 가향 와인은 버무스(Vermouth)가 있다.

❷ 색에 따른 분류

레드 와인(Red wine)

레드 와인은 적 포도를 껍질째 즙을 내어 발효시킨 와인으로 붉은 색의 와인이다. 레드 와인은 포도의 고유한 색소에 포함되어 있는 탄닌이 발효 과정에서 녹아들어 붉은 색과 떫은맛을 낸다. 일반적으로 레드 와인은 상온(16~20도)에서 가장 훌륭한 맛을 즐길 수 있기 때문에 햇볕이 들지 않는 실내에서 보관을 한다. 레드 와인은 붉은 색 육류와 잘 어울리는 와인으로 알려져 있다.

> 수확 – 파쇄 – 발효(껍질과 씨) – 압착 – 숙성 – 저장 – 여과 – 병입

화이트 와인(White wine)

화이트 와인은 청포도를 사용하여 만들어진다. 적 포도 품종을 원료로 사용할 경우 레드 와인의 색을 결정하는 껍질을 알맹이와 분리하여 알맹이의 과즙만을 가지고 만든다. 때문에 레드 와인의 색과 맛을 결정하는 색소와 탄닌이 들어가지 않아 떫은맛이 없는 담황색의 와인이 만들어 진다. 화이트 와인은 저온에서 그 맛과 풍미를 즐길 수 있기 때문에 냉장 보관을 한다. 다만 너무 차갑게 마실 경우에는 화이트와인에 함유되어 있는 산과 향 성분에 영향을 주어 제 맛을 느낄 수 없다. 또한 화이트 와인은 담백한 흰살 생선 요리와

잘 어울리는 와인으로 알려져 있다.

> 수확 – 파쇄 – 압착 – (껍질과 씨를 제거 후) 발효 – 숙성 – 저장 – 여과 – 병입

🍷 로제 와인(Rose wine)

로제 와인(Rose wine)은 핑크 와인이라고도 하며 레드 와인을 원료로 통째로 즙을 내어 만드는 것은 레드 와인의 조주법과 동일하나 일정 기간 지나면 껍질을 제거하는 것이 레드 와인과의 차이점이다. 일정 기간이 지나 껍질을 제거하기 때문에 레드 와인과 화이트 와인의 중간색을 지니게 된다. 조주법은 레드 와인과 비슷하나 즐기는 방법과 온도는 화이트 와인과 같다.

> 수확 – 파쇄 – 발효(발효 과정에 껍질과 씨를 제거) – 압착 – 숙성 – 저장 – 여과 – 병입

❸ 맛에 따른 분류

🍷 드라이 와인(Dry wine)

"Dry"란 당분 성분이 함유되어 있지 않은 것을 의미하며, 드라이 와인은 완전히 발효되어서 당분이 함유되어 있지 않은 단맛이 없는 와인을 말한다. 드라이 와인은 단맛이 없어 식욕 촉진주로 식사 전에 많이 즐긴다.

🍷 스위트 와인(Sweet wine)

스위트 와인은 완전히 발효되기 전 당분이 남아 있는 상태에서 발효를 정지시키거나 당분을 가미한 와인이다. 단맛이 함유되어 있는 와인으로 식후주로 많이 애용하고 있다.

🍷 미디엄 드라이 와인(Medium Dry wine)

데미 드라이 와인(Demi dry wine) 또는 세미 드라이 와인(Semi dry wine)이라고도 칭하며 스위트 와인과 드라이 와인의 중간의 맛을 내는 와인이다.

❹ 식사 용도에 따른 분류

🍷 아페리티프 와인(Aperitif wine)

아페리티프 와인은 식욕 촉진을 위하여 마시는 와인으로서 식사 전에 마시는

와인이다. 대표적인 아페리티프 와인은 드라이 버무스(Vermouth)와 드라이 쉐리(Dry sherry)가 있다.

🍷 테이블 와인(Table wine)

테이블 와인은 식사 중에 주 요리(Entrée)를 즐기면서 마시는 와인으로 대부분의 와인이 여기에 속한다. 일반적으로 레드 와인은 육(肉)고기 요리와 어울리고, 화이트 와인은 생선요리와 잘 어울린다.

🍷 디저트 와인(Dessert wine)

디저트 와인은 식후에 마시는 와인을 말한다. 식후에 제공되는 케이크와 같은 디저트와 함께 즐기는 와인이다. 대표적인 디저트 와인은 대표적으로 포트와인(Port Wine), 크림 세리(Cream Sherry) 등이 있다

❺ 숙성 기간에 따른 분류

🍷 영 와인(Young wine) : 짧게는 1~2년 이내, 5년 이내

영 와인은 별도의 숙성 기간을 거치지 않고 발효 과정이 끝나면 바로 병에 주입하여 판매하는 와인이다. 이 와인은 품질이 낮은 와인이며 주로 자국 내에서 판매된다. 영 와인은 숙성 기간을 거치지 않거나 아주 짧은 숙성 기간을 거쳐 와인의 향이 진하지 않다. 때문에 영 와인을 즐길 경우 유리잔의 입구가 좁은 잔을 이용하여 와인의 향을 최대한 즐기면서 마신다. 대표적인 것으로 보졸레 누보가 있다

🍷 올드 와인(Old wine): 5~15년 이내

Aged Wine이라고도 말하며 발효 과정이 끝난 후 장기간의 숙성 기간을 거쳐 병에 주입되어 판매되는 와인이다. 이 와인은 품질이 우수한 와인이다.

🍷 그레이트 와인(Great wine) : 15년 이상

그레이트 와인은 3년 이상 숙성 기간을 거친 와인으로서 최상급의 와인이다. 그레이트 와인은 길게 15년 이상 숙성시키기도 한다. 올드 와인과 그레이트

와인은 숙성 기간이 길어 와인이 많은 향을 함유하고 있다. 때문에 와인을 즐길 때 유리잔의 입구가 큰 와인 잔으로 즐겨 적당한 와인의 향을 즐기면서 마실 수 있도록 하는 것이 보통이다.

(4) 빈티지(Vintage)

와인은 그 원료인 포도의 품질에 많은 영향을 받게 되므로 포도의 성장에 영향을 주는 기온, 일조 시간, 강우량 등이 좋아야 좋은 포도가 수확되고 좋은 와인이 생산된다. 빈티지는 와인의 원료인 포도의 수확 연도를 표시하는 것으로 와인 애호가들은 빈티지 차트를 애용한다. 빈티지 차트는 지역별 연도별로 구분하여 와인의 좋고 나쁨을 구별하여 점수화한 차트이다.

(5) 와인 보관 방법

와인은 환기가 잘되며 빛이 차단되고 온도가 12도를 유지하는 지하 장소가 최적의 장소이다. 보관하는 곳의 온도가 일정하지 않으면 숙성이 오래 지속하지 못한다. 와인은 입구에 봉해져 있는 마개가 코르크로 되어 있어 반드시 눕혀 보관해야 한다. 세워두면 코르크 마개가 건조되어 와인이 외부의 공기와 접촉하여 산화될 우려가 있다. 이 와인 보관 방법은 장기간을 보관하기 위한 적당한 환경이며, 소비자에게 직접 판매하는 주장에서는 가장 즐기기 적당한 온도에서 보관해 언제라도 고객이 적당한 온도의 와인을 즐길 수 있도록 준비해야 한다. 별도의 와인 진열대나 냉장 시설이 있으면 가장 좋으나 이러한 시설의 설치비용이 엄청나 소규모인 주장에서는 불가능한 일이므로 일반적인 주장에서는 레드 와인은 빛이 들지 않는 장소에 실내 온도와 같이 보관하는 것이 좋으며 화이트 와인은 냉장고 속에 보관하는 것이 좋다. 와인을 가장 좋은 환경에서 저장하려면 다음과 같은 조건을 갖추어야 한다.

❶ 온도 : 와인을 저장하는 온도는 일정해야 한다.

　　조건은 와인을 오랜 기간 보관하기 위한 가장 중요한 조건이다.

❷ 진동 : 흔들림이 없어야 한다. (와인은 진동에 약하다)

❸ 음지 : 햇빛이 없어야 한다.

❹ 습도 : 습도는 75%가 적당하다.

❺ 저장하는 곳에 와인이 오염될 수 있는 것은 제거해야 한다.

❻ 와인의 코르크는 계속 숨을 쉬고 있기 때문에 항상 와인은 눕혀서 보관해야
　　한다. 세워 보관하면 와인 코르크가 말라 코르크의 원래 기능을 잃어버리게
　　되고 만다.

(6) 와인 서비스

와인을 판매하기 위해서는 풍부한 와인의 지식을 보유하고 있어야 한다. 와인
을 취급하는 영업장이라면 고객이 식사 주문을 마치면 미리 준비된 와인 리스트
를 가지고 손님에게 식사와 잘 어울리는 와인을 추천하는 것이 일반적이다. 구체
적인 순서를 알아보면 다음과 같다.

❶ 와인의 추천(와인의 이력 설명)

❷ 손님 주문

❸ 와인을 가져와 호스트에게 상표를 보인다.

❹ 캡슐(Capsule)을 제거한다. (Cork screw를 이용하여)

❺ 병 입구를 닦는다.

❻ 코르크 스크루우를 이용하여 코르크를 제거한다.

❼ 뽑아낸 코르크를 호스트에게 드린다.

❽ 호스트에게 1/4정도의 와인을 서브해 테스팅 하도록 한다.

❾ 호스트가 좋다는 의향을 표시하면 시계도는 방향으로 서브한다.

전체적인 와인의 서비스 방법은 위의 순서에 따르고 있으나 레드 와인과 화이트 와인의 서비스 온도가 상이하여 서비스 방법과 사용되는 도구도 다르다. 구별하여 살펴보면 다음과 같다.

레드 와인
- 와인 바스켓(wine basket)을 사용한다.
- 디켄터(decanter)를 사용한다.(침전물 제거용)

화이트 와인
- 와인쿨러(wine cooler)를 사용한다.

(7) 와인 따르는 법

❶ 레드 와인 서비스 (Wine Basket을 이용)

㉠ 와인 바스켓(Wine Basket)에 냅킨을 깔고 레드 와인을 눕힌다.

㉡ 손님에게 주문한 상표를 확인시킨다.

㉢ 와인 바스켓 목 밑에 브레드 플레이트(Bread Plate)를 엎어 깔고 왼손으로 바스켓을 잘 잡고 오른손으로 코르크스크루의 나이프를 이용, 캡슐을 제거한다.

㉣ 냅킨으로 병목 주위를 닦은 다음 코르크스크루를 코르크에 돌려 넣는다. 이때 병이 움직이지 않게 조심스럽게 다루어야 한다.

㉤ 받침대를 이용, 왼손으로 받침대를 고정시키고 천천히 오른손으로 빼낸다.

㉥ 다시 병목 주위를 깨끗이 닦은 다음 서브한다.

㉦ 서브 요령은 바스켓을 오른손의 엄지와 중지 사이에 끼워 잡고 인지로 병을 살짝 누르면서 잡는다.

㉧ 주문한 손님(Host)께 먼저 맛을 보게 한 다음 좋다는 승낙이 있으면 사회적인 지위나 성별, 연령을 참작하여 서브하는 것이 일반 원칙이다.

    ⑩ 글라스와 술병의 높이는 약간 떨어지게 하여 글라스의 ½~⅗정도 서브하고 병을 약간 돌려 커팅(Cutting)한다.

    ⑪ 이때 서비스 클로스를 쥐고 있는 왼손은 가볍게 뒤쪽 허리 등에 붙이고 서브한다.

    ⑫ 서브가 끝날 때마다 술병을 조심스럽게 서비스 클로스로 닦아 술 방울이 테이블이나 손님에게 떨어지지 않도록 주의한다.

❷ 화이트 와인 서비스

    ㉠ 적절한 온도를 유지하기 위하여 화이트 와인은 얼음과 물이 채워진 와인 쿨러(Wine Cooler)나 냉장고에 넣어 두어야 한다.

    ㉡ 병마개는 손님 앞에 준비된 와인 쿨러 속에서 따야 한다.

    ㉢ 고객에게 보여주는 것과 따는 것은 앞에서 설명한 「와인 병을 따는 요령」에 따라 실시하며 와인 서브시 글라스와 와인병과의 높이는 보통 와인의 종류에 따라 2-3cm가 적당하다.

❸ 샴페인 서비스

    ㉠ 와인 쿨러에 물과 얼음을 넣고 샴페인 병을 넣어 차갑게 한 다음 서브한다.

    ㉡ 샴페인 병을 들어 손님의 좌측에서 상표를 확인시킨다. 이때 물기가 떨어지지 않게 서비스 클로스를 술병 밑바닥에 댄다.

    ㉢ 왼손 엄지로 병마개를 누르면서 오른손으로 은박이나 금박의 포장지 윗부분을 벗긴다.

    ㉣ 왼손 엄지는 계속 병마개를 누르면서 감겨진 철사를 푼다.

    ㉤ 왼손으로 와인 쿨러 속에 있는 병을 꽉 잡고 오른손으로 코르크를 조심스럽게 소리 나지 않게 빼낸다.

    ㉥ 병에 물기를 제거한 다음 오른손 엄지를 병 밑쪽 파인 곳에 넣어 나머지 손가락으로 병을 잡고 왼손 인지로 병목 부분을 받치고 따른다.

    ㉦ 글라스와 병의 높이는 약 3-5cm정도가 적당하다.

◎ 샴페인 서브시 ⓑ과 같은 방법을 취하지 않을 때는 서비스 클로스를 든 왼손은 등 뒤로 붙인다.

ⓩ 매 서브 후 서비스 클로스로 병목의 물기를 조심스럽게 닦아 술이 테이블이나 손님에게 떨어지는 것을 방지한다.

와인 서브시 주의사항

① 와인 서브시 잔과 병이 닿지 않아야 한다.
② 와인 서브시 마지막 몇 방울을 따를 때 와인의 병을 오른쪽으로 돌리면서 서브해 와인이 식탁이나 손님에게 떨어지지 않도록 해야 한다.

와인이 여러 가지일 때 마시는 순서

① 화이트   ▶ 레드
② 드라이   ▶ 스위트
③ 가벼운 와인(맛)   ▶ 중후한 와인(맛)
④ 영 와인   ▶ 그레이트 와인

(6) 와인의 산지

❶ 프랑스

프랑스는 와인으로 제일 유명한 나라이다. 현재 세계 와인의 25%의 와인을 생산하고 있는 와인 대국이다. 프랑스는 전 국토에 와인 생산 지역이 분포되어 있고, 다양한 기후와 토양으로 지역마다 독특한 와인을 생산하고 있다. 프랑스가 와인대국으로 자리매김할 수 있었던 것은 포도 품종의 개발과 질병의 퇴치 그리고 브랜딩 기술 그리고 자연 환경 때문이다. 부차적인 이유로는 정부의 지원, 국민의 와인 소비량 등을 들 수 있다.

프랑스의 유명한 와인 3대 생산지는 보르도(Bordeaux), 부르고뉴((Bourgogne), 샹파뉴(Champagne)이다.

📌 보르도

보르도(Bordeaux)는 세계에서 가장 유명한 포도 생산지이며 보르도의 레드 와인을 Claret(클라렛)이라고도 부른다. 지롱드, 가론 그리고 도르도뉴 강을 중심으로 발달되어 있다. 역사를 거슬러 올라가면 8세기경부터 영국과의 교역을 통하여 보르도지방의 와인이 세상에 알려졌다. 보르도 와인은 브랜딩 와인이므로 연도별의 생산량과 품질 그리고 가격의 등락이 적다. 이러한 이유는 여러 종류를 혼합하여 와인을 생산하는 브랜딩 와인이기 때문에 그러하다. 보르도 지역은 주로 레드 와인을 생산하며 일부 지역에서 품질이 우수한 화이트 와인을 소량 생산하고 있다.

보르도 지방은 또다시 몇 개의 작은 지구로 나누어진다. 메독(Medoc), 소테른·바삭(Sauterne·Barsac), 생테밀리옹(Saint Emilion), 포메롤(Pomerol), 그라브(Grave) 등이 그것이다.

📌 부르고뉴

부르고뉴(Bourgogne)는 영어로 버건디(Burgundy)라고 부르기도 한다. 부르고뉴지방은 포도가 자라는 토양을 가장 중요하게 여긴다. 때문에 와인에 회사의 명칭보다는 포도밭이 속하는 지명이나 포도밭의 이름을 기명한다. 이 지역의 유명산지는 샤블레(Chablis), 코트 도르(Cote d'or), 코트 샬로네즈(Cote Chalonnaise), 마코네(Maconnais), 보졸레(Beaujolais) 등의 지구가 있다.

📌 샹파뉴

샹파뉴(Champagne) 지방은 프랑스의 포도 생산지 중 가장 추운 곳에 위치하는 생산지이다. 신맛이 강한 화이트 와인과 평범하고 특징이 없는 레드 와인을 생산하는 곳이다. 이 지방은 발포성 와인으로 널리 알려지기 시작하였으며 현재에도 발포성 와인을 샴페인이라 부르는 것은 샹파뉴의 영어식 발음이 샴페인이기 때문이다. 엄격히 따지면 다른 지방에서 생산되는 발포성 와인을 샴페인이라 칭하는 것은 잘못된 것이나 현재 발포성 와인을 대부분 구분 없이 샴페인이라 불러 샴페인이 발포성 와인의 대명사가 되었다. 이 지방의 주요 생산지는 랑스(Reims), 에페르네(Eperney)를 들 수 있다.

프랑스 와인 등급

≪ A.O.C : 원산지 통제 명칭으로 1935년부터 A.O.C 시스템을 만들어 와인의 품질을 유지 및 관리하기 위해서 원산지의 품질을 통제하는 첫국가가 되었다.
≪ VDQS(Vins Delimites de Qualites Superieures) : 우수한 품질의 와인
≪ Vin de Pays : 평범한 지역에서 생산되는 지방와인
≪ Vin de Table : 일반적으로 마시는 테이블 와인

❷ 이탈리아

이탈리아는 나라 전체가 포도밭이라 해도 과언이 아닐 정도로 포도밭이 널리 산재해 있다. 그리스인들은 이탈리아를 와인의 땅이라고 불렀을 정도로 와인이 많이 생산되는 곳이다. 이탈리아는 거의 전 지역에서 와인이 생산되고 있으나 세계적으로 인기가 있는 와인 생산지는 피에몬테, 토스카나, 베네토 등이다. 주요 포도의 품종으로는 레드 와인용으로 네비올로, 산지오베제, 바

이탈리아의 와인 등급

≪ Vino da Tavola : 품질등급의 가장 하위에 있으며 보통 품질의 와인이다.
≪ IGT(Indicazione Geografica Tipica) : 이탈리아전역에120여개의 IGT가있다. 해당 지역에 생산된 포도를85% 이상 사용하여야 한다.
≪ DOC (Denominazionedi Origine Controllata) : 지정된 지역에서 생산되는 포도 주로서 포도재배지역, 품종, 재배법, 양조법, 병입 사항, 최대 소출량 등 모든 것을 규정하고 통제한다.
≪ DOCG (Denominazionede Origine Controllatae Garantita) : 오랜 역사를 가진 명성 있는 와인산지, 기본품종을 보증한다. 이탈리아정부가 정통성과 특수함을 보증한다는 'G'가 붙는다.

르베라, 돌체토, 화이트 와인용으로 트레비아노와 말바시아 등이 있다. 이탈리아 와인의 특징은 전형적인 지중해성 기후의 영향으로 포도가 당분 함양이 높고 산도가 약해 알코올 함유량이 높다. 이 지역은 기후의 영향으로 레드 와인을 주로 생산하며 장기간의 오크통 숙성으로 묵직하고 텁텁한 맛이 난다.

❸ 독일

독일은 유럽의 와인 생산국 중 가장 북쪽에 위치하고 있어 날씨가 춥고 일조량이 적어 레드 와인용 포도 재배에는 적당하지 않다. 때문에 독일와인의 85%는 화이트와인이다. 독일와인은 일조량이 적고 산도가 높은 것이 특징이다. 이러한 특징은 북쪽에 위치한 자연환경 때문이며 가벼운 느낌으로 마시기 편하다. 주요 와인 생산지는 모젤과 라인가우가 있다.

● 독일의 와인 등급

《 Tafelwein : 일반적 테이블 와인

《 Landwein : 지역 와인

《 QbA : Qualitatswein bestimmter Anbaugebiete

독일전역에 걸쳐 발달된 13개의 생산지에 국한하여 이 등급이 주어진다.

《 QmP : Qualitatswein mit Pradike

독일 포도주 등급 중에서 최상급의 등급이며 설탕이나 다른 첨가물은 일체 허용되지 않으며 이 등급은 품질에 따른 6개의 등급으로 세분화된다.

－Kabinett : 충분히 익은 포도로 빚은 와인

－Spaetlese : 늦게 수확한 포도로 빚은 와인

－Auslese : 선별된 완숙 포도송이만을 수확하여 빚은 와인

－Beerenauslese : 늦수확한 포도송이를 골라서 빚은 와인

－Trockenbeerenauslese : 건포도가 될 정도의 마른 포도송이로 빚은 와인이며 향과 당도가 높다. 와인 중에 최고이다.

－Eiswein : 한겨울 동결 상태의 포도로 빚은 와인으로 당도가 아주 높다.

❹ **스페인**

쉐리(Sherry) 와인으로 유명한 곳이 스페인이다. 쉐리 와인은 주정강화 와인으로 스페인의 대표적인 와인이다. 스페인은 추운겨울, 건조하고 무더운 여름의 열악한 기후 조건으로 인하여 포도 생산량이 면적에 비해 많지 않다. 유명한 와인 산지로는 리오하, 페네데스(발포성와인으로 유명), 나바라, 헤레스(쉐리와인의 생산지) 등을 들 수 있다.

스페인의 와인 등급

≪ Vino de Mesa : 스페인의 어느 지방 와인이라도 관계없고 지역명과 빈티지, 라벨도 표시 하지 않는다.

≪ Vino de la tierra : 포도재배, 양조, 숙성에 있어 자연환경과 생산 방법에 의해 일정한 품질과 명성을 가진 특정 지역 와인

≪ DO : Vino de Denominacion de Origen : 최소 5년 이상 해당지역에서 와인의 우수성을 입증하면 자격을 얻을 수 있다. 특정지역, 특정품종, 포도재배, 양조, 숙성 방법 등을 준수한다.

≪ DOC: Vino de Denominacion de Origen Calificada : 엄격한 기준을 지키는 와인으로서 와인 법 규정에 의거한 가장 높은 단계. DO단계에서 최소10년 이상 생산하여 그 우수성을 입증하여야만 한다.

❺ **포르투갈**

포르투갈은 주정강화 와인인 포트 와인(Port wine)의 생산지로 유명한 곳이다. 포르투갈은 전통적인 방법으로 포도즙을 내는데 수확한 포도를 커다란 통에 넣고 여러 사람이 들어가 즙을 내는 방법인 이 방법은 씨가 깨어지지 않아 쓴 맛을 제거시켜 맛이 좋은 와인을 만든다. 포르투갈은 포트 와인을 비롯하여 디저트 와인으로 유명한 마데이라(Madeira)가 유명하다. 마데이라는 드라이 와인을 만들어 50도로 가열한 후 브랜디를 첨가해 18~20도의 알코올을 함유시켜 오크통에서 숙성시킨 것이다. 주요 와인 생산지는 북쪽의 도루우(Douro)강

유역에 위치하고 있다.

❻ 미국

1840-50년대에 포도 재배의 기초를 이루었으나 처음에는 유럽 와인과 비슷한 것을 만들어 상표도 샤블리(Chablis), 부르고뉴(Burgundy), 라인(Rhein) 등 유럽의 유명 산지의 이름을 붙이고 있었다.

1950년대에 들어와 캘리포니아 대학의 포도 재배, 양조 연구소 등의 노력으로 각각의 땅에 적합한 품종 육성법, 양조법 등이 확립되면서 미국 와인의 생산이 본격화 되었다. 특히, 크롬과 스테인리스 스틸의 특수 합금에 의한 탱크와 바깥쪽에 붙이는 냉각 장치의 고안에 의하여 양조과정을 완전히 조정할 수 있게 되면서부터 품질의 향상은 눈부신 발전을 계속 했다. 60-70년대에는 소규모의 와인 양조장(Winery)이 증가하여 개성적인 와인을 만들기 시작하면서 사용하는 포도의 품종 명을 와인 명으로 쓰기 시작하였다. 이와 같은 와인을 바리에이탈 와인(Varietal Wine)이라 부르고 대량 생산되며 샤블리 등 일반적인 이름으로 판매되는 와인은 제너릭 와인(Generic Wine)이라 부른다.

미국은 세계의 포도 생산국과는 다른 독자적인 위치를 가지고 있다. 전통과 명성은 유럽산에 뒤지지만 가격이 싸면서 상대적으로 품질이 양호한 와인 생산지로 인식되어지고 있다. 미국의 주요 와인 생산지는 캘리포니아이다. 캘리포니아는 개척시대부터 미국 와인의 선두주자로 자리 잡아 왔다. 미국 와인은 품종 자체가 상표로 사용되는 것이 특징이다. 이 경우에는 상표로 사용된 포도의 품종이 75% 이상 사용되어야 한다.

❼ 한국 와인(Korean Wine)

우리나라의 와인 역사는 매우 짧으며 와인이란 이름으로 소규모 상품화된 적이 있으나 주정과 포도즙을 섞어 만든 화학 와인에 불과한 미비한 정도였다. 따라서 서구의 와인 형식을 갖추기 시작한 것은 극히 최근의 일이며 서구의 와인과 같은 수준의 본격적인 고급 와인은 마주왕을 최초로 본다.

마주왕(Majuang)

☞ 회사 : O.B
☞ 포도 품종 : 리슬링
☞ 주포도 재배지 : 경북 청하와 밀양
☞ 성격 : 독일 라인 강 유역의 모젤 와인 유형

위하여(Wehayeux)

☞ 회사 : 수석농산(주)
☞ 포도 품종 : 사이벨, [레드 와인은 (Muscat Bailey A)]
☞ 주포도 재배지 : 충남 보령군 웅천면

2 맥주(Beer)

양조주 중에 우리나라에서 가장 흔히 접하고 생활 속에 흔하게 자리 잡고 있는 술이 맥주라는 것은 누구도 부인할 수 없는 사실이다. 60년대 70년대에는 막걸리, 소주 등이 가장 서민적이고 자주 즐기는 술이었고 맥주를 즐길 때는 아주 귀한 자리나 특별한 날 즐기는 것이었으나 생활수준의 향상, 가처분소득의 향상, 가치관의 변화 등으로 인하여 맥주는 우리나라 대중적인 술이 되었다.

(1) 맥주의 정의

맥주는 보리(대맥)를 발효시켜 나온 쓴맛을 내는 호프와 물 그리고 효모를 섞어 저장하여 만든 탄산가스가 함유된 알코올음료이다. 맥주의 소비가 증가하고 소비자의 욕구가 다양해지면서 맥주의 종류도 다양해 졌다. 맥주의 내용물은 90%정도가 물이며 10%에 알코올, 탄수화물 그리고 유기산이 포함되어 있다.

맥주는 라틴어로 "bibere" 마시다는 말과 게르만어 "biro" 곡물이라는 말에서 유래되었다. 최초의 맥주는 메소포타미아의 수메르인의 유적에서 출토된 점토판으로 보아 기원전 3000년경이라고 추정된다.

(2) 맥주의 원료

맥주는 보리, 호프, 물, 효모로 만들어 진다.

첫째 보리의 싹을 틔운 맥아

둘째 뽕나무와 넝쿨풀의 암꽃인 호프

셋째 맥주의 90%를 차지하는 물

마지막으로 맥즙을 발효시키는 효모의 작용으로 맥주가 완성된다.

다시 말하면 맥아를 분쇄한 후 물과 혼합하여 적당한 온도로 당화시킨 맥즙에다 배양 효모를 이용하여 알코올과 탄산가스를 분해하고 맥주 특유의 호프를 가미하면 맥주가 된다.

(3) 맥주의 분류

❶ 효모 발효법에 따른 분류

효모 발효법에 따른 분류는 발효 도중 또는 발효 후반에 효모의 가라앉는 성질과 뜨는 성질의 각기 다른 효모를 이용하는 방법과 효모의 종류에 따라 분류하는 방법이다.

🍶 상면 발효 맥주

상면 발효 맥주는 맥즙이 발효하는 중 생기는 거품과 함께 떠오르는 효모를 사용하여 만든 맥주이다. 상면 발효 맥주는 18~25도의 온도에서 2주 정도 발효시킨 후 15도 정도의 온도에서 1주일간의 숙성을 거쳐 만든다. 이 방법은 전통적인 발효 방법으로서 영국에서 많이 사용되었던 방법이다. 상면 발효 맥주는 맥아의 농도와 색상이 짙고 알코올 도수가 높다. 대표적인 상면 발효 맥주는 에일(Ale), 스타우트(Stout), 포터(Porter) 등이 있다.

🍶 하면 발효 맥주

하면 발효 맥주는 발효의 후반에 가라앉는 효모를 이용하여 만드는 맥주이며 상면 발효 맥주보다 저온에서 발효되며 라거(Lager) 맥주라 부른다. 라거 맥주는 영상에서 7~12일 정도 발효시킨 후 0도 이하에서 1~2개월간 숙성기간을 거쳐 만들어지며 이 방법은 맥주의 품질을 안정시키기 위하여 근대에 개발된 방법이다. 현재 영국을 제외한 거의 모든 맥주 시장을 주도하는 맥주이다. 이 방법으로 발효시킨 맥주는 필젠(Pilsen), 도르트문트(Dortmund), 뮌헨(Munchen), 빈(Wien), 아메리칸(American) 등이 있다.

❷ 맥아의 색에 따른 분류

맥아의 색에 의한 분류는 맥주의 주원료인 맥아의 색이 진하고 연함으로 분류하는 방법이다.

📌 담색 맥주

담색 맥주는 옅은 색의 맥아를 사용해 양조한 맥주로서 깨끗한 맛이 난다. 소비량은 농색 맥주보다 담색 맥주가 많다. 대표적인 맥주로는 필젠(Pilsen), 도르트문트(Dortmund) 등이 있다.

📌 농색 맥주

농색 맥주는 짙은 색의 맥아를 사용하여 양조한 맥주로서 깊은 맛과 진한 풍미가 있다. 대표적인 맥주로는 에일(Ale)이 있다.

(4) 맥즙 농도에 따른 분류

독일은 맥즙의 농도에 따라 4단계로 구분하는데 아인바하(Einfach) ➡ 샹크(Schank) ➡ 폴(Voll) ➡ 쉬타르크(Stark)가 그것이다.

우리나라의 보통의 맥주는 샹크(Schank)와 폴(Voll)의 중간에 해당하고, 흑맥주는 폴(Voll), 스타우트는 쉬타르크(Stark)에 해당하는 정도이다.

(5) 맥주의 종류

❶ 독일

독일은 맥주의 종주국이다. 로마의 역사서 "타키토스의 게르마니아"라는 책에는 독일인이 맥주를 즐기는데 대한 언급이 있다. 또한 독일인은 호프의 사용 및 하면 발효방법을 세계에 전파하였다.

❷ 영국

영국의 맥주는 상면 발효 맥주이다. 영국의 맥주는 일반적으로 호프 향과 농도가 짙은 맥주이다.

❸ 네덜란드

네덜란드의 대표적인 맥주는 하이네켄이다. 하이네켄은 세계 50개국에 공장을 가지고 있으며 세계에서 2번째로 큰 맥주회사이다.

❹ 미국

미국의 맥주는 1632년 맨해튼에서 서인도회사가 맥주를 판매하면서 시작되었다. 처음에는 상면 발효 맥주가 생산되었는데 독일인의 이민이 늘어나면서 하면 발효 맥주가 만들어지게 되었다. 현재 미국은 맥주 생산량이 세계 1위이다.

(6) 맥주 서비스

맥주를 즐기는 온도는 개인에 따라 조금의 차이는 있지만 일반적으로 여름에는 4~8도, 겨울에는 8~12도 정도가 적당하다. 미지근한 맥주는 거품이 너무 많이 발생해 쓴맛이 나며, 너무 차가운 맥주는 거품이 일어나지 않아 맥주향이 날아가 버린다. 맥주의 거품은 탄산가스의 유출과 산화를 정지하기 위한 방어막과도 같은 역할을 하기 때문에 맥주를 따를 때 2cm 정도의 거품이 있는 것이 좋다. 또한 식사를 그릇에다 담을 때와 마찬가지로 맥주잔 또한 서브되는 온도에 맞추어 보관해 두었다가 적당히 찬 맥주와 같이 제공하면 고객은 더 맛있는 맥주를 즐길 수 있다.

(7) 맥주 취급 방법

맥주는 양조주의 한 종류이므로 상하기 쉽다. 때문에 병에 든 맥주라 하더라도 유효기간이 있다. 주장에서는 이러한 유통기한이 있는 주류는 식재료와 같이 FIFO(first in first out: 선입선출)의 원칙을 잘 지켜야 한다. 일반적으로 병맥주의 유통기한은 1년이다. 또한 햇빛에 많이 노출되는 것과 심한 흔들림은 맥주의 맛을 변하게 하거나 저하시키므로 주의해야 한다.

Chapter

04

증류주

학습목표 ⭐✨

1. 증류주의 조주 과정 이해
2. 증류주의 종류

01 증류주(Distilled liquor)란 무엇인가?

양조주로 더 높은 알코올 함유량의 술과 순도가 높은 술을 만들기 위하여 양조주에서 알코올만 따로 분리해 내어 만든 술이 증류주이며 이때 알코올을 분리하는 방법이 증류법을 이용하여 증류주라 칭한다. 증류 방법은 비등점이 다른 액체는 기화점 또한 다르다는 원리에서 출발한 것이다.

즉, 알코올은 80도에서 기체로 변하고 물은 100도에서 기체로 변하기 때문에 80도와 100도 사이에서는 알코올만이 기체로 변하고 기체로 변한 알코올을 냉각시키면 액체로 변하게 되는데 이때 액체로 변한 것이 순도가 높은 알코올이다. 대표적인 증류주는 위스키, 브랜디, 럼, 보드카 등이 있다.

02 증류주의 종류

ㅣ 위스키(Whisky)

위스키는 증류주 중에서 우리와 친숙한 술이다. 위스키의 종류는 생산지별로 스카치 위스키(Scotch Whisky), 아이리시 위스키(Irish Whisky), 아메리칸 위스키(American Whisky), 캐나디언 위스키(Canadian Whisky) 등으로 크게 나눌 수 있다. 위스키는 곡류를 발효시켜 만든 양조주를 증류하여 만든 술이며 이때 나온 알코올은 무색투명한 알코올이며 이것을 참나무(Oak)와 같은 질 좋은 목재로 만든 통속에 넣어 숙성 (Aging)시켜 나무의 성분과 알코올이 혼합되어 짙은 호박색과 특유한 맛과 향기를 지닌 위스키가 된다. 이러한 위스키는 발효, 증류, 숙성시키는 노하우가 맛을 결정 하며 산지마다 독특한 노하우를 가지고 있어 위스키의 종류마다 독특한 맛을 낸 다. 대표적인 예로서 스카치 위스키는 맥아를 건조시킬 때 파트(Peat)탄의 연기를 이용하여 건조하므로 독특하고 특유한 향과 맛을 내고, 버본 위스키는 나무로 만 든 통 안을 검게 그을러 숙성시킴으로써 특유한 향미를 첨가한다.

(1) 위스키의 정의와 역사

위스키는 곡류(Grain)를 갈아서 발효시키거나 싹(Malt)을 내서 갈아 발효하여 증 류해 낸 술이다. 이러한 위스키의 역사는 스카치의 역사라 할 수 있다. 위스키는 12세기경 이전에 처음으로 아일랜드에서 제조되기 시작하여 15세기경에는 스코 틀랜드로 전파되어 오늘날의 스카치 위스키의 원조가 된 것으로 보고 1826년 이 전에는 이탄을 사용하여 건조시키고 소형 단식 증류기(Pot Still)로 서서히 증류 시 키는 방법이 사용되었으나 1826년 스코틀랜드의 증류업자 Robert Stein의 연속식 증류기 개발에 이어 1831년 아일랜드 더블린(Dublin)의 세무 관리인 Aeneas Coffey 가 「코페이식 연속식 증류기(Coffey's Patent Still)」를 완성하여 특허를 취득했다. 연 속식 증류기(Patent Still)로 불리는 이 증류기의 보급으로 단기간 내에 대량의 Grain Whiskey를 생산하기에 이르렀다.

(2) 증류방법에 의한 분류

❶ **단식증류기**(Pot Still) : 1회 증류- 곡물, 과일 등 재료 고유 성질 추출 하는 것으로 주재료가 지닌 성분이 그대로 남아 있어 고유의 향과 맛을 지니게 된다. 따 라서 이러한 단식증류기를 사용하여서는 소량의 고급 위스키를 제조할 수 있고 주로 스트레이트(Straight)로 음용한다. 그 종류로는 Malt Scotch Whisky,

Irish Malt Whisky 등이 있다.

❷ **연속식 증류기**(Patent Still) : 2개 이상의 증류기를 사용하여 여러 번 증류하게 됨
에 따라 재료가 가진 고유한 성분이 많이 휘발되어져 버려서 순수한 주정 상
태로 많이 남게 된다. 이러한 여러 번의 증류 과정을 거쳐 대량 생산이 가능
하지만 재료가 가진 본연의 맛이 없어져 칵테일 바에서 다른 주류와 혼합
해서 마실 때 많이 사용되어지고, 그 종류로는 American Whisky, Canadian
Whisky 등이 있다.

(3) 산지별 분류

❶ 스카치 위스키

스카치 위스키는 스코틀랜드에서 만들어진 위스키이다. 보통 스카치라고 해도
스카치 위스키를 뜻하며 스코틀랜드에서는 스카치 대신 Scots라고 표기하기도 한
다. 이러한 스카치 위스키의 특징으로는 다음과 같다.

첫째 3,000종이 훨씬 넘는 상표가 있다.
둘째 전 세계 위스키의 60%를 생산한다.
셋째 맥아 건조시 이탄의 불을 사용한다.
넷째 증류시 단식 증류기(pot still)로 2-3회 실시한다.

스카치 위스키의 제조법상 분류를 하면 몰트위스키(Malt whisky), 블랜디드 위스키(Blended
whisky), 그레인 위스키(Grain Whiskey) 등으로 나눌 수 있고 블렌딩(blending)하지 않고
단일 맥아주로 담아서 내는 위스키는 Highland의 Straight Malt Whiskey라고 한다.

📌 **몰트**(Malt) **위스키**
　몰트위스키는 싱글(Single)과 퓨어(Pure)로 나눌 수 있으며 몰트(대맥)를 피트 탄으
로 건조하여 단식 증류기로 2번 증류한 후 오크통에 장시간 보관하여 피트
향과 오크향이 가비되어 독특한 향이 나는 위스키이다. 위스키는 위스키를

제조하는 증류소에 따라 피트 향과 오크통의 성분의 차이로 그 맛이 조금씩 다른데 한곳의 증류소에서 나온 위스키를 다른 증류소의 위스키와 혼합하지 않고 출하하는 위스키를 말하고, 퓨어몰트 위스키는 베티드(Vatted) 몰트위스키라고도 하며 소비자가 마시기 쉽게 여러 증류소의 위스키를 혼합하여 출하하는 것을 말한다.

┃표 1┃
몰트 위스키의 종류

구분		내용	비고
몰트 위스키	싱글 위스키	한곳의 증류소의 위스키	
	퓨어 위스키	여러 곳의 증류소의 위스키 혼합	베티드 위스키라고도 함

그레인 위스키

그레인(Grain) 위스키는 곡류(Grain)로 만든 위스키다. 그레인 위스키의 80% 이상은 옥수수를 원료로 하여 소량의 맥아를 첨가하여 당화와 발효를 시킨 양조주를 연속식 증류기로 증류시킨 통속에서 3~5년 정도 숙성시킨 증류주이다. 피트 향을 첨가하지 않아 순하고 부드러운 맛이 특징이며 그레인 위스키로 판매하는 경우는 드물며 대부분 몰트위스키와 혼합하여 블랜디드 위스키로 만들어진다.

블랜디드 위스키

블랜디드(Blended) 위스키는 몰트 위스키와 그레인 위스키를 혼합하여 만든 술이다. 우리가 시중에서 접하는 대부분의 스카치 위스키는 블랜디드 위스키이다. 이 때 몰트 위스키가 많이 배합되면 될수록 고급 위스키이며 가격 또한 비싸진다. 그 이유는 몰트 위스키를 만드는데 드는 비용이 그레인 위스키의 2배가 넘기 때문이다. 또한 시중에 판매되는 대부분의 스카치 위스키가 블랜디드 위스키인 것은 몰트 위스키는 그 향이 진하고 독특하여 순하고 부드러운 그레인 위스키를 혼합함으로써 소비자에게 거부감을 주지 않는 위스키가 되기 때문이다.

스카치 위스키의 상표

🍾 **밸런타인(Ballantine's)**

1827년에 농부인 조지 밸런타인이 개발한 술이다. 저장 연수에 따라 맛과 향의 차이가 두드러지게 나타난다.

🍾 **시바스 리갈(Chivas regal)**

1843년 빅토리아 여왕의 궁정납입을 인정받은 12년산 프리미엄급 위스키로서 "시바스 집안의 왕자"라는 의미를 지니고 있으며 우리나라에서는 고 박정희 대통령이 즐기면서 많은 애호가들의 사랑을 받았다.

🍾 **딤플(Dimple)**

딤플은 12년 숙성의 몰트를 사용한 디럭스(deluxe) 급의 위스키이다. 아름다운 병 모양으로 "보조개"라는 별명을 가지고 있으며 그것이 상표가 되었다.

🍾 **제이 앤 비(J&B)**

이탈리아 출신의 저스테리니(Justerini)에 의해서 설립된 회사로서 몰트의 풍미가 강한 블랜디드 위스키로 잘 알려져 있다.

🍾 **조니 워커(Johnnie Walkers)**

우리나라에서 가장 유명한 위스키이다. 5가지의 급이 있다.

🍾 **로얄 살루트(Royal salute)**

도기의 병에 병입 되어 있는 위스키로서 우리나라에서는 고급 위스키의 대명사 역할을 하고 있다.

❷ 아이리시 위스키

아이리시 위스키(Irish whiskey)는 아일랜드에서 생산되는 위스키이다. 아이리시 위스키의 조주법은 스카치 위스키와 유사하나 그 과정은 다르다. 우선 맥아의 건조 방법이 스카치 위스키는 피트(Peat) 탄으로 건조시키지만 아이리시 위스키는 바닥에서 건조시킨다. 스카치 위스키는 몰트 위스키와 그래인 위스키를 따로 조주하여 혼합함으로써 블랜디드 위스키를 조주하나 아이리시 위스키는 건조시킨 맥아를 넣고 물을 첨가하여 열을 가하여 맥아즙을 생성하는 과정에서 밀과 호밀을 같이 넣고 끓인 후 냉각하는 과정을 4회 반복 후 발효시켜 단식 증류법으로 3번 반복하여 알코올을 얻는다. 이러한 알코올을 쉐리(sherry)로 사용하였던 오크통에 넣어 5년 이상을 숙성시켜 만든 술이 아이리시 위스키이다.

아이리시 위스키의 상표

🍾 존 제임슨(John Jameson)

1780년 더블린에서 존 제임슨이 설립한 증류소의 위스키이다. 콘(Corn) 위스키를 혼합하여 부드러운 맛과 풍미로서 많은 소비자들이 즐기고 있다.

🍾 올드 부시밀즈(Old bushmills)

영국령의 북아일랜드에서 유일한 상표이며 현존하는 아이리시 위스키 중 가장 역사가 오래 된 상표이다.

🍾 털러모어 듀(Tullamore dew)

아일랜드 중앙부에서 번성해 온 아름다운 거리 털러모어의 아름다운 거리 이름을 따온 것이다.

❸ 아메리칸 위스키

아메리칸 위스키(American whiskey)는 미국에서 만들어 진 위스키이다. 최초의 아메리칸 위스키는 보리를 원료로 한 라이 위스키(Rye whiskey)였다. 본격적으로 옥수수를 원료로 하여 만들어진 것은 켄터키 주의 에반 윌리엄스(Elan Williams)라는 사람이 보리에 옥수수를 넣어 위스키를 만들었으며 이것이 버본 위스키(Bourbon Whisky)의 시초이다. 옥수수를 원료로 조주한 술을 버본 위스키라 칭하게 된 것은 켄터키 주 버본 카운티가 옥수수를 원료로 하여 만든 위스키의 주요 산지였는데 이곳의 지명을 붙여 오늘날 버본 위스키라는 명칭이 생겨났다. 지금에 와서는 옥수수가 51%이상 함유되어 있으면 버본 위스키, 보리가 51% 이상 함유되어 있으면 라이(rye) 위스키, 옥수수가 80% 이상 함유되어 있으면 콘 위스키라 칭한다.

아메리칸 위스키의 종류

아메리칸 위스키는 일반적으로 스트레이트(straight) 위스키, 블랜디드 위스키, 테네시 위스키로 구분하며 스트레이트 위스키는 다시 버본 위스키, 라이 위스키, 콘 위스키, 버틀 인 본디드(Bottle in bonded) 위스키로 나누어진다.

🍶 스트레이트(Straight) 위스키

버본 위스키(Bourbon whiskey)는 51% 이상의 옥수수를 원료로 하여 만든 위스키를 일컫는 것이다. 그을린 참나무통으로 숙성을 시켜 독특한 향이 난다. 버본 위스키는 생산지에 따라 두 가지로 분류되는데 켄터키 주에서 생산된 것과 다른 지방에서 생산된 것으로 구분된다. 켄터키 주에서 생산된 버본 위스키는 켄터키 스트레이트 버본 위스키(Kentucky straight bourbon whiskey)이고, 그 이외의 일리노이 주, 미주리 주 등의 지역에서 생산되는 것은 스트레이트 버본 위스키(Straight bourbon whiskey)라고 한다.

라이 위스키(Rye whiskey)는 호밀을 주원료로 만든 위스키이다.

콘 위스키(Corn whiskey)는 미국 남부에서 생산되는 옥수수를 80% 이상의 주원료로 하여 생산된 위스키이며 한번 사용했던 술통을 재사용한다.

버틀 인 본디드 위스키는 미국 정부의 감독 하에 생산된 버본 위스키 또는 라이 위스키를 칭하는 것이다.

🔖 블랜디드 위스키

블랜디드 위스키(Blended whiskey)는 한 가지 또는 그 이상의 스트레이트 위스키와 중성 곡류 주정(Neutral grain spirits)을 2 대 8로 혼합하여 병에 넣은 위스키이다.

🔖 테네시 위스키

테네시 위스키(Tennessee whiskey)는 버본 위스키와 비슷하지만 테네시 주에서 생산되는 위스키로서 특별한 방법으로 여과하여 독특한 향이 있어 고급주로 취급된다.

아메리칸 위스키의 상표

🔖 잭 다니엘(Jack Daniel's)

사탕단풍 나무 목탄으로 여과시켜 숙성시킨 위스키로서 부드럽고 향이 뛰어나 미국의 위스키를 대표하는 상표로서 널리 쓰이고 있다.

🔖 짐빔(Jim Beam)

짐빔은 현존하는 미국의 증류회사 중 가장 오래된 회사의 상표이다. 맛이 부드러워 버본 위스키를 대표하는 술로서 애용되고 있다.

🔖 와일드 터키(Wild Turkey)

매년 사우스캐롤라이나(South Carolina) 주에서 열리는 야생 칠면조 사냥에 모이는 사람들을 위해 제조한 위스키로서 켄터키 주 오스틴 니콜즈사의 제품으로 50.5%의 아주 높은 도수로 잘 알려져 있다.

🍶 아이 더블유 하퍼(I.W Harper)

높은 품질로서 인정을 받는 상표이며 향이
강하고 달콤한 맛을 지니고 있다.

🍶 시그렘 세븐 크라운(Seagram's 7 Crown)

미국의 금주법이 해제된 이후 가장 유명해
진 위스키이며 시음 과정에서 7번째가 가
장 품질이 좋아 상표에 7을 넣어 만들었다.

❹ 캐네디언 위스키

캐네디언 위스키는 캐나다에서 생산되는 위스키이며 라이위스키와 콘위스
키를 혼합하여 생산하여 가볍고 독특한 풍미로 인하여 현대인들에게 많은 인
기를 얻고 있다.

캐네디언 위스키의 상표

🍶 캐네디언 클럽(Canadian Club)

1858년 창업한 하이럼 워커사의 중심 상품이다. 빅토리아 여왕시대부터 영
국왕실에 납품되고 있는 품질이 우수한 위스키이다.

🍶 크라운 로얄(Crown Royal)

왕관의 모양을 딴 위스키로서 1939년 영국의 왕 조지 6세 부부가 캐나다를
방문했을 때 심혈을 기울여 만든 위스키이다.

2 브랜디(Brandy)

브랜디(Brandy)는 양조주인 와인을 증류하여 생산된 술이다. 처음에는 포도를 원료로 하여 만든 와인에만 브랜디라는 명칭을 하였으나 현재에는 과일을 원료로 하여 양조한 술을 증류한 모든 술을 브랜디라 칭한다. 그러나 일반적으로 브랜디라 하면 포도로 원료로 한 와인을 증류하여 만든 술이다. 우리나라에서는 브랜디라는 명칭보다 코냑(Cognac) 또는 아르마냑(Armagnac) 등의 이름으로 널리 알려져 있는데 코냑이나 아르마냑은 브랜디 중 가장 대표적인 것으로 생산된 지방의 이름이 붙여진 것이다. 브랜디는 식후주로 많이 마시며 시가와 함께 즐기는 기호인들이 많다.

(1) 브랜디의 종류

❶ 코냑(Cognac)

브랜디 중 보르도의 북쪽에 위치한 코냑 지방에서 생산되는 브랜디를 코냑이라 칭하며 이것은 법으로 정해져 있다.

코냑의 상표

🔖 카뮈(Camus)
현재 코냑으로서 세계 5위로서 세계 각국의 면세점에서 많이 판매되고 있는 코냑이다. 부드러우면서 감칠맛이 나는 것이 특징이다.

🔖 헤네시(Hennessy)
헤네시는 증류업자라기 보다는 혼합하는 브랜딩 업자라고 해야 맞다. 왜냐하면 제품을 만드는 술의 90%는 증류업자에게 구입을 하기 때문이다. 헤네시의 특징은 리무진산의 떡갈나무로 만든 새 통을 사용한다는 점이다. 새 통에서 많은 향을 가미시킨 다음 묵은 통으로 옮겨 숙성을 시킨다.

🍷 레미 마르뗑(Remy martin)

레미 마르뗑은 V.S.O.P 이상의 급을 생산하는 것으로 유명하다. 그랜드 샹파뉴(Grand Champange), 쁘티드 샹파뉴(Petited Champagne)지구 이외의 와인은 브랜딩하지 않으며 리무진의 화이트 오크의 목재만 사용해 만든 숙성 통을 사용한다.

❷ **아르마냑**(Armagnic)

보르도 지방의 남서쪽에 위치하고 있는 아르마냑 지방에서 생산되는 브랜디를 아르마냑이라고 한다. 코냑은 단식 증류법으로 2회 증류하는데 비해 아르마냑은 반연속기 증류기로 1회 증류하여 향이 짙다.

아르마냑의 상표

🍷 샤보(Chabot)

16세기 프랑스와 1세 때 프랑스 해군 원수인 필립 드 샤보(Philip de Chabot)라는 사람이 와인의 변질을 막기 위해 증류해서 배에 적재하도록 하였는데 맛이 훌륭하고 오랜 시간 경과할수록 나무통의 향이 가미되어 우수한 브랜디가 된다는 것을 발견하였다. 샤보의 원주의 품질은 중후하지만 숙성에 의하여 마일드한 풍미가 된다.

🍷 쟈노(Janneau)

아르마냑 중 최고의 수출을 자랑하고 있는 쟈노는 새로 만든 블랙 오크통에 2년 동안 저장하여 향을 가미하고 묵은 통에 넣어 숙성한다. 중후한 감칠맛과 짙은 향이 특징이다.

🍸 코냑과 아르마냑 이외의 브랜디는 통칭 브랜디라 칭한다.

(2) 브랜디의 숙성 표시

브랜디의 숙성 정도는 별 또는 문자로서 표시하고 있으며 법으로 규정된 것이 아니라 회사마다 조금의 차이는 있지만 대체적으로 살펴보면 다음과 같다.

❶ 3 STAR(별 셋) – 5년 이상 숙성

❷ V.S.O.P(Very Superior Old Pale) – 10년 이상 숙성

❸ Napoleun – 15년 이상 숙성

❹ X.O 또는 Cordun bleu – 20년 이상 숙성

❺ Extra 또는 Paradise – 30년 이상 숙성

3 진(Gin)

진(Gin)은 네덜란드의 라이덴 대학의 실비우스 교수가 술에 두송나무 열매(Juniper berry)를 담아 약으로 판매한 것이 시초이다. 진의 원료는 옥수수, 대맥, 보리 등이며 증류된 술에 주니퍼 베리, 감귤류의 껍질 등으로 향을 첨가한다. 진은 위스키 또는 브랜드와 같은 증류주에 속하지만 그 조주 방법은 많이 다르다. 우선 진은 숙성 과정을 거치지 않으며 각종 향료로서 향을 첨가하는 것이 큰 차이이다. 진이라 칭하는 모든 술이 증류주는 아니고 일반적으로 불리는 진 중에 슬로우진(Sloe Gin)은 진에 슬로우 베리(Sloe berry)를 첨가하여 만든 적색의 리큐르로서 혼성주에 속한다.

(1) 진의 종류

❶ 네덜란드 진(Dutch Genever)

네덜란드 진은 홀랜드 진(Holland gin) 또는 주네브라고 부르며 맥아에 옥수수나

보리를 혼합하여 당화, 발효, 증류 과정을 거쳐 얻은 약 50 ~ 55%의 주정에 주니퍼베리를 넣어 다시 증류하여 향미를 첨가한다.

❷ 미국 진(American Gin)

미국 진은 영국에서 전파되었으며 순하고 부드러워 칵테일에 많이 사용되면서 널리 알려진 진이다.

❸ 독일 진(German Gin)

독일 진은 네덜란드 진과 흡사하며 독일산 맥아를 사용하여 단식 증류기로 증류한 진이다.

(2) 진의 상표

❶ 텡커레이(Tanqueray)

1830년경 런던 시(市), 핀츠베리 구(區)의 자연수를 이용하여 만든 진이다. 드라이 진으로서 가장 우수한 품질로 사랑을 받고 있다.

❷ 비피터(Beefeater)

런던탑을 주제로 한 근위병을 뜻하는 비피터는 품질이 우수하여 전 세계에 잘 알려져 있다. 드라이 마티니의 베이스로서 많이 쓰이고 있다.

4 럼(Rum)

럼(Rum)은 사탕수수를 원료로 하여 사탕수수의 즙을 내어 사탕수수의 결정을 분리하고 나머지 당밀을 이용하여 만든 술이다. 카리부해의 서인도제도에서 최초의 럼이 생산되었고 현재에는 사탕수수가 재배되는 열대지방에 널리 재배되어 각 지역마다 럼이 생산되고 있다. 럼은 산지와 조주법에 따라 여러 가지로 구분되는데 그 풍미에 따라 구분하면 라이트 럼(Light Rum), 미디엄 럼(Medium Rum), 해비 럼(Heavy Rum)의 세 가지로 구분된다.

❶ Light Rum

라이트 럼은 단기간에 발효 증류하여 생산하므로 가벼운 풍미를 가지고, 무색투명하여 화이트 럼(White Rum)이라고 칭하기도 한다. 풍미와 단맛이 적어 칵테일용으로 널리 사용되고 있다.

❷ Medium Rum

미디엄 럼은 발효 증류하여 나무통 속에서 숙성시켜 만들거나 Light Rum과 Medium Rum을 혼합하여 만들기도 한다.

❸ Heavy Rum

해비 럼은 사탕수수를 발효 증류한 후 나무통 속에서 숙성시킨 것으로 풍미가 깊고 색인 짙어 다크 럼(Dark Rum)이라고 칭하기도 한다.

(3) 럼의 상표

❶ 바카디(Bacardi)

세계적으로 가장 유명한 럼으로서 미국에서는 모든 증류주 중 가장 많이 판매되고 있다. 바카디는 화이트 럼과 골드 럼 그리고 아네호를 생산하고 있다.

❷ **마이어즈**(Myers's)

자메이카에서 생산되는 럼으로 마이어즈사가 생산하
여 럼의 숙성에 좋은 온난한 영국의 리버풀에서 숙성
한 럼이다.

❸ **론니코**(Ronico)

알코올 도수가 51%로 강한 헤비 럼(Heavy rum)이다. 미
국의 금주법 이전부터 생산해 온 전통 있는 럼이다.

5 **보드카**(Vodka)

Vodka는 슬라브 민족의 국민주라고 할 수 있을 정도로 애음되는 술이다. 무색,
무미, 무취의 술로써 칵테일의 기본주로 많이 사용하지만 러시아인들은 아주 차
게 해서 작은 잔으로 스트레이트로 단숨에 들이킨다.

러시아를 여행하는 외국인이 기대하는 것의 하나로 철갑상어의 알젓(Caviar)에 보
드카를 곁들여 마시는 것을 꼽을 수 있을 것이다. 이러한 보드카의 어원은 12C경
의 러시아 문헌에서 지제니즈 뷔타(Zhiezenniz Vcda;Water of Life)란 말로 기록된 데서 유
래한다. 15C경에는 뷔타(Vcda;Water)라는 이름으로 불리었고 18C경부터 Vodka라고
불리어졌다.

이러한 보드카의 원료는 주로 보리, 밀, 호밀, 옥수수(Maize) 등과 감자, 고구마를
사용한다. 이들 곡류나 고구마류에 보리 몰트(Malted Barley;맥아)를 가해서 당화 발효
시켜 「세바리식」이라는 연속 증류기로 95% 정도의 주정을 취한다. 이것을 자
작나무의 활성탄이 들어 있는 여과조를 20~30번 반복해서 여과해서 순도 높은 알
코올이 생긴다. 끝으로 모래를 여러 번 통과시켜 목탄의 냄새를 제거한 후 증류수
로 40~50%로 묽게 하여 병입된다.

보드카가 무색, 무미, 무취로 되는 중요 요인은 자작나무의 활성탄과 모래를 통

과시켜 여과하기 때문이다. Vodka 중 향이 첨가된 Vodka도 있다.

보드카의 상표

❶ 스톨리치나야(Stolichnaya)

러시아어로 '수도의'라는 뜻을 지닌 스톨리치나야는 모스코바에서 생산되고 있다. 매우 소프트한 맛으로 일본에서 가장 많이 팔리고 있다.

❷ 압솔루트(Absolute)

그레인 보드카로 깨끗한 맛과 감칠맛이 특징인 압솔루트는 우리나라에서 최근 호평을 받고 있다.

6 테킬라(Tequila)

테킬라(Tequila)의 원료는 용설란이다. 용설란의 수액을 발효시켜 얻은 술이 풀케 (Pulque)인데 이 풀케들 증류시켜 얻은 술이 테킬라이다. 테킬라는 멕시코인들이 가장 즐기는 술이다.

테킬라의 상표

❶ 호세 쿠엘보(Jose Cuervo)

사우사와 함께 멕시코의 양대 테킬라이다. 주로 미국에 수출을 주력하고 있으며 국민 애호 브랜드 1위를 차지하고 있다.

❷ **사우사**(Sauza)

주로 국내 판매를 중심으로 하고 있으며 호세 쿠엘보와 함께 멕시코의 양대 테킬라이다. 우리나라에 많이 알려져 있는 테킬라이다.

Chapter

05

혼성주

01 혼성주란?

혼성주는 증류주나 양조주에 식물성 향미 성분(약초, 과실, 종자)과 감미료 또는 착색료 등을 첨가하여 특유한 색이나 향을 함유하게 한 술의 총칭이다. 혼성주는 최초에 약주로서 개발하였으나 현재는 식후주로 주로 마신다. 칵테일에 있어서 아름다운 색이나 향을 내는 주원료로 사용된다. 대부분의 경우 리큐르(Liqueur)라고 칭하며 이를 식물성 향미 성분에 따라 구분하면 약초 · 향초류, 과실류, 종자류, 크림류 등으로 구분할 수 있다. 또한 조주법에 따라 구분하면 증류법, 침출법, 여과법, 에센스법 등으로 구분할 수 있다.

조주법	내 용	비고
증류법 (Distillation)	재료를 일정기간 동안 술에 적셔 나온 침출액을 넣고 증류하여 색과 향 그리고 맛을 내는 방법	
침출법 (Infusion)	증류하면 변질되기 쉬운 재료(과일 등)에 증류주를 첨가하여 향미 성분을 용해시켜 색과 향 그리고 맛을 내는 방법	
여과법 (Filtration)	재료를 통과시켜 색과 향 그리고 맛을 내는 방법	
에센스법 (Essence)	혼합법으로서 가장 많이 쓰이는 방법	

┃표 1┃
조주법에 따른
리큐르의 분류

02 혼성주의 종류

약초 · 향초류

가장 초기의 리큐르이다. 초기에는 증류주에 약초 또는 향초를 첨가하여 치료를 목적으로 생산하였다. 강장, 소화 등의 목적으로 사용하였다. 이 종류의 혼성주는 단맛이 없고 약 향이 나는 혼성주였다. 약초와 향초류를 가미한 리큐르는 다음과 같은 것들이 있다.

(1) 샤르트뢰즈(Chartreuse)

샤르트뢰즈는 리큐르의 여왕이라고 불릴 정도로 유명한 것이며, 여러 가지 약초를 가미한 것으로 장기간 통에서 숙성 과정을 거친 제품이다.

(2) 두보넷(Dubonett)

프랑스산 레드 와인에 키니네를 가미하여 만든 강화주이다.

(3) 베네딕틴 D. O. M(Benedictine)

3대 리큐르의 한 종류로서 프랑스 북부 페에칸 시의 베네딕트 파 수도원에서 성직자가 1510년에 만든 리큐르이다. D.O.M은 "Deo Optimo Maximo"의 약어로서 "최대, 최고의 것을 신에게 바친다."라는 라틴어이다. 대표적인 칵테일로는 B & B가 있는데 이것은 브랜디에 베네딕틴을 혼합하여 만들어진다.

(4) 드람브이(Drambuie)

평균 15년 이상 장기 숙성한 하이랜드 몰트(Highland malt) 위스키에 스카치 위스키를 혼합하여 각종 식물의 향과 벌꿀을 가미하여 만든 리큐르이며 3대 리큐르 중 하나이다.

(5) 캄파리

이탈리아에서 생산되는 비터(Bitters)의 한 종류로 오렌지 과피, 용담뿌리 등을 원료로 하여 만든다. 식욕을 촉진시켜주는 식전주로 널리 사용되고 있다.

(6) 갈리아노

이탈리아 북부의 리보르노 지역에서 생산되는 리큐르로서, 침출법, 증류법을 같이 사용하여 40종 이상의 향초류를 알코올에 담가 증류하고 이것을 혼합하여 설탕, 착색료, 물을 혼합하여 단기간 숙성한 리큐르이다. 칵테일에서 노란색을 내는 주원료로 사용되고 있다.

② 과실류

과실을 원료로 하여 만든 리큐르이다. 과실류를 사용한 리큐르는 한 가지 과일만을 사용할 경우 단조로운 맛이 나기 때문에 다른 식물성 재료와 혼합하여 균형과 조화를 맞추는 경우가 많다. 과실류를 가미하여 만든 리큐르는 단맛의 리큐르로서 주로 식후주로 많이 애용하고 있다.

(1) 큐라소(Curacao)

말린 오렌지 과피와 매우 단맛이 나는 오렌지 과피를 추출하여 만든 리큐르로서 크게 5가지의 종류가 있다. 가장 기본적인 화이트(white) 큐라소는 건조시킨 오렌지 껍질에서 나오는 무색투명한 액체를 중성주정에 침지하여 다시 증류하고, 여기에다 여러 가지 향료, 시럽 등을 혼합하여 만든다. 그 외 그린(green), 레드(red), 블루(blue), 오렌지 큐라소는 이 화이트 큐라소에 색을 가미하여 만들어진다. 트리플 섹(Triple sec)은 큐라소를 세 번 걸러내어 만든 리큐르로서 원재료가 지닌 맛이 거의 남아 있지 않고 향미만 남아 있어 큐라소보다 값이 상대적이 저렴하여 일반 칵테일 바에서 많이 사용되는 리큐르이다.

(2) 끄앙뜨루(Cointreau)

브랜디에 비터, 오렌지 껍질을 가미하여 혼합하여 만드는 리큐르로서 프랑스 르와르 지역에서 생산되는 오렌지 큐라소(Orange Curcao) 중 최고급이다..

(3) 체리 브랜디(Cherry brandy)

체리를 사용한 것으로 그 종류가 매우 다양하다. 칵테일은 물론 제과용으로도 많이 사용된다.

(4) 슬로우진(Sloe gin)

진(Gin)에다 슬로우베리(Sloeberry, 야생 오얏)를 가미하여 만든 리큐르로서 특유의 보라색이 나고, 칵테일 바에서 많이 쓰이는 리큐르이다.

③ 종자류

종자류의 리큐르는 종자에 함유되어 있는 향이나 성분을 추출하여 알코올에 가미한 술이다. 칵테일과 식후주로 애용되고 있다.

(1) 칼루아(Kahlua)

멕시코 산 커피 리큐로서서 럼(Rum)에다 커피의 향을 가미하여 만든 리큐로서 이를 이용한 대표적인 칵테일로서는 Black Russian이 있다. 그 외 커피 리큐르로는 럼에다 자메이카 산 블루마운틴 커피를 사용하여 만든 최고급 커피 리큐르인 Tia Maria 등이 있다.

(2) 아마레토(Amaretto)

살구의 핵을 물과 함께 증류하여 알코올과 혼합하여 숙성시킨 가하여 만든다. 일반적으로 아몬드 향이 짙어 아몬드 리큐르라고 불리고 있으며 이태리에서 생산하는 리큐르로서 갈리아노와 삼부카와 더불어 이태리 3대 리큐르에 속한다.

④ 크림(Crème) 류

크림(Crème)은 프랑스어로 '최고'란 뜻을 의미하고, 크림에다가 사용하는 재료에 따라 명칭이 달라지게 된다. 예를 들어 크림 드 카카오(Crème de Cacao)는 초콜릿 맛이 나는 리큐르로, 카카오 콩을 볶아 중성 알코올과 함께 증류하여 원액을 추출하고 시럽이나 색소를 첨가하여 만든다. 시럽을 첨가하면 화이트 카카오(White Cacao)가 되고 색소를 첨가하면 브라운 카카오(Brown Cacao)가 된다. 크림 드 멘트(Crème de Menth)는 소화 촉진에 도움을 주는 페퍼민트 성분 등이 포함된 박하 향을 첨가하여 만든 것으로서 white와 Green 등이 있다. 바나나가 주 원료로 사용되어지면 크림 드 바나나(Crème de Banana), Black berry를 주 원료로 만들게 되면 크림 드 카시스(Crème de Casis) 등이 있다.

MEMO

PART

02

주장경영

Chapter

06

주장의
운영관리

주장은 일반적으로 바(bar)라고 부르며, 바는 프랑스어인 바리애르(bariere)에서 유래된 것으로 고객과 바텐더의 사이에 놓여 있는 카운터를 바라고 하던 개념이 시간이 흐름에 따라 변천되어 오늘날에는 술과 안주를 판매하는 모든 영업장을 주장(Bar)이라 총칭하고 있다. 호텔에서의 주장은 메인 바, 스카이라운지 바, 로비라운지 바 등이 일반적이며, 일부 호텔에서는 댄스 바, 멥버스 클럽 바 등을 운영하기도

한다. 이러한 주장의 영업은 그 시대의 사회상을 반영하고 있으며 빠른 성장세를 보이며 그 수익성만큼이나 경쟁이 치열한 기업군이다.

1 주장의 조직

주장은 그 영업 형태에 따라 많은 형태의 직무 구조가 나타날 수 있으나 일반적으로 그 중심이 되고 근간이 되는 조직의 형태는 음료 지배인, 수석 바텐더, 바텐더/웨이터로 구성된다. 그러나 이러한 기본적인 조직의 형태도 주장의 효율적인

운영을 위하여 각각의 주장에 맞고, 형편에 맞는 적절한 조직을 갖추어야 한다.

특히 주장은 야간에 주로 영업이 이루어지므로 적절한 인원의 배치와 면밀한 관리가 요구되는 업이다.

| 그림 1 |
주장의 조직

② 주장 종사원의 직무

(1) 음료 지배인

주장의 최고 책임자이며 주장의 운영 상태의 파악과 적절한 인원의 배치 그리고 서비스 교육과 재고 수준의 관리 등의 주장의 영업에 관한 모든 사항을 결정하는 종사원으로서 음료 지배인의 업무는 다음과 같다.

❶ 종사원들의 근무 편성과 바의 영업에 대한 총괄책임자이다.
❷ 음료에 대한 충분한 지식을 가지고 종사원들을 교육, 훈련의 책임자이다.
❸ 외국어 능력을 지니고 고객의 영접과 안내를 담당한다.
❹ 서비스를 지휘, 감독한다.
❺ 고객 관리를 한다.
❻ 재고 관리를 감독한다.
❼ 영업의 시작과 종료를 관리한다. (보고서, 재고 파악, 익일 예상)

❽ 칵테일 레시피(recipe) 교육 및 관리한다.

❾ 가격 정책과 원가 계산, 재고 조사 등의 관리를 한다.

❿ 위생 관리를 한다.

(2) 수석 바텐더

고객의 주문을 직접 책임지며 고객의 기호를 파악하고 손님의 주문에 응대하여 조주하는 직원으로 담당 업무는 다음과 같다.

❶ 영업 시작 전 담당 구역의 영업 준비사항 점검

❷ 담당 구역의 정리 정돈 점검

❸ 정확한 주문과 서비스

❹ 지배인의 업무 보좌

❺ 판매 상품의 해박한 지식

❻ 행사 일정 관리

❼ 주문의 제공 후 고객의 반응 관찰 보고

❽ 서비스 매뉴얼, 긴급 조치 사항 숙지

❾ 업장내 행정, 관리 업무

(3) 바텐더(bartender)

바텐더는 주장의 중심으로서 고객과 직접대화하며 고객의 기호에 맞고 욕구를 만족시켜주는 서비스를 제공하는 종사원이다. 바텐더의 업무는 다음과 같다.

❶ 대고객 서비스 및 판매

❷ 재고 파악

❸ 바 카운터 내의 청결과 정리정돈

❹ 주문한 칵테일의 조주

(4) 웨이터(waiter)

웨이터는 고객의 주문에 응하여 적당한 메뉴를 제공하는 종사원으로서 고객과 직접 접하는 일선 종사원이다. 웨이터의 업무는 다음과 같다.

❶ 고객의 영접 및 환송
❷ 고객이 주문한 음료와 안주 등의 제공
❸ 홀의 청결 유지

|표 1|
주장의 업무

구분	준비조	마감조
	주장의 문을 연다.	업장을 청결히 한다.
	전원 스위치를 ON 한 후 이상 유무를 점검한다.	사용한 기물을 깨끗이 하여 원래의 위치에 보관한다.
	테이블을 점검한다.	주류 창고 및 냉장고를 잠근다.
	각종 기물을 점검한다.	재고를 파악한다.
	주변을 청소한다.	재고 부족분을 근무 일지에 적는다.
	주류의 재고상태를 파악한다.	영업일지를 적는다.
	재고 부족분을 점점하여 매입한다.	냉장고를 제외한 모든 전원을 OFF 한다.
		주장을 잠근다.

03 음료의 관리와 판매전략

음료는 식료에 비해 이익률이 상당히 높다. 때문에 식음료의 이익에 지대한 공헌을 하는 것이 음료이다. 따라서 호텔과 식당에서는 음료의 매출 향상을 위하여 각고의 노력을 경주하고 있다. 효율적인 바의 운영을 위하여 바의 경영자는 우선 어떤 종류의 음료를 판매할 것인가를 정하고 가격대를 어떻게 형성할 것인지를 결정하고 예상 판매량을 예측하여야 한다. 그에 따라 음료의 사입과 음료의 종류가 결정되게 되고 판매 전략이 수립될 수 있다.

04 종사원의 교육훈련

바는 서비스를 핵심 상품으로 하는 영업장이다. 물론 가시적인 주류라는 상품이 있지만 바는 주류뿐만 아니라 서비스도 같이 판매하는 곳이다. 서비스는 일선 종사원을 통하여 고객에게 전달되므로 고객을 응대하는 일선 종사원의 서비스 마인드는 매우 중요하다. 일선 종사원의 접객 태도가 서비스의 기초이므로 일선 종사원의 교육 훈련은 사업의 성패와 관련이 있다. 종사원의 교육과 훈련은 음료의 지식부터 서비스마인드까지 심혈을 기울여야 하는 부분이다.

05 주장 종사원의 자세

주장 종사원의 자세

❶ 칵테일은 recipe에 의해서 조주해야 한다.

❷ 항상 고객을 중심으로 생각하고 명랑하고 긍정적으로 생각하고 행동해야 한다.

❸ 조주는 손님이 보는 앞에서 쇼맨십을 발휘하여 만들어야 하며 규정에 의하여 서비스해야 한다.

❹ 근무 시간 이외에 업장의 출입을 삼가야 한다.

② 주장 종사원의 몸가짐

주장 종사원의 몸가짐은 주장의 이익 실현에 직접적으로 영향을 주기 때문에 매우 중요하다. 주장 종사원이 갖추어야 할 몸가짐을 살펴보면 다음과 같다.

❶ 동료와 상사와의 좋은 인간관계를 유지하여 주장의 영업을 위하여 협동하여야 한다.

❷ 복장은 정해진 복장을 갖추고 항상 깨끗하고 단정하여야 한다. 특히 유니폼은 무형의 서비스를 고객에게 인식 시키는 중요한 유형적인 단서이므로 잘 관리하고 유지 · 보수 하여야 한다.

❸ 청결을 유지하여야 한다. 머리는 단정하게 유지하고 기름칠을 하여야 하며 여자의 경우 긴 머리는 묶어서 올려야 한다.

❹ 단골고객의 기호와 성격을 기억하여 고객의 욕구를 충족시켜 주고 재방문을 창출하여야 한다.

❺ 고객과 대화시 민감한 사항에 대하여 가능한 한 언급하지 않으며, 고객의 주장에 긍정하는 정도로 응답해야 한다.

❻ 매출의 향상을 위하여 고객에게 지나친 주문의 요구나 기타 요구를 하지 않는다.

❼ 항상 예의 바르게 고객을 대한다.

③ 주장 종사원의 주문 받는 방법

주장의 주문은 일반 식당과 달리 매우 복잡하고 고객의 기호도 다양하므로 항상 주의를 기울여야 한다. 주장 종사원의 주문 받는 방법은 다음과 같다.

❶ 단골고객의 기호를 잘 파악하여 추천한다.

❷ 주문을 받을 때 반드시 반복확인 한다.

❸ 주문된 메뉴는 신속히 제공하고 항상 고객의 좌석에 부족한 것이 있는지 확인한다.

❹ 주문을 받을 때 기준 되는 고객을 중심으로 시계 방향으로 주문을 받는다.

④ 주장 종사원의 서비스 자세

❶ 음료를 팔기 전에 자신을 판다.

❷ 서비스와 친절을 함께 판매한다.

❸ 상품을 파는 것이 아니라 가치를 판매한다.

❹ 각종 메뉴뿐만 아니라 분위기를 팔아야 한다.

06 주장 경영의 특성

주장은 주가 되는 상품이 주류이며 필수적으로 수반되는 상품이 인적서비스이다. 또한 주장은 다양한 상황이 경영상에서 나타나기 때문에 그 경영상의 어려움

이나 특징이 일반적인 레스토랑과는 구별이 된다. 주장의 경영상의 특성을 살펴보면 다음과 같다.

첫째, 주장은 자동화의 한계성을 가진다. 주장의 서비스는 인적 서비스에 의하여 이루어지기 때문에 자동화의 한계가 존재한다. 그리고 이러한 자동화의 한계는 인건비의 부담으로 경영자에게 다가온다.

둘째, 유통 구조가 간단하다. 많은 소비재들은 그 유통 구조가 그 상품의 종류만큼이나 다양하지만 주류는 그 유통 구조가 다른 상품보다 비교적 단순하다. 공장에서 술을 제조하고 도매상 1~2곳을 거쳐서 바로 주장에서 판매가 되는 형태이다.

셋째, 다양한 오락적인 요소를 가미하여 영업할 수 있다. 인간이 어떠한 이유에서 술을 마시는가는 다양한 형태로 나타나지만 술과 오락은 별도로 생각할 수 없는 요소이며 '음주가무'라는 말이 있듯이 술의 맛을 한층 돋우는 것이 오락적 요소라 할 수 있다. 오늘날 이러한 오락적인 요소를 가미한 여러 주장이 나타나고 있는데 그 대표적인 것이 클럽이라 할 수 있다.

넷째, 현금 회전율이 빠르며, 이익의 폭이 크다. 일반적으로 호텔에서 식료의 원가를 30% 정도로 계산하고, 음료의 원가를 15% 정도로 계산한다. 그 만큼 음료의 이익의 폭이 크다는 것이다. 또한 외상거래가 없고 각종 유가 증권이 사용되지 않아 현금의 흐름이 좋다. 물론 오늘날 신용카드 매출이 많이 발생해 경영상의 어려움을 말하지만 신용카드의 현금화는 다른 외상 거래보다 매우 빠른 편이어서 현금회전율이 다른 기업보다 높다고 볼 수 있다.

다섯째, 영업시간이 주로 야간이다. 주간에 주장을 경영하는 주장도 있지만 거의 대부분의 주장이 야간에 영업을 한다.

여섯째, 매출의 탄력성이 높다. 레스토랑의 경우 메뉴를 주문하고 식사를 하는 고객들은 식사량에 어느 정도의 한계가 존재한다. 술의 경우 '주량'이라는 것이

있지만 일반적인 식사를 주로 하는 레스토랑의 식사와는 비교되지 않을 정도로 그 탄력성이 크다. 다시 말하면 술은 한계가 어느 정도인지는 모르나 식사보다 더 많이 먹을 수 있다는 것으로 쉽게 표현할 수 있다.

　일곱째, 분위기가 중요하다. 음악, 조명, 인테리어 등은 주장의 영업과 직결되는 요소이며 분위기에 따라서 애호하는 고객의 층도 달라지며 메뉴 또는 주류의 가격도 달라진다.

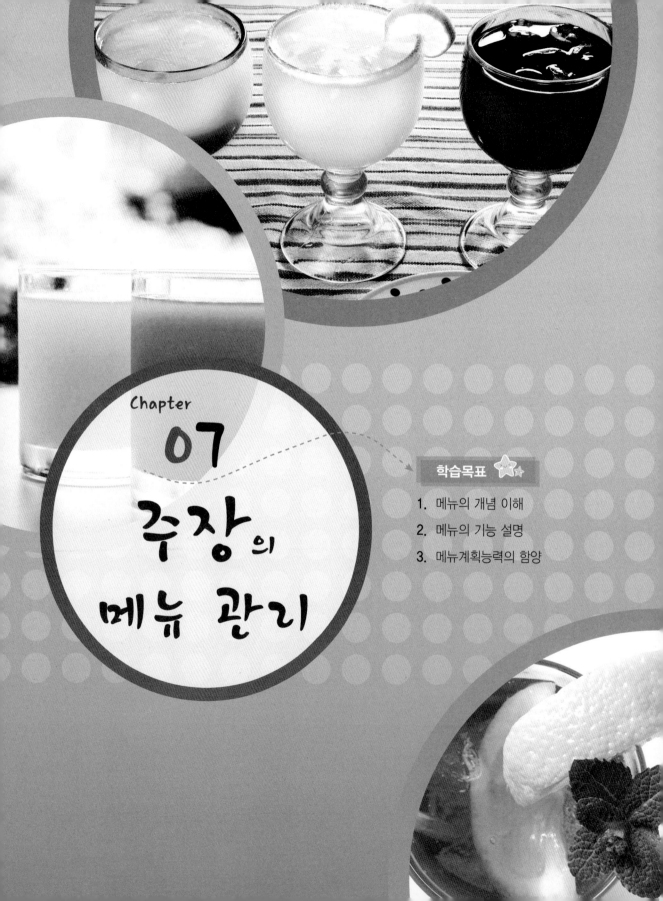

Chapter

07

주장의
메뉴 관리

학습목표 ⭐

1. 메뉴의 개념 이해
2. 메뉴의 기능 설명
3. 메뉴계획능력의 함양

01 메뉴의 개념

주장의 메뉴는 주장의 얼굴이며 가장 강력한 마케팅 도구이다. 또한, 기업의 이윤과 직결된다. 메뉴는 판매 가능한 음료의 종류와 안주류가 기입되어 있으며 어떠한 방식으로 조리되었는지 어떠한 술인지를 알려주는 정보가 들어 있다.

Menu는 Minuets라는 라틴어에서 유래된 단어이며 "상세하게 기록하는 것"이라는 뜻을 지니고 있다. 본래의 의미는 요리의 재료와 요리방법 등을 설명하는 것이었는데 현재는 우리말로 차림표 또는 식단의 의미를 가지고 있는 말로 사용되고 있다. 메뉴는 1541년 프랑스 앙리(Henri) 8세 때 브랑위그 공작의 만찬회에서 손님에게 여러 가지 음식을 제공하는 과정에서의 복잡함을 해소하기 위하여 요리의 이름과 순서를 기입한 리스트를 사용했는데 연회에 참석한 손님들이 편리함을 알고 사용한 것에서 유래되고 널리 활용되었다. 지금의 메뉴라는 이름은 19세기 프랑스 파리의 펠리스 로얄(Palace Royal)에서 일반화되었다.

02 메뉴의 기능

메뉴는 주장과 고객과의 중요한 커뮤니케이션 수단이며, 가장 강력한 커뮤니케이션 수단이다. 때문에 메뉴는 주장에서 가장 중요한 판매 도구이다. 메뉴의 구성은 고객의 메뉴선택에 많은 영향을 주며 주장의 경영 방법이나 서비스 방법 등을 결정하는 중요한 요소이다. 구체적인 메뉴의 기능을 기술하면 다음과 같다.

❶ 메뉴는 주장을 대표하는 얼굴이다. 흔히 우리는 주점이나 식당의 고객을 일선에서 맞이하고 서비스하는 여성 직원을 '얼굴 마담'이라는 표현을 한다. 가장 중요한 위치를 말할 때 얼굴이라는 표현을 한다. 주장에서 가장 중요한 역할을 하는 것이 메뉴이다. 주장의 이미지를 형성하는 요소들은 상호, 간판, 로고 등 많이 있으나 그중에 대표적인 것이 메뉴라고 할 수 있다.

❷ 메뉴는 판매도구이다. 메뉴는 판매 가능한 품목과 가격 그리고 서비스의 제공방법과 모양 등을 설명해 주고 있다. 또한 메뉴는 주장의 분위기를 담고 있다. 때때로 고객은 메뉴를 대하면서 주장의 분위기와 이미지를 인지하기도 하며, 잘 구성된 메뉴는 이미지를 만들어 내기도 한다. 이러한 메뉴를 보면서 고객은 마실 음료와 안주를 주문하고 부가적인 설명이 필요할 경우 서비스 요원의 도움을 청한다. 때문에 판매의 일선에서 큰 역할을 하는 판매도구로서의 역할을 한다. 때문에 메뉴판의 구성은 세심히 고려해야 한다. 고객의 욕구를 파악하여 욕구에 맞는 메뉴를 구성하고 가격 설정을 잘하여 매출에 이바지하여야 한다.

❸ 메뉴는 주장과 고객을 연결하는 커뮤니케이션 수단이다. 비록 인간과 인간과의 대화는 아니지만 메뉴는 고객과 주장을 말없이 연결하는 커뮤니케이션의 도구이다. 메뉴는 고객에게 주류의 종류를 설명해 주고 가격을 설명해 주고, 서비스되는 방법까지도 설명해 준다.

03 메뉴 계획 방법

모든 식음료 업장의 얼굴은 메뉴이다. 메뉴는 소비자가 가장 관심을 가지는 부분 중의 하나이다. 메뉴는 주장의 이익과 원가에 직결되기 때문에 시장성과 수익성을 고려하여 메뉴를 구성해야 하며, 잠재 고객의 욕구를 충분히 파악해 요구에 부응하는 메뉴를 개발하고 시장의 트렌드에 발맞추어 발전시켜 나가야 한다. 또한 식사와 같이 제공되는 주류는 식사와 잘 어울리게 주류를 제공하고 메뉴화하여야 한다.

메뉴는 주장의 매출과 직결되므로 많은 요인들을 고려해서 계획하여야 한다. 즉, 주장의 위치, 고객의 계층, 수익성, 원재료의 구입 가능성, 다양성, 매력성 그리고 가장 중요한 고객의 욕구 등의 여러 가지 요인을 고려하지 않으면 사업에 있어서 성공하기 힘들다.

❶ 고객의 욕구 파악

고객의 욕구를 파악하기 위하여 고객의 계층을 알아야 한다. 즉, 주장의 물리적인 위치와 주요 고객들을 판단하고 그 주요 고객들의 인구통계학적 특징, 즉 나이, 성별, 연령 등에 관련되어 시장을 세분화하고 주장의 매출에 제일 많이 영향을 미치는 세분된 시장을 찾아내어 그들이 원하는 상품과 분위기를 제공하여야 한다. 고객의 욕구를 파악하는 방법은 시장 조사이다. 시장 조사의 방법으로는 많은 방법이 존재하나 현재 비용, 시간 등의 여러 가지 이유로 설문 조사가 많이 이루어진다.

② 수익성

영업에 있어서 가장 중요한 부문은 수익성이라 할 수 있다. 이것은 기업의 궁극적인 목적이 이윤의 추구라는 점과 동일한 관점에서 볼 수 있는 것이다. 이러한 수익성은 원가와 판매가로 이루어지며 일정한 기간 동안의 원가와 매출액의 차이에서 발생하는 것이다. 때문에 메뉴의 가격 구성은 원가를 고려해야 하며 동시에 고객들의 가격에 대한 인식을 고려해야 할 것이다. 즉, 적절한 이윤과 매출의 향상을 동시에 만족할 수 있는 조건들을 고려해야 할 것이다. 수익성은 또한 주장의 전략과도 관계가 있다. 즉, 유동 인구가 많은 지역에서 박리다매의 영업을 할 것인가 고급 서비스를 제공하여 고급화로 차별화 할 것인가의 전략과 관계가 있다.

③ 원재료의 구입 가능성

좋은 재료라 할지라도 구입 가능해야 한다. 구입 가능성은 단기적인 가능성이 아니라 재고 관리 및 판매 관리와 이어지는 장기적인 구입 가능성을 의미한다. 즉, 원재료 구입의 안정성과도 연결되는 문제이다. 이러한 원재료는 재고와 연결되어 메뉴 계획자는 적정재고관리도 고려해야 한다. 적정재고란 모자라는 재고를 구매하고 많은 재고를 빠른 시일 내에 판매할 수 있는 방안의 강구를 의미한다.

④ 다양성

주장은 가능한 한 고객의 욕구에 즉각적인 반응을 할 수 있도록 다양한 품목을 구성해야 한다. 물론 영업에 있어서 자금의 부담이 우려되지 않는 것은 아니나 판매 빈도에 따라 적정 재고를 확보하고 계절에 따라 고객의 취향을 파악하면 어느 정도의 유효 기간이 확보되는 주류는 다양성 확보가 가능할 것이다. 이러한 다양

한 품목의 구성은 고객의 욕구가 다양함에서 그 필요성을 찾아볼 수 있다. 또한 시간의 흐름에 따라 변화하는 고객의 취향을 맞추기 위하여 고정 메뉴뿐만 아니라 변동 메뉴의 필요성도 간과하면 곤란하다.

구분	정의	장점	단점	예
고정메뉴	메뉴의 내용이 일정기간 변하지 않는 메뉴	• 노동력 감소 • 재고관리용이 • 훈련의 감소 • 원가통제의 용이	• 고객의 권태 • 메뉴의 품목 과다	
변동메뉴	메뉴의 내용이 변하는 메뉴	• 고객의 권태 감소 • 고객의 취향에 맞는 메뉴 제공 • 과다재고의 활용	• 노동비의 증가 • 훈련의 필요 • 인쇄비용의 증가	계절메뉴 특별메뉴

|표 2|
고정 메뉴와
변동 메뉴

⑤ 매력성

주장의 메뉴는 메뉴만을 보고 분위기에 빠져들 수 있는 매력성을 가지고 있어야 한다. 이러한 매력성은 고객 재창출에 커다란 기여를 할 것이다.

04 주장의 상품

주장의 상품은 비교적 단순하다. 병, 잔, 칵테일, 안주, 비알콜음료 등이 가장 대표적인 주장의 상품이다.

1 병

주장에서 판매되는 상품 중 가장 많은 형태이다. 양조주는 대부분 병으로 판매되고 있으며 이것은 상하기 쉬운 술이기 때문이거나 혹은 병을 개봉하였을 경우 일정 시간이 지나면 술의 본 성질이 변하기 때문이다. 특히 병을 개봉하여 일정시간이 지나 알코올 성분이 없어진 술은 참으로 그 본연의 성질과 거리가 먼 맛을 우리에게 준다.

2 잔

잔으로 판매되는 가장 대표적인 주류는 생맥주이다. 고객의 입장에서 잔으로 구매하여 마실 경우 부담이 줄어든다. 그러나 같은 양을 마실 경우 병으로 구매하는 경우보다 비싸다. 잔으로 판매되는 주류는 주로 증류주에서 많이 나타난다. 스트레이트 글라스를 바 테이블에서 잔으로 구매하여 술을 즐기는 풍경들을 우리는 영화의 장면에서 많이 접할 수 있다.

3 칵테일

칵테일은 잔으로 판매하는 상품의 종류에 속하고 있으나 그 성질이나 판매 등에서 독특한 형태를 취하고 있고 매출에 기여하는 공헌도가 커 현재 많은 곳에서 여러 형태로 판매되고 있어 또 다른 부류로 분류하였다. 칵테일은 다양한 재료들을 이용하여 다양한 맛과 색 그리고 향을 가지고 있어 고객의 구매를 창출하는 가장 큰 도구이다.

4 안주

주장에서는 주류가 핵심 상품으로 판매되지만 안주의 매출 공헌도도 무시할 수 준은 아니다. 최근 과다 경쟁으로 인하여 안주가 메뉴 프로모션의 한 방안으로 사용 되기도 한다. 그리고 일부 주장에서는 안주가 주류의 매출을 초과하는 주장도 있다. 안주는 주장에서 판매하는 주류와 잘 어울리는 안주로 구성이 되어 있어야 한다. 안 주는 주장에 따라 주류와 패키징을 하여 판매하기도 하고 별도로 판매하기도 한다.

5 비 알코올성 음료

주장의 매출은 주류와 안주로 이루어지나 비알콜성 음료도 판매되고 있다. 비 알콜성 음료는 동석자가 알코올성 음료를 마시지 못할 경우 또는 이벤트성으로 판매하기도 한다.

05 주장 고객의 유형

주장을 이용하는 고객들의 유형은 여러 가지이다. 술을 마시는 이유 또는 목적 별로 구분해 보면 다음과 같이 분류할 수 있다.

1 식사를 하면서 음료를 즐기는 고객

이 부류의 고객들은 식사 전 또는 식사 후 그리고 식사하는 중에 음료를 즐기는 고객이다. 이러한 고객들은 전문 주장을 방문하는 것이 아니라 주로 식사가 가능한 영업장에서 주류를 즐기는 경향이 있다. 우리나라의 숯불구이, 횟집 등에서 저녁 식사를 하면서 음료를 즐기는 경우 대부분이 이러한 경우라 할 수 있다.

② 만남을 위하여 음료를 즐기는 고객

이 부류의 고객들은 사람과의 만남을 위하여 주장을 방문하는 유형이다. 새로운 친구와의 만남이나 이성과의 만남 그리고 새로운 관계의 만남을 목적으로 하는 고객이다. 이 부류의 고객들은 주장에서 오랜 시간을 지낸다. 그리고 이 부류의 고객들은 여흥이 같이 제공되는 주장을 선호하는 경향이 있다.

③ 간단히 한잔씩 즐기는 고객

이 부류의 고객은 언제 어디서나 시간이 있으면 간단히 한잔을 하는 고객이다. 즉, 버스 터미널이나 공항 그리고 호텔 로비에서 안주가 없이 한잔 또는 두잔 정도의 작은 양을 즐기는 고객이다. 이러한 부류의 사람들은 오랜 시간 주장에 머물지 않으며 접근성이 용이하거나 시간이 많이 소요되지 않는 주장을 자주 이용하는 경향이 있다.

④ 여흥 추구형 고객

이 부류의 고객은 라운지, 클럽 형태의 주장에 게임이나 음악 그리고 댄스가 어울려 있는 주장을 자주 이용한다. 이 부류의 고객들은 주장에 오랜 시간 머물면서 여흥을 즐기는 부류의 고객들이다.

5 주변의 주장을 이용하는 고객

    이 부류의 고객들은 주위의 주장에서 지인들을 만나 환담을 하면서 친구들과 이웃들과 정을 나누는 고객이다. 이 부류의 고객들은 즐거움과 휴식을 추구하는 고객들이다. 직장 동료들과도 일을 마치고 주위의 주장을 방문하는 고객이다.

Chapter

08

주장
서비스

01 주장의 서비스

주장은 외식산업 중의 하나이다. 외식산업은 과거보다 업체 내·외의 경쟁이 치열해져 주류의 판매만으로는 이윤을 획득하고 사업을 확장하기가 어려워 졌다. 때문에 주장의 경영자들은 타 경쟁사와 차별화하기 위하여 고객 중심의 서비스에 관심을 집중하였다. 또한 가처분 소득의 향상과 여가 시간의 증대 그리고 소비자들의 삶의 가치관의 변화로 주류뿐만 아니라 서비스에 많은 관심을 보이기 시작하였다. 때문에 서비스는 주장의 성공의 열쇠가 될 만큼 중요한 요소가 되었다.

주장은 주류를 판매하는 것뿐만 아니라 주장의 분위기, 인적서비스를 동시에 판매하는 식음료 업장이다. Service는 Servitium이라는 라틴어와 Servusfk는 프랑스어에서 유래한 것이다. 우리나라 말로 '봉사'라는 뜻을 포함하고 있다. 즉, 남들을 위하여 하는 일이라는 의미를 포함하고 있다. 경영에 있어서 서비스는 고객이 요구하는 것을 미리 파악하여 고객에게 만족을 드리는 과정과 노력이라고 할 수 있다. 이러한 서비스의 특성은 형태를 가지고 있지 않는 무형성이며, 생산과 소비가 동시에 일어나는 동시성, 저장할 수 없는 비 저장성 등의 특성을 가지고 있어 표준화하기 어렵고 관리하기 어렵다.

02 주장의 인적 서비스

자본주의 사회는 적자생존의 원칙이 경제의 근간이 된다. 많은 산업들은 감성적 판단을 통하거나 이성적인 판단을 통해 사업을 시작하며, 시간이 지남에 따라 대부분 PLC의 과정 중에 과당 경쟁의 상황에 봉착하게 된다. 주장 사업 또한 많은 공급으로 인하여 어려움을 겪고 있는 것 또한 사실이다. 그러나 같은 주장이라 하더라도 그 위치나 영업방법, 메뉴 등 여러 가지 요소로 인하여 흥하거나 망한다. 주장의 발전이나 분위기 등은 사회적인 트렌드를 통하여 대동소이 하며 거의 같은 분위기를 연출하고 있다. 때문에 단시간에 복제할 수 없는 인적 서비스야 말로 경쟁업체와 차별화하는 가장 강력한 도구이다. 특히 주장은 취급하는 메뉴가 거의 유사하거나 동일해 더욱더 인적 서비스의 중요성이 강조되는 분야이다. 주장의 인적 서비스는 단순하게 고객을 왕으로 모시는 것이 아니라 손님의 상태에 따라 욕구를 잘 파악하는 것이 중요하며 손님을 대하는데 인내력을 가지고 대하는 것이 중요하다. 사람의 인성을 말할 때 어린애 같은 사람과 가부장적인 사람으로 크게 구분할 수 있는데 주류를 마신 사람들은 두 가지의 성향을 모두 가지고 있다. 때문에 적시에 적당한 서비스를 제공하는 것이 가장 중요하다. 이러한 서비스는 종사원을 통해 이루어지며 종사원의 서비스가 인적 서비스이다. 많은 서비스에 관련된 교과서들은 이러한 인적서비스의 필수 구성요소를 봉사성, 청결성, 환대성, 능률성, 경제성 그리고 정직성으로 역설하고 있다.

┃ PLC (Product Life Cycle)

모든 상품은 수명 주기가 있다. 서비스 또한 무형의 상품이므로 수명 주기가 있다. 그 주기는 도입기(introduction stage), 성장기(growth stage), 성숙기(maturity stage), 쇠퇴기
(decline stage)의 4가지로 나누어진다.

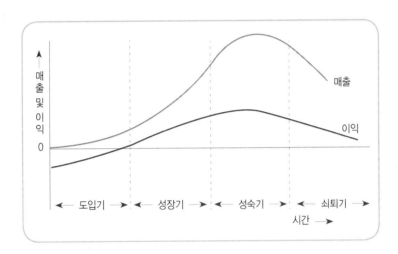

(1) 도입기

도입기는 새롭게 개발된 상품이 시장에 처음 제공되는 기간이다. 고객과의 접
점에서 MOT가 중요하듯이 상품에 있어서도 시장으로의 첫 출시는 매우 중요하
다. 때문에 첫 출시에 많은 전략들이 수행되기도 한다. 음반 출시에 새로운 가수
를 발굴하여 음반부터 판매하고 가수는 차후에 등장하는 전략은 소비자의 궁금증
을 유발하는 전략 중의 하나이다. 도입기의 시장 특성은 다음과 같다.

구 분	시장특성	이 유
경쟁자	거의 없다	새로운 상품이나 서비스
마진	적다	시장에 침투하기 위하여 마진폭 줄임
현금유입, 현금유출	현금유출이 크다	현금회전율(일정기간이 지나야 가능)
시장세분화	잘 정의되지 않는다	경험한 고객들의 반응으로 새분화 가능

▌표 1▐
도입기의
시장 특성

도입기의 전략은 다음과 같다.

첫째. 상품과 매장 계획에 고객을 참여시킨다.

둘째, 판촉활동을 강화한다.

셋째, 긍정적인 구전을 활성화시킨다.

넷째, 구매자의 구매와 경험에 대한 의견을 모니터링 한다.

(2) 성장기

성장기는 해당 산업이나 브랜드가 매우 급속히 성장하는 단계이다. 이러한 시기는 수요가 지속적이고 급격히 제고되는 단계이며 장래의 비전 또한 가시화되는 시기이며, 수익성이 좋다. 이러한 장점으로 인하여 새로운 경쟁자로서의 시장진입자가 생겨서 경쟁이 치열해 진다. 때문에 기업은 최소의 투자와 최대의 효과를 위하여 세분 시장을 주목하게 되고, 더 본질적인 경쟁 우위 요소를 개발하기 위하여 전력을 기울인다.

표 2
성장기의
시장 특성

구분	시장특성	이유
성장 속도	빠르다	새로운 수요의 등장과 성장세
수익성	높다	수요의 증대
경쟁자	새로운 경쟁자의 시장진입	수익성
경쟁	치열	새로운 경쟁자의 시장 진입
시장 세분화	뚜렷해진다.	경제성

성장기의 전략은 다음과 같다.

첫째, 영업비용을 줄인다.

둘째, 브랜드 선호도를 제고시킨다.

셋째, 고객 충성도를 제고시킨다.

넷째, 경쟁 우위를 위하여 경쟁자와 차별화한다.

다섯째, 세분시장을 구체화한다.

(3) 성숙기

성숙기는 매출이 더 이상 상승하지 않고 경쟁이 매우 치열하며 취약한 경영 구조를 가진 주장은 경쟁에서 흔들리게 된다. 이 단계에서는 경쟁주장과 다른 차별화된 상품이나 서비스 등의 차별화가 매우 중요하다.

구분	시장특성	이유
매출	제자리걸음	수요가 늘어나지 않음
경쟁	매우 치열	공급자 과다
시장 세분화	중요한 요소이며 매우 뚜렷함	
브랜드 선호	매우 비슷함	

|표 3|
성숙기의
시장 특성

성숙기의 전략은 다음과 같다,

첫째, 영업비용 절감

둘째, 서비스의 제고

셋째, 세분 시장 집중

넷째, 보완적 상품 제공

다섯째, 경쟁 우위 요소의 개발

여섯째, 판매 촉진, 광고 강화

(4) 쇠퇴기

이 기간은 매출이 하향 곡선을 그리며 이러한 쇠퇴기는 수익성이 강한 대안이 시장에 등장하거나 수요의 변화로 인하여 발생할 수 있다. 퇴출되는 기업이 생겨 경쟁이 둔화되며 수익성은 낮아진다.

구분	시장 특성	이유
매출	하강 곡선	수요의 감소
경쟁	둔화	경쟁자의 퇴출
수익성	하락	수요의 감소

|표 4|
쇠퇴기의
시장 특성

이 시기에는 주장의 경영자는 5가지의 전략을 전개할 수 있다.

철수(divestment)

사업의 흐름과 트렌드를 잘 파악하여 시기를 결정하는 것이 중요하다. 철수를 하기에 가장 적절한 시기는 성숙기의 말기와 쇠퇴기의 초기이다. 이 시기에 철수하고 양도하는 것이 양도 이득을 취할 수 있는 결정이다.

수확(harvest)

지금의 영업으로부터 최대한의 이익을 얻기 위하여 비용의 절감과 수익의 확보를 의미하는 것이다. 즉, 수요가 줄어들기 시작하면 수요가 단절되거나 더 줄어들기 전에 최대한의 수익을 얻기 위한 전략이다.

가지치기(pruning)

제공되는 서비스나 메뉴 중 종류의 수를 줄이는 것을 의미한다. 즉, 수익성을 악화 시키는 서비스와 메뉴를 제공중단하고 수익성이 양호한 서비스와 메뉴를 유지시키는 것이다. 이러한 전략에는 메뉴의 판매 빈도 분석, 즉 ABC 분석이 주로 사용되고 있다.

긴축(retrenchment)

긴축은 수익성이 떨어지는 부분을 매각 또는 폐쇄하고 수익성이 좋은 부문을 유지 또는 확대하는 전략이다. 이러한 전략은 점포의 수가 많은 주장에서 이루지는 전략이다.

재활(rejuvenation)

이 전략은 자사의 표적 시장 또는 다른 표적 시장에서 힘을 발휘할 수 있도록 하는 방법이다. 이러한 방법은 리포지셔닝의 형태로 나타나며 도입기와 같

은 시장 조사 비용 및 투자가 필요하므로 충분한 시장 조사가 이루어진 이후
에 수행해야 하는 전략이다.

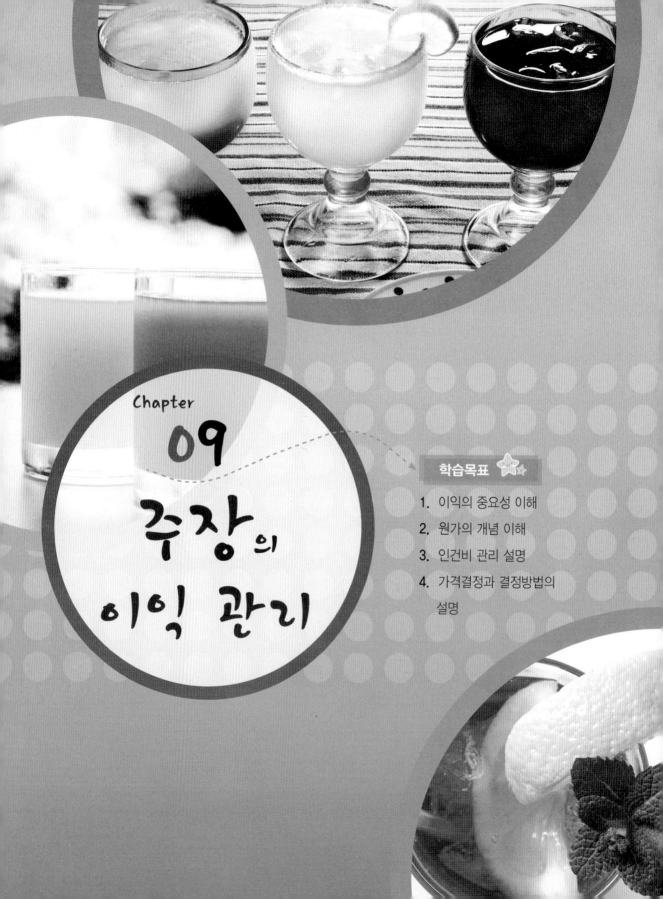

Chapter

09

주장의

이익 관리

학습목표 ⭐

1. 이익의 중요성 이해
2. 원가의 개념 이해
3. 인건비 관리 설명
4. 가격결정과 결정방법의
   설명

01 이익 관리

　이익의 관리는 원가와 판매가, 내방객의 수, 인건비, 광열비, 기타 비용과 관련이 있다. 그 중 가장 이익과 관련이 있는 것은 인건비, 원가, 판매가의 세 가지이다. 주장이 이익을 실현하기 위해서는 고객만족이 창출되고 고객이 재방문하여야 한다.

❶ 주장 서비스와 고객만족

　현대는 과거에 비해 많은 것이 변화되었다. 기업의 환경도 과거와는 달리 경쟁이 매우 치열해져 각 개별 기업은 경쟁에서 살아남고 이익을 실현하기 위하여 각종 마케팅 도구로 시장에 접근 또는 공략하고 있다. 그 중 주장은 그 영업의 형태, 판매 방법 등이 매우 다양하여 많은 주위의 경쟁 상황을 고려하여 판매 전략을 수립하여야 한다. 고객의 만족은 재방문에 긍정적인 영향을 미친다는 사실은 많은 실증적 연구에서 보고되었다. 때문에 기업들은 고객 만족을 창출하기 위하여 많은 비용을 들여 다양한 마케팅 기법을 사용하고 시간을 투자하고 있다.

　주장의 성공 요인은 분위기, 주류, 안주, 영업시간, 서비스 등 많은 요인들이 존재하지만 많은 성공한 주장에서의 공통 요인은 "고객 만족이다"라고 말해도 과언이 아닐 것이다. 그리고 앞에서의 분위기, 주류, 안주, 영업시간, 서비스 등의 요인은 만족을 이끌어내는 선행 요인으로 작용하는 것이다. 때문에 오늘날 많은 주장은 고객들을 만족시키기 위하여 다양한 형태의 전략을 수행한다. 그 중 가장 기본적으로 선행되어야 하는 것이 고객의 욕구를 파악하여 욕구에 걸맞은 서비스와 제품을 판매하는 것이다.

② 가치, 만족, 품질

고객의 만족은 가치와 지각 품질의 관계에서 탄생한다. 소비자들은 항상 욕구를 충족시키기 위한 어떠한 행동을 하기를 원하고 그것을 위하여 노력한다. 그러나 소비자들은 정확하게 제품의 가치와 비용을 비교하지 않고 자신이 지각하는 가치에 따라 결정하는 경향이 있다. 이러한 경향은 과거보다 복잡해진 사회 현상들로 인하여 현대에 더 두드러지게 나타난다. 때문에 같은 품질과 같은 제품이라 하더라도 개인마다 만족의 폭은 차이가 존재한다.

가치와 품질의 관계에 있어서 제품과 서비스의 품질이 소비자의 기대에 미치지 못하면 소비자는 불만족하게 되고 반대의 경우에 소비자는 만족을 하게 된다. 이러한 불만족과 만족은 소비자의 재구매와 구전에 영향을 미치게 되므로 많은 마케터들은 소비자 또는 고객의 만족 수준을 향상시키기 위하여 많은 시간과 비용을 투자한다. 또한 고객의 만족에 영향을 주는 품질은 품질 자체뿐만 아니라 수반되는 서비스도 포함된다. 주장은 인적 서비스의 의존도가 높아 서비스의 중요성이 한층 더 할 것이다. 주장의 경우 경쟁이 한층 심화된 환경 속에서 소비자가 거래에 있어서 우위를 차지하는 업종이고, 상품의 차별화가 힘들어 여러 가지 요인으로 품질을 향상시킬 수 있으나 그 중에 으뜸이 되는 것은 역시 인적 서비스이다. 또한 주장은 분위기가 고객의 만족에 영향을 주는 한 요인으로 무시할 수 없는 요인으로 작용한다. 이러한 가치와 품질 그리고 만족의 중요성은 주장이 이익을 실현하고 존속하기 위한 기본적인 요인으로서 그 중요성은 재삼 강조하여도 지나침이 없을 것이다.

02 원가 관리

　주장의 소유주, 운영자, 매니저는 원가 관리자로서의 역할을 해야 한다. 원가 관리는 전략의 효과적인 수행에 효율적인 정보를 제공한다. 원가는 사업의 성패와 관련이 있다. 원가는 일정한 제품이 고객에게 전달될 때까지의 제조 과정, 판매 과정에서 발생되는 비용을 의미한다. 여기에는 원료의 구입에 관련된 비용뿐만 아니라 인건비, 시설비 등을 총 망라한 것이다. 주장의 원가는 경영자의 전략에 따라서 어떠한 형태이든 판매가와 이익에 영향을 미친다. 원가와 판매가로서 손익분기점의 위치 또한 결정이 된다. 주장의 원가 요소는 다음과 같다.

구분				사례	비고
총원가	직접원가	재료비		음식의 재료비, 음료의 구입비	
		인건비		봉급, 수당	
		복지후생비		직원 복지비 및 사업주 부담금	
		경비	광열비	수도료	상하수도	
				연료	난방, 취사용 연료	
				전기료	조명, 난방	
			소모품비	사무용품	
			통신비	전화, 우편료	
			보수비	기자재, 인테리어 등의 보수비용	
			기타비용	기타	
	간접원가	경비	보험료	화재보험, 산재보험, 실업보험 등	
			잡비	기타 비용	
		감가상각		건물, 인테리어 등의 노후화	
	관리비			관리비, 임대비 등	

┃표 1┃
주장의
원가요소

03 인건비 관리

인건비는 총원가에서 차지하는 비중이 날로 커져가 오늘날 사업의 성패와 관련된 가장 핵심적인 문제이다. 인건비의 절감은 이익과 연계되지만 자칫하면 직원의 사기를 떨어트려 고객에게 나쁜 영향을 줄 수 있기 때문에 적정한 수준의 지급과 관리가 필요하다. 이러한 인건비의 관리는 임금의 수준, 기준 및 지급 방법, 사회적인 적정 수준, 종사원의 생활 안정 등에 관한 합리적이고 효율적인 관리를 의미한다. 이러한 인건비 관리의 목표는 다음과 같다.

❶ 주장이 필요한 질과 양의 노동력의 확보
❷ 종사원의 능력을 충분히 발휘할 수 있는 보수의 제공
❸ 기업의 재무에서 적정한 수준의 인건비 유지
❹ 합리적인 이윤의 배분으로 기업 발전과 종사원의 사기 제고

04 가격

🍶 메뉴의 가격 결정

가격은 소비자의 선택 속성 중 가장 강력하게 작용하는 요소이다. 또한 소비자의 만족이라는 가치는 대부분 지불하는 가격을 기준으로 이루어진다. 가격은 그

지불 수준에 따라 소비자는 민감하게 반응하며 가격 전략에 있어서 가격을 올리고자 할 때에는 고객이 알아차리지 못하는 식역의 범위 안에서 조정하고, 가격을 하락할 경우에는 고객이 알아차릴 수 있도록 식역에서 벗어난 수준으로 실시해야 한다. 주장에서의 가격 결정은 재료의 구입 원가의 수준, 고객의 계층 그리고 좌석의 회전율 등 많은 요소들이 작용한다. 때문에 적정한 가격과 이윤을 창출할 수 있는 가격의 수립은 상당히 어렵고 많은 요인들을 감안해야 한다. 왜냐하면 가격의 높고 낮음에 따라서 고객의 수요 탄력성이 다른 요소들보다 매우 높게 나타나기 때문이다.

❷ 가격 결정 방법

주장의 메뉴 가격 결정은 많은 요인에 의하여 영향을 받으며 가격결정방법 또한 다양한 방법들이 있다. 어떠한 주장에서 어떠한 방법을 사용하여 가격을 결정할 것인가는 경영자와 매니저가 시장의 상황과 경쟁자의 상황, 입지 조건 등의 다양한 환경을 고려하여 결정하여야 한다.

(1) 직관적 가격 결정

주장의 경영자가 직관적으로 가격을 결정하는 방법으로서 예기치 못한 수익의 발생이나 손실이 발생할 우려가 있다. 때문에 이러한 가격 결정은 경영 상태가 열악한 소규모 주장에서 많이 이루어지며, 바람직한 방법은 아니다.

(2) 경쟁자의 가격에 준거한 가격 결정

경쟁 시장의 가격을 기초로 하여 가격을 결정하는 방법이다. 이 방법은 주로 경쟁이 치열한 시장 환경에서 이루어지며, 시장 점유율을 높이기 위해 가격을 경쟁 주장보다 낮게 구성하기도 하고 주장의 이미지를 고급화하기 위해 경쟁 주장보다 높은 가격을 구성하기도 한다. 이러한 방법은 경쟁 주장의 가격이 수익성 분석과 시장성 분석을 통하여 결정되었을 때 유용하게 사용될 수 있으며 그렇지 않은 경우 수익성에 관한 문제가 발생할 우려가 있다.

(3) 심리적 가격 결정

고객의 지각 가치에 기초를 둔 가격 결정 방법이다. 이러한 결정 방법은 두 가지가 있다. 첫 번째는 현재 우리나라 시장에도 많이 활용되고 있는 고객의 심리적 가격 지각과 관련된 것이다. 즉, 10,000원은 9,900원보다 100원 비싸지만 소비자는 100원보다 더 크게 지각한다는 것이다. 다르게 말하면 위의 예는 5,000원과 5,100원을 같이 비교할 경우 같은 100원의 차이이나 소비자는 전자의 예가 더 큰 차이로 지각한다. 두 번째는 경영자가 고객이 지출하리라 예상되는 가격의 범위에서 가격을 정하는 방법이다. 이러한 방법은 표적 시장의 성향과 소비 형태를 잘 파악하여야 성공할 수 있으며 고객에게 주장의 가치와 메뉴의 가치를 충분히 전달하는데 성공의 열쇠가 있다.

(4) 원가 비율 가격 결정법

이 방법은 주장의 경영자가 판매가 대비 원가율을 미리 정하는 방법이다. 원가율을 미리 정하여 판매 품목에 대한 메뉴의 레시피를 통하여 원가를 계산하고 기준 원가(잠재 원가)를 정한다. 그렇게 하여 기준 원가가 판매가의 25%가 되도록 가격을 결정하는 방법이다. 이 방법을 식으로 나타내면 다음과 같다.

$$판매가 = 기준원가 \ / \ 목표 \ 원가율$$

예를 들어 새로운 안주를 개발하여 판매하고자 할 때 이 방법을 사용하면 원가율을 40%로 정하고 식재료 원가가 5,000원이라면 판매가는 아래와 같다.

판매가 = 5,000 / 40%(또는 0.4) = 12,500

　이 방법은 가격 결정이 용이하다는 장점을 가지고 있지만 고객의 지각 가치 차이가 있을 수 있다는 단점이 있다. 왜냐하면 고객은 자신이 지각한 가치에 의거하여 구매하기 때문이다. 따라서 메뉴의 개발에 있어서 주장의 표적시장에 따른 고객의 지각을 철저히 분석해야 한다.

01 주장의 설비

주장은 고객에게 제공되는 술의 종류만큼이나 그 필요한 설비가 많다. 예를 들어 칵테일의 조주시 필요한 얼음을 구하기 위하여 제빙기가 있어야 하며 각종 부재료들을 보관하기 위한 냉장고가 있어야 할 것이다. 또한 고객이 앉아서 즐기는 공간도 필요할 것이다.

이러한 시설이나 설비는 그 기능적인 면뿐만 아니라 주위의 분위기와 장식 효과를 같이 고려해야 한다. 왜냐하면 주장은 환대산업에 속하여 환대산업이 가지고 있는 특성 중 상품의 무형성을 가지고 있어 장식이 유형적인 단서를 제공해 상품을 가시화시키기 때문이다.

장식은 주장의 모든 부문과 연결되는 것이며 가구의 배치 그리고 조명 등 많은 부분들이 같은 콘셉트로 이루어져야 한다. 장식과 더불어 가구, 설비 등을 배치할 경우 고려해야 할 요소는 다음과 같다.

첫째, 가용 공간

둘째, 공간에 적용되는 활동

셋째, 서비스와 기타 활동

넷째, 매출액 혹은 고객의 수

다섯째, 고객이 이용하기에 편리한 위치와 출입구

여섯째, 주장의 특색에 맞는 구조와 디자인

일곱째, 주장의 특성에 알맞은 조명과 음악 등이 그것이다.

이상과 같은 모든 조건이 맞아야만 고객이 편안히 환담을 나누고 즐기며, 스트레스 해소를 하면서 시간을 보내는 인기 있는 주장이 가능해진다. 이러한 설비는 사회의 유행도 매우 중요한데 요즘 주방을 방문해보면 알 수 있듯이 어디서나 볼 수 있는 보틀 키 박스(음료를 병째 보관하는 설비)가 없으면 그 주장은 유행에 뒤떨어지는 주장이 되어 고객으로부터 냉대를 받게 될 것이다. 이러한 주장의 설비는 고객이 원하는 최상의 질과 서비스를 신속하고 정확하게 전달하기 위한 기본적인 설비로서 종사원의 생산성과도 직결되는 사항이다. 때문에 주장은 적절한 장비와 설치를 갖추어야 적절한 서비스와 적절한 상품이 고객에게 전달되고 그러한 서비스를 받은 고객이 만족하면 목표 이익을 달성할 확률이 더 높아질 것이다.

02 주장의 시설과 장비

1 작업대

작업대는 각 스테이션(station)에서 종사원이 작업하는 판을 일컫는 말이다. 이 작업대는 작업자의 신체조건과 작업자의 동작 연구를 통하여 넓이와 높이 그리고 다른 작업 도구와의 거리를 고려하여 설계하여야 한다. 일반적으로 넓이는 그 용도에 따라 천차만별이나 높이는 80 ~ 100Cm가 적당하다. 고객이 앉는 자리의 반대편인 언더 바(Under bar)에 설치되는 이 작업대는 주로 스테인리스인 경우가 많고 그 위에 나무재질을 덮으면 더 효과적일 수 있다.

작업대의 밑은 항상 많은 공간의 수납장이 있어야 하며 이 수납장 안에는 각종 주장에 필요한 재료를 보관하고 냉장고가 부착되어 있는 곳에는 냉장 시설이 필요한 재료를 보관하게 된다.

2 세척용 기물

세척용 기물은 작업대와 마찬가지로 일반적으로 스테인리스 제품을 많이 쓰고 있다. 싱크대라고도 불리며 이러한 싱크대는 글라스를 세척하는 글라스용과 손을 세척하는 용도로 구분할 수 있다. 일반적으로 글라스 세척용 싱크는 3칸 또는 4칸의 물받이를 가지고 있다. 이 물받이는 세척용물, 행굼용, 살균용 등으로 구분하여 사용한다.

3 냉장기기와 제빙기

청량음료, 주스, 생크림 등의 재료는 냉장고에 보관하지 않으면 곤란하다. 때문에 냉장고는 주장의 필수적인 시설이라 할 수 있다. 물론 이러한 냉장고의 사용은 모든 재료를 한곳에 집중시켜 보관하는 것이 아니라 작업이 편리한 곳과 같이 있으면 곤란한 것들은 분리하여 보관하여야 한다. 특히 식료의 저장과 주류의 저장 그리고 글라스류의 저장은 별도의 곳에 저장하여야 한다.

얼음은 주장에서 없어서는 안 될 중요한 재료이다. 얼음은 사각 얼음을 그대로 사용하는 경우도 있고 사각얼음을 부셔서 사용하는 경우도 있다. 이러한 얼음은 공기 중에서 빠른 시간에 녹아버려 주장에는 반드시 제빙기가 있어야 한다.

4 저장 장소

주장에서 사용하는 주재료 및 부재료 그리고 기물은 상당히 많다. 그 중 주재료와 부재료는 원칙적으로 일일 보급하여 당일에 소모해야 하지만, 인건비의 절감을 위하여 유통기간이 상대적으로 긴 것은 적정량을 보관하게 된다. 물론 이 경우도 먼저 들여온 재료를 먼저 내어 사용하는 원칙은 반드시 지켜지는 것이 바람직하다.

창고에 보관하고 있는 재고를 정확히 알기 위해 영업전 또는 영업 후에 인벤토리를 실시한다. 인벤토리는 지금 주장에 남아 있는 주류와 부재료 등을 확인하는 일이며 이 단계는 주장의 이익 관리뿐만 아니라 적정재고를 보유하여 고객에게 항상 훌륭한 제품을 제공하기 위한 근간이 되는 작업이다.

5 주장의 카운터

대부분의 주장에서는 카운터를 볼 수 있다. 카운터는 전통 일식당에서 가장 많이 볼 수 있고 주장에서도 많이 쓰이고 있다. 특히 서구식 바의 기본은 카운터라고 할 수 있다.

카운터는 장식적인 면도 중요하지만 더더욱 중요한 기능은 종업원과 고객과의 대화의 장을 마련하는 것이다. 이 과정에서 고객의 욕구를 종업원이 파악하여 적절한 서비스와 제품을 제공하면 고객의 만족은 향상될 것이다. 카운터의 고객의 자는 주로 회전할 수 있는 높은 의자가 준비되어 있으며 종사원의 측면에는 작업에 필요한 각종 기자재 및 도구 그리고 작업대가 준비되어 있다. 카운터의 재질은 글라스가 닿는 부분이기 때문에 단단한 재질보다 부드러운 목재를 사용하는 것이 이상적이다.

MEMO

Chapter

11

주장의
마케팅

01 주장의 마케팅적 접근

마케팅이란 시장에서의 기업의 활동을 의미한다. 즉, 기업이 기업의 궁극적인 목적인 이윤을 창출하기 위하여 시장에서 이루어지는 여러 가지 형태의 활동을 이야기 하며 여기에는 세분화전략, 표적시장 전략, 마케팅믹스 전략, 포지셔닝 전략 등이 포함된다.

주장은 양적인 면과 질적인 면의 확대로 많은 발전을 가지고 온 사업 중의 하나이다. 그러나 그 성장세에 발맞추어 적당한 수요가 발생하지 않아 과당경쟁의 상황에 놓여 있다. 때문에 주장을 경영하는 경영자와 마케터들은 업태 간의 경쟁을 위하여 협회를 구성하고 업태 내의 경쟁을 위하여 경쟁사와의 차별화에 전력을 기울이고 있는 실정이다.

주장의 마케팅은 많은 형태와 종류로 시장에서 이루어지고 있다. 이러한 마케팅 활동에 많은 비용이 투자되고 많은 시간이 소요되는 현상은 경쟁에서 나타난 결과라 할 수 있다. 주장의 마케팅적 접근은 일반 기업과 대동소이 하나 다음과 같은 몇 가지를 들 수 있다.

첫째, 시장 세분화이다.
둘째, 소비자의 욕구파악이다.
셋째, 포지셔닝이다.

이러한 기본적인 마케팅적 접근 이외에 주장의 경영자는 고객의 패턴 및 시장의 추세 그리고 제품과 서비스, 분위기 등을 고려하여 운영하여야 한다.

1 고객의 패턴

잠재 소비자들의 패턴 변화는 주장의 경영에 있어서 대단히 중요하다. 이러한 패턴은 현재의 경영에 있어도 중요할 뿐만 아니라 장래의 추이 분석에도 중요한 자료이다. 소비자의 욕구가 어떻게 변화하고 있는가 또는 소비추세가 어떻게 변화하고 있는가의 분석은 경영의 기초 자료라 말할 수 있다.

2 주장의 마케팅 믹스 요소

주장은 크게 환대 산업의 일부분이라 할 수 있다. 환대 산업은 서비스를 핵심 상품으로 구성하는 인적 서비스의 의존성이 강한 산업이다.

시장에서의 마케팅 활동은 자사의 생존과 이윤을 위한 경쟁에서 나타나는 현상이다. 이러한 시장 활동의 저변에는 소비자의 구매력과 공급자의 공급력이 있다. 특히 인적 서비스가 중요한 요인으로 작용하는 환대산업에서는 공급과 수요의 균형에 따라 서비스의 중요성이 달라진다.

공급보다 수요가 많은 시장에서는 인적 서비스가 그리 중요한 요인으로 작용하지 않고, 공급이 수요보다 많을 경우는 반대로 서비스가 매우 중요하다. 이러한 특징은 주장 산업 또한 마찬가지로 서비스가 핵심 상품이기 때문에 일어나는 현상이다. 일반 제품은 제품으로서 차별화가 가능하나 주장은 독특한 상품과 분위기 등을 가지기 어렵고 가진다 하더라도 곧 경쟁자로부터 모방당하기 때문이다. 또한 환대 산업은 일반 기업과 다른 특성들을 가지고 있어 마케팅 활동의 도구인 믹스 요소 또한 추가적으로 첨가되는 것이 있다.

일반적으로 일반 기업에서는 4P라고 하여 제품(product), 가격(price), 판매촉진(promotion), 유통(place) 등의 마케팅 믹스 요소를 주장하고 있으나 환대산업에서는 추가적인 5P를 더해 9P를 마케팅 믹스 요소를 가지고 있다.

(1) 사람(people)

주장의 생산 과정에는 항상 사람이 참여한다. 사람이란 고객과 종사원을 일컫는 말로서 고객의 주문, 종사원의 서비스와 제품의 제공 그리고 가장 중요한 고객과 종사원과의 대화 등을 통해 항상 사람이 참여해야 판매가 이루어진다.

종사원이 고객에게 서비스와 제품을 제공하는 과정에서 주장은 서비스를 강화하고 서비스를 인식시키기 위하여 유니폼을 착용하며 이러한 유니폼을 통하여 주장이 지향하고 있는 이미지와 목적을 고객에게 전달하며 표준화 된 품질을 전달할 수 있는 경영을 고객에게 자랑한다. 또한 이러한 유니폼의 착용은 고객에게 주장의 신뢰성을 강화하여 준다.

인적 서비스의 의존성이 강한 주장은 참여하는 고객과 종사원의 효율적인 관계로서 주장의 성과에 기여할 수 있다.

(2) 물리적 증거(physical evidence)

주장의 마케팅 기능은 제조 기업보다 매우 복잡하고, 핵심 상품인 서비스는 무형의 특징으로 인하여 고객은 신뢰할 수 있는 유형적인 단서를 찾고 유형적인 단서는 고객의 재방문, 만족 등과 관련이 되어 있다.

유형적인 단서는 여러 가지 형태로 시장에 나타난다. 대표적인 것은 로그, 상표, 유니폼, 물리적인 환경 등이 있다.

물리적 환경은 고객이 서비스 품질과 수준을 측정할 수 있는 도구이다. 이러한 물리적인 환경은 고객이 주장을 방문하기 전에 품질을 경험할 수 없기 때문에 더더욱 중요성을 지닌다. 일반 제품은 구매하기 전에 색, 디자인, 재질 등을 탐색할 수 있지만 주장의 상품은 경험하고서야 품질이 평가되기 때문에 고객은 물리적인 환경에 따라 품질을 측정하게 된다. 즉, 분위기, 장식 등을 통하여 품질을 평가하게 된다. 이러한 물리적 환경은 유형적인 제품이 상대적으로 부족한 주장의 경영에서 고객에게 제공되는 평가 기준이라 해도 과언이 아니다.

물리적 환경은 소비자에게 제공될 서비스가 무엇이며 어떻게 수행될 것인가에 대하여 소비자들에게 알려주며, 무형의 상품과 조립되고 소비자와 공급자가 상호 작용하는 유형적 커뮤니케이션 역할을 한다. 또한 물리적 환경은 고객의 편익을 가시화하는 중요한 요인이며, 광고, 카드, 팸플릿 등이 대표적인 예이며 서비스가 제공되는 각종 시설, 즉 주류와 같이 제공되는 컵, 접시, 포크, 나이프 등의 각종 기물과 장식 등이 포함된다.

물리적 환경은 물리적 증거(physical evidence)라고 표현하기도 하며 유형적 제품의 포장과 유사하여 여러 가지 요소들이 혼합되어 있는데 서비스를 포장해서 서비스에 담겨진 이미지를 고객들에게 전달하는 포장의 기능과 서비스를 지향하는 표적 시장이 어떤 시장인지를 나타내 주는 차별화 기능을 가지고 있다.

(3) 과정(process)

주장 서비스 전달 과정은 고객의 만족과 기업의 마케팅 성과 증진과 관련되어 있다. 과정은 종사원으로부터 고객에게 또는 고객으로부터 종사원에게로의 상호 작용이며 상품이나 서비스가 제공되는 절차와 흐름을 의미한다. 일반적으로 과정은 복잡성(complexity)과 다양성(divergence)의 2×2의 매트릭스 구조를 가지고 있다. 복잡성은 서비스를 제공하는 단계의 수이며, 다양성은 각 단계별 경우의 수를 나타낸다. 주장의 과정은 고객의 욕구만큼이나 매우 다양하며 매우 많은 경우를 가지고 있다.

(4) 패키징과 프로그래밍(packaging and programming)

주장의 경영이 매우 복잡해지고 다양해 진 것은 고객의 욕구가 다양해지고 주장의 수가 증가한 이유에서일 것이다. 때문에 다른 환대산업과 마찬가지로 주장 경영자들이 경쟁 주장과 차별화하고 고객의 욕구에 부응하기 위하여 제품을 패키징하는 경향이 늘고 있다. 패키징이란 단일 가격에 대해 한 개의 패키지 상품으로

서비스와 그에 따른 제품들을 묶어 놓은 다발의 형태이며 이러한 패키징은 고객에게 가격적인 혜택과 서비스적인 혜택을 동시에 제공하고 있다.

패키징과 함께 고객에게 혜택을 부여하여 많은 경쟁 주장 중에 선택을 받기 위해 프로그래밍을 한다. 프로그래밍은 기존의 패키지에 고객들을 유인하기 위해 더해지는 특별한 활동, 새로운 이벤트 및 프로그램을 추가하는 마케팅이다.

이러한 프로그래밍은 성수기와 비수기의 차이, 비이동성 등의 특성으로 인하여 더욱더 중요성이 강조되고 있다. 이러한 패키징과 프로그래밍은 환대산업의 마케팅에 있어서 전형적인 형태이고, 고객의 욕구(needs)에 맞추어 여러 가지 서비스와 혜택을 조합하는 것이며, 매우 고객지향적인 것이다.

(5) 파트너쉽(partnership)

파트너쉽은 동종업계 또는 공급업자 등의 사업과 관련된 제휴를 의미한다. 현재 코브랜딩(전략적 제휴)으로 서로의 매력성을 높여 시장에 상품을 투입하는 기업이 많이 생겨나고 있으며 주장 또한 이러한 형태의 마케팅 전략을 구사하고 있다.

③ 시장세분화

기업은 시장에서 이윤을 달성하기 위하여 각종 전략을 구사하며 많은 비용과 시간을 투자하고 있다. 그러나 시장은 하나의 기업이 감당할 수 있을 정도로 적당한 크기가 아니라 상상할 수 없을 정도로 매우 크다. 주장 또한 가처분 소득의 향상, 소비자 가치관의 변화 등으로 인하여 매우 커지고 있다. 이러한 시장을 하나의 주장 또는 하나의 주장 브랜드가 큰 시장을 대상으로 마케팅 활동을 한다면 투자되는 비용과 시간은 엄청나게 많을 것이다. 또한 소비자의 욕구는 시간이 갈수록 다양화되어지고 다양한 욕구에 따라 다양한 마케팅 활동이 요구되므로 이러한 부담은 날로 커지고 있다.

이러한 부담의 증가로 주장은 투자의 효율성을 제고하기 위하여 일부 시장에 마케팅 노력을 집중하기 시작하였다. 물론 그 시장이 어느 정도 이윤을 추구할 수 있을 정도로 커야 하며 특성을 지니고 있어야 한다.

이렇게 시장을 그 특성별로 구분하는 것을 세분화 전략이라고 한다. 이러한 세분화 전략은 소비자의 특성에 따라 동일한 또는 유사한 요구가 있을 것이라는 아이디어에서 출발하였다. 시장을 구분하는 세분화 변수로는 인구통계학적 특성 (성별, 직업, 수입 등), 고객의 방문 목적, 성격과 라이프스타일 등의 인간 내재적인 특성을 의미하는 사이코 그래픽 등이 있다. 이러한 기준으로 구별되는 시장은 세분 시장 내에서는 동질적인 소비자 성향이 있고, 세분 시장과 세분 시장 간에는 이질적인 특성을 가지고 있다.

이러한 세분화는 다음과 같은 장점을 가지고 있다.

첫째, 자사의 특성을 정확히 파악할 수 있다. 세분화 전략은 자사의 주장과 어울리는 시장을 알아보기 위한 기초적인 단계이며 시장을 구분하고 자사에 어울리는 시장을 발견하기 위하여 자사의 특성을 면밀히 살펴야 한다.

둘째, 자사의 강점과 약점을 파악할 수 있다. 앞에서 언급한 바와 같이 세분화 전략은 하나의 주장에 어울리는 시장을 찾기 위한 기초적인 단계이다. 때문에 좀 더 유리하고 어울리는 시장에 접근하기 위하여 주장은 자사의 강점과 약점을 면밀히 조사하여야 한다.

셋째, 유리한 시장에 접근 가능하다. 자사의 특성과 강점 그리고 약점을 파악함으로 인하여 가장 유리한 시장으로 접근을 도와준다.

넷째, 방대한 시장을 대상으로 효율적이지 않는 마케팅 비용을 일부 시장에 집중함으로써 보다 경제적인 투자와 자원의 배치를 도와준다.

다섯째, 목표 시장의 선정을 도와준다. 세분화 전략은 가장 유리한 시장을 선정하여 주장의 모든 역량을 집중할 수 있는 기초적인 자료를 제공하고 가장 유리한 시장을 선정할 수 있도록 도와준다.

④ 소비자의 욕구

소비자의 욕구는 과거에 비해 매우 다양해 졌다. 이러한 다양성은 사회 현상의 복잡화, 가치관의 변화 등에 인한 것이라 할 수 있다. 다양한 소비자의 욕구는 다양한 사업을 창출하고 다양한 영업의 형태를 만들어 냈다. 그 이유는 마케팅의 발전 과정에서 살펴볼 수 있다. 과거 생산자 중심의 마케팅에서 환경과 생산 그리고 소비자의 여러 가지 변화로 인하여 소비자 중심의 시장으로 변화하면서 소비자가 생산자보다 우위의 위치를 점하게 되었으며 기업은 소비자의 욕구에 맞추어 생산, 유통, 판매하지 않으면 생존을 위협받게 되었다. 특히 주장은 서비스가 강조되는 기업으로 고객은 제품의 구매보다 서비스를 구매하는 성향이 강하게 나타나고 있다.

욕구는 긴장에서 생성되는 것이며 긴장은 우리가 지각하지 못하는 내부에 존재한다. 이러한 요구는 반드시 만족과 불만족이라는 결과로 나타나며 만족할 경우 기업에게는 많은 영업이익을 가져오게 된다. 사람은 욕구를 만족시킬 수 있는 환경과 사건 그리고 조건을 지속적으로 찾고 원한다.

욕구는 기대와 비슷하나 기대와는 다르다.

기대(Wants)	욕구(Needs)
의식적	무의식적
특이함(부분적)	전체적
표면적	깊다(내부적)
짧은 기간	긴 기간
서비스에서 욕구가 나온다	인간 존재로부터 욕구가 나온다
(서비스와 짧은 기다림)	(자기존중)
만족시키지 못했을 때	만족시키지 못했을 때
기회는 남아있다	기회는 다시 오지 않는다

┃표 1┃
기대와 욕구의 차이

특히 서비스 분야에서의 욕구는 대단히 복잡한 현상이다. 서비스 분야에서의 욕구는 첫째, 고객은 소비자이기 이전에 사람이다라고 인식하여야 한다. 사람은 일반적으로 삶에서 서비스에 대한 기대보다 좀 더 근본적이고 큰 욕구를 채우려고 노력하고 그 결과 기업은 기대에 부응되지 않았을 때 보다 욕구를 채우지 못 했을 때 고객으로부터 더 크게 외면당하게 된다.

둘째, 욕구는 기대가 존재할 경우 서비스에 대한 반응을 이해하는데 도움이 된다. 소비자의 욕구가 주장의 경영에 있어서 얼마나 중요한 요인인지 인식하고 경시하지 말아야 한다.

셋째, 제품의 질에서 욕구는 생산품과 소비 양쪽과 관련되어 있지만 일반적인 욕구는 사람의 전체와 관련된 것이다.

이러한 특성으로 인하여 주장의 경영에서는 소비자의 욕구 충족이 매우 중요하다. 하지만 이러한 요구의 충족으로 만족이 생성되지만 주장의 경영에서는 고객이 만족하는 순간을 인식하기 힘들며, 만족되었을 경우 재방문이 이루어지나 재방문을 창출하는 많은 이유들 중에 재방문의 실체를 규명하기 힘들다.

5 포지셔닝(Positioning)

(1) 지각

지각은 사람이 주변 세계를 이해하는 과정이다. 즉, 형체나 색 등을 사람은 자신이 자신의 방식대로 인지하는 과정이다. 때문에 지각은 사람마다 다르게 나타나며 같은 사건이나 같은 물체를 사람은 저마다 다르게 인식한다.

지각 요인은 자극 요인과 인적 요인으로 나눌 수 있다. 자극 요인은 크기, 색상, 감촉, 모양 등이며, 인적 요인은 감각, 지능, 성격, 경험, 가치관, 동기 등을 뜻한다. 이러한 소비자의 지각은 시장에서 매우 강력하게 나타나는데 소비자는 제품 자체를 비교하는 것이 아니라 지각된 제품을 비교하므로 마케터는 자사의 제품이 소

비자의 지각에 잘 위치하도록 최선을 기울려야 한다. 이러한 지각은 소비자의 소비 행동에 큰 영향을 미치며 많은 경우 소비자는 현재의 상황보다 현재의 상황 지각을 우선으로 판단한다.

(2) 포지셔닝

소비자의 지각에 맞게 자사를 소비자의 마음에 위치시키는 과정을 포지셔닝이라 하며 포지셔닝은 마케팅 전략의 주춧돌 역할을 한다. 즉, 포지셔닝은 소비자의 마음에 포지션을 창조하는 과정이며 이러한 포지션이 확고해 지면 첫째, 경쟁우위, 둘째, 이미지 창조, 셋째, 특별한 시장에서 강력한 힘을 가짐 등의 장점을 가질 수 있다.

포지셔닝은 궁극적으로 주장의 제품과 서비스를 소비자가 인식하게 하는 방법의 결정이며 모든 시장의 접근보다 일부 세분 시장에 맞추어진다. 또한 포지셔닝은 주장의 약점을 약화시키고 강점을 강화시킨다.

(3) 포지셔닝 전략에서의 포지셔닝 맵(Positioning Map)

포지셔닝 전략에서 자사의 위치와 경쟁자의 위치 고객의 선호 등을 알아 볼 수 있는 유용한 도구가 포지셔닝 맵이다. 포지셔닝 맵은 우리가 인식하기 쉽도록 도식화 된 위치를 알려주는 것이다. 그림은 보다 빨리, 보다 쉽게 복잡한 아이디어나 정보를 이해하는데 도움을 준다. 때문에 그림은 천단어의 말이며 포지셔닝 맵은 마케터들에게 많은 도움을 준다. 또한 포지셔닝 맵은 경쟁 시장의 소비자 지각을 그릴 수 있다. 이러한 가능성은 쉽게 해석 가능한 형태의 맵을 제공한다는 면에서 주요한 의미를 지니고 있다.

포지셔닝 맵은 다음과 같은 의의를 가지고 있다.

첫째, 경영의 도구로서 지각 맵이다.

포지셔닝 맵은 특별한 제품의 범주를 평가할 때 고객과 관련된 차원의 중요성을 알려주며, 시장에서 충분한 수의 경쟁자에게 자료를 수집해야 비교 가능한 맵을 그릴 수 있다. 또한 기준이 되는 차원들이 측정과 통제가 가능해야 한다.

둘째, 포지셔닝 맵은 제품의 물리적인 특성이 아니라 심리적인 위치에 초점을 맞추고 있다.

셋째, 소비자의 제품 선택에 있어서 중요한 것은 제품의 이미지, 제품의 개성, 브랜드의 명성이며 포지셔닝 맵의 기준이 된다.

넷째, 새로운 제품의 출시 할 경우 유용한 도구로서 경쟁 시장에 대한 통찰력을 제공해 준다.

지각 맵은 단순하지만 강력한 전략적 도구이며, 소비자의 이상점을 제공하여 새로운 제품을 출시할 때 그리고 리포지셔닝의 경우 매우 중요한 도구로 사용된다. 그러나 이러한 유용한 도구도 한계점을 가지고 있다. 그 한계점은 다음과 같다.

첫째, 포지셔닝 맵은 정적이기 때문에 변화가 많은 경쟁 환경의 포지션 변화에 대응하기 어렵다.

둘째, 종단적인 연구의 자료 수집에 오랜 시간이 걸린다.

셋째, 어떻게 원하는 포지션에 갈 수 있는가의 방법론을 제시하지 못할 수 있다

MEMO

PART

03

칵테일 이론과

조주법

Chapter

12
칵테일
이론

학습목표 ⭐

1. 칵테일의 정의
2. 칵테일의 분류
3. 칵테일의 기법
4. 칵테일 도구

01 칵테일의 정의

칵테일이란 알코올성 음료 또는 다른 비알콜성 음료를 혼합하거나 과즙류나 향신료 등의 부재료를 사용하여 아름다운 색과 향긋한 향 그리고 환상의 맛을 즐길 수 있는 주류이다. 칵테일은 양조주, 증류주, 혼성주 중의 어느 그룹에도 속하지 않은 독특한 주류이다.

칵테일은 훌륭한 맛과 향기와 색의 예술이다. 칵테일이란 두 종류 이상의 재료를 사용한다. 즉, 여러 가지 주류와 부재료(시럽, 과즙, 우유, 주스, 달걀, 탄산음료 등)를 적당량 혼합해서 색, 미, 향을 조화 있게 만드는 것으로써, 주정분(술)과 주정분을 혼합하여 만드는 방법과 주정분에 기타 부재료를 섞어 만드는 방법이 있다. 이들 재료가 Shake나 Stir의 방법에 의해 혼합되고 냉각되어 맛의 조화가 이루어지는 것이다. 칵테일은 가격을 마시는 것이 아니라 분위기와 예술적 가치를 마시는 것이다.

술의 권위자인 미국의 David A. Embury는 「The Fine Art of Mixing Drinks」라는 저서에서 칵테일을 다음과 같이 정의하고 있다.

❶ 칵테일은 식욕을 증진시키는 윤활유이다. 결코 감퇴시키는 것이 되어서는 안 되며, 너무 단맛이나 주스가 과잉 혼합된 것은 이 정의에 의해 술자리에서 물러나야 한다.

❷ 칵테일은 식욕과 동시에 마음도 자극하고 분위기를 만들어내는 것이 아니면 의미가 없다. 정성껏 만든 칵테일은 가장 훌륭한 음료이다. 긴장을 풀고 근육을 부드럽게 하고 피곤한 눈에는 다이아몬드와 같은 빛을, 혀에는 미끄러운 작용을 주고 우정을 높인다. 너무 강하거나 묽어지면 그와 같은 효과를 얻을 수 없다.

❸ 칵테일은 아주 맛이 있지 않으면 가치가 없다. 그러기 위해서는 혀의 맛, 감각을 자극할만한 샤프함이 바람직스럽다. 너무 단 것, 시큼한 것, 쓴 것이나 향기가 너무 강한 것은 실격이다.

❹ 칵테일은 얼음에 잘 냉각되어 있지 않으면 안 된다. 손에서 체온이 전해지는 것이 두려워 일부러 다리(Stem)가 있는 Cocktail glass를 이용하고 있는 것이다.

한편 칵테일의 종류는 주재료에 따라 다양한데 칵테일의 기본이 되는 주재료를 베이스(Base)라고 한다. 베이스는 주로 증류주가 쓰이는데 가장 많이 사용하는 베이스는 Whisky, Brandy, Gin, Rum, Vodka, Tequila 등의 6가지이다. 또한 칵테일은 맛뿐만 아니라 아름다운 장식으로도 유명한데 장식은 가니쉬(Garnish)라고 한다. 가니 쉬는 칵테일과 비슷한 맛의 가니쉬를 사용하는 것이 원칙이다. 즉, 신맛의 칵테일에는 레몬을 장식하고 주스가 사용되는 칵테일에는 같은 종류의 과일을 사용하는 것이 일반적인 원칙이다. 다음은 칵테일에서 많이 사용되는 용어이다.

칵테일 용어

⚓ Base(기주)

칵테일을 조주할 때 가장 많이 함유되는 술을 말하며 굳이 우리말로 나타낸다면 기주(基酒)라고 부를 수 있다. 일반적으로 칵테일의 기주로서 많이 사용되는 것에는 Gin, Vodka, Rum. Whisky, Brandy 등이 있다.

⚓ Chaser

주정이 강한 술을 직접 스트레이트로 마실 때 함께 곁들여 마실 수 있는 물 등과 같은 음료를 말한다.

⚓ Dry, Sweet

술 자체의 맛을 의미하는 것이며 칵테일에서 드라이한 맛을 표현하는 형용사

로 달지 않다는 뜻을 지니고 있고 불어로는 섹크(Sec)라고 한다. 그리고 감미
(甘味)의 경우는 스위트(Sweet)라고 하며 불어에서는 두스(Doux)라 한다.

Drop

방울이라는 뜻이며 한 방울 두 방울 떨어뜨릴 때 사용되는 말이다. 칵테일에
비터(bitter)나 리큐류를 한 방울 두 방울 떨어뜨리는 것이며 뿌린다는 것과 의
미가 구분된다.

대시(Dash)

비터나 리큐를 비터 병에 넣어 정해진 양만을 비터 병에 거꾸로 해서 뿌리는
것이다. 1 대시는 보통 5내지 6의 드롭(Drop)을 포함한다.

싱글(Single)

일반적으로 싱글이라고 하면 1 온스(Ounce) 즉, 30ml의 분량을 말한다.

더블(Double)

일반적으로 싱글(Single)하면 술 30ml분의 양을 기준으로 한다. 그런데 더블이
라 하면 2배인 60ml의 분량을 의미하는 것이다.

슬라이스(Slice)

레몬이나 오렌지를 반으로 썰어서 얇게 자르는 것을 말한다.

향신료(Spice)

만들어진 칵테일의 맛을 더 내기 위하여 방향성의 식물을 첨가하는 것을 말
한다. 향신료에는 천연인 것과 가공된 것이 있는데 가공된 것은 대부분 분말
로 된 것이 많다. 향신료에는 계피류(Cinnamon), 육두구 열매로 만든 Nutmeg,
소화를 촉진하는 멘톨 성분이 함유된 페퍼민트 종류의 민트(Mint), 정향(Clove)등
이 있다.

02 칵테일의 분류

① 용량에 의한 분류

용량에 의한 분류는 제공되는 용량과 마시는 시간이 비례한다는 의미에서 출발한 것이다. 때문에 short 또는 long으로 구분된다.

(1) 숏 드링크(Short Drink)

숏 드링크란 4온스(oz) 미만의 용량이 적은 글라스에 제공되는 칵테일을 말한다. 이 칵테일은 오랜 시간이 경과되면 재료가 분리되어 원래의 맛을 즐길 수 없기 때문에 짧은 시간 안에 마시는 것이 좋다.

(2) 롱 드링크(Long Drink)

롱 드링크는 4온스 이상의 글라스에 제공되는 칵테일이다. 롱드링크는 얼음과 함께 제공되며 대부분 과즙류를 비롯하여 시럽 등을 혼합한 것으로 시간의 여유를 가지고 즐길 수 있는 칵테일이다.

② 식사 시 용도에 의한 분류

식사 시 용도에 의한 분류는 식사의 전후 또는 식사와 관계없이 언제나 즐길 수 있는 등의 식사와 관계에 있어서의 분류이다.

(1) 식전 칵테일(Aperitif cocktail)

아페리티프 칵테일은 단맛이 없고 신맛과 쓴맛이 있는 칵테일로서 식욕 증진을 위하여 식사 전에 마시는 칵테일이다. 대표적인 식전 칵테일은 드라이 마티니, 맨해튼, 캄파리 소다(Campari Soda) 등이 있다.

(2) 식후 칵테일(After dinner cocktail)

애프터 디너 칵테일은 식사 후에 마시는 칵테일로서 단맛이 나는 것이 특징이다. 베이스는 대부분 리큐르가 이용되며 대표적인 애프터 디너 칵테일은 그라스하퍼, 브랜드 알렉산더 등이 있다.

(3) 상시 칵테일(All day type cocktail)

올데이 타입 칵테일은 식사와 관계없이 언제나 즐길 수 있는 칵테일이다. 대표적인 종류는 마가리타, 롱아일랜드 아이스 티, 피나 콜라다 등이 있다.

3 형태에 의한 분류

형태에 의한 분류는 어떠한 그라스에 어떠한 모양으로 또는 어떠한 방법으로 마시는가를 기준으로 하여 구분하는 방법이다.

(1) 스트레이트(Straight drink)

브랜디나 위스키 등을 아무런 부재료를 혼합하지 않고 주재료 자체만을 1온스 글라스에 제공하는 방법이 스트레이트 드링크이다.

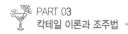
(2) 온더락(On the rock)

온더락은 6온스 올드패션드 글라스에 사각얼음을 넣고 그 위에 술을 부어 얼음을 녹이면서 술을 부드럽게 하고 시원하게 하여 즐기는 형태를 말한다. 취향에 따라 여기에 물을 더 추가하여 마시기도 하는데 일본인들은 미즈와리라고 한다.

(3) 프라페(Frappe)

프라페란 "얼음으로 차게 한 것"이라는 프랑스어인데 글라스에 가루얼음(Shaved ice)을 넣고 그 위에 리큐르를 넣어 만드는 형태이다. 민트, 갈리아노, 카카오 등이 많이 사용된다.

(4) 사워(Sour)

사워란 시큼한 이라는 뜻을 가지고 있으며 브랜디, 위스키, 럼 등에 레몬주스와 설탕시럽을 혼합한 형태로 브랜디사워, 위스키사워, 럼 사워(Rum Sour) 등이 있다.

(5) 하이볼(High ball)

하이볼 형태는 가장 손쉬운 형태로서 하이볼 글라스에 적당량의 주재료와 부재료를 혼합하여 즐기는 형태이다. 대표적인 것으로 럼콕, 스카치소다 등이 있다.

(6) 피즈(Fizz)

진 또는 리큐르를 기본으로 하여 레몬주스, 설탕시럽, 소다수를 혼합하고 과일로 장식을 한 형태이다. 대표적인 피즈는 카카오 피즈, 슬로우진 피즈, 갈리아노 피즈 등이 있다.

(7) 슬링(Sling)

슬링은 독일어로서 마시다는 뜻의 슐링겐(Schlingen)이 변하여 슬링이 된 것이다. 싱가포르슬링이 대표적인 슬링이다.

(8) 스노우 스타일(Snow style)

스노우 스타일은 글라스의 가장자리에 레몬즙을 발라 설탕이나 소금 등을 묻히는 방법으로 마카리타, 키스 오브 파이어 등이 있다. 특히 일부 호텔의 커피숍이나 커피 전문점에서 시각 효과나 특별한 맛을 제공하기 위하여 이러한 방법으로 커피를 제공하기도 한다.

(9) 하프 & 하프(Half & half)

두 종류의 음료를 50%씩 혼합하는 형태이다. 대표적인 것은 샌디(sandy) 칵테일이다. 샌디 칵테일은 맥주와 진저에일(Gingerale) 50%씩 혼합한 것이다.

(10) 프로즌 스타일(Frozen style)

블랜더(blender)에 기본 주와 가루얼음(shaved ice)을 넣고 혼합하여 셔벗과 같은 상태로 만든 칵테일이다. 대표적인 것으로는 프로즌 다이퀴리(Frozen daiquiri), 프로즌 피치 다이퀴리(Frozen pitch daiquiri) 등이 있다.

(11) 플로트(Float)

플로트는 술이나 음료의 비중을 이용하여 내용물이 섞이지 않게 층층이 쌓는 기법이다. 이 방법은 자칫 섞일 수 있기 때문에, 바 스푼(bar spoon)을 뒤집어 글라스의 면에 대고 조심스럽게 글라스에 음료를 채운다. 이때 비중이 높은 음료를 먼저 채우고 그 다음의 순서대로 따른다.

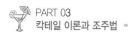
(12) 릭키(Rickey)

증류주에 라임의 즙을 넣고 소다수를 채우는 방법을 릭키라 한다.

(13) 쿨러(Cooler)

쿨러는 증류주나 양조주에 레몬이나 라임주스, 설탕시럽 등을 첨가하고 소다수나 진젤 등으로 글라스를 채우는 형태이다.

(14) 트로피컬(Tropical)

열대성 칵테일을 칭하는 것이다. 럼, 과일시럽, 열대과일 등을 사용하여 달콤하고 시원한 맛이 나며 롱 드링크의 일종이다. 대표적인 트로피컬 칵테일은 블루하와이, 마이타이 등이 있다.

(15) 펀치(Punch)

펀치는 과일, 주스, 설탕물, 기본주 등을 혼합하여 파티나 행사를 위하여 큰 볼에다 제공되는 칵테일의 일종이다. 큰 얼음을 띄워 시원한 맛을 살리고 큰 볼에 담아 여러 사람이 함께 나누어 마시는 것으로 계절과일을 사용하는 것이 이상적이다.

03 칵테일의 기법

칵테일은 그 맛과 향 그리고 색의 다양한 만큼이나 만드는 기법 또한 다양하다. 그 방법으로는 shaking, stirring, blending, floating, frosting 등이 있다.

(1) 세이킹(Shaking)

쉐이크(shaker) 안에 각종 주재료와 부재료를 넣고 손으로 잘 흔들어 글라스에 따라 제공하는 방법이다. 이 경우에는 잘 섞이지 않는 재료, 즉 계란 또는 크림이 혼합되는 경우에 많이 이용된다.

(2) 스트어링(Stirring)

비중이 가볍고 잘 섞이는 술이나 내용물의 드링크는 믹싱 글라스(Mixing Glass)에다 각 얼음을 넣어서 내용물과 함께 바 스푼(bar spoon)을 사용하여 잘 휘저어서 내용물이 충분히 차진 다음 바 스트레이너(Bar Strainer)를 사용하여 걸러서 제 글라스에 따르고 장식하거나 하여 서브한다. 하이볼 드링크일 때는 믹싱 글라스를 사용치 않고 제 글라스에다 직접 믹싱 하여 서브한다. 이때에 주의하여야 할 것은 탄산가스가 내포되어 있는 경우는 너무 휘저어서 탄산가스가 다 빠져 나가지 않도록 해야 한다.

(3) 빌드(Building)

다른 기구를 사용하지 않고 글라스에 직접 재료를 넣는 방법이다. 칵테일을 만드는 방법 중 가장 간단한 방법이다.

(4) 플로팅(Floating)

플로팅은 술이나 음료의 비중을 이용하여 내용물이 섞이지 않게 층층이 쌓는 기법이다. 이 방법은 자칫 섞일 수 있기 때문에, 바 스푼(bar spoon)을 뒤집어 글라스의 면에 대고 조심스럽게 글라스에 음료를 채운다. 이때 비중이 높은 음료를 먼저 채우고 그 다음의 순서대로 따른다.

(5) 프로스팅(Frosting)

프로스팅은 글라스의 가장자리에 레몬이나 오렌지 즙에 있는 오일 성분을 이용하여 즙을 묻히고, 글라스를 거꾸로 눌러서 접시에 담긴 설탕이나 소금을 묻혀 장식하는 방법이다.

(6) 브랜딩(Blending)

브랜딩은 블랜더(blender: 믹서기)를 이용하는 방법이다. 이 방법의 경우는 과일이나 아이스크림과 같은 재료를 사용할 때 이용되는 방법이다.

칵테일의 계량 단위

> 칵테일은 주재료와 부재료 등이 적당한 양이 혼합되어야 그 특유한 맛과 색을 연출할 수 있다. 때문에 용량을 측정하는 단위도 매우 복잡하며 많다. 그 내용은 다음과 같다.

| 표 1 |
칵테일의 계량단위

단위	내용
1 dash	1/6 Tea spoon
1 tps (1 Tea spoon)	1/6 ounce
1 tps (1 Table spoon)	1/2 ounce
1 ounce (1 oz)	30㎖
1 pony	30㎖
1 jigger	45㎖
1 shot	45㎖
1 split	6 ounce, 180㎖
1 cup	8 ounce, 240㎖
1 pound	16 ounce, 480㎖
1 pint	16 ounce, 480㎖

04 칵테일의 도구

① 글라스류

칵테일은 풍미와 색으로도 유명하지만 아름답고 용도에 걸맞은 글라스가 없다면 칵테일의 맛은 떨어질 것이다. 칵테일의 종류가 많은 만큼이나 글라스의 종류는 다양하다.

(1) 위스키 글라스(Whisky glass)

위스키 글라스는 스트레이트 글라스(straight glass)라고도 하고, 싱글(Single)과 더블(Double)이 있다. 싱글은 1oz, 더블은 2oz이다.

(2) 칵테일글라스(Cocktail glass)

칵테일글라스는 쇼트 드링크 전용 글라스로서 역삼각형의 윗부분과 긴 다리를 가지고 있다. 표준 용량은 3oz이다.

(3) 쉐리 와인글라스(Sherry wine glass)

쉐리 와인글라스는 컵 부분의 중간이 오목하게 들어가 있으며 긴 다리를 가지고 있고 용량은 스트레이트 글라스와 칵테일글라스의 중간 크기이며 용량은 2~3oz이다.

(4) 사워 글라스(Sour glass)

사워 칵테일을 제공할 때 사용하는 다리가 있고, 용량은 5oz이다.

(5) 샴페인 글라스(Champagne glass)

샴페인을 마시기 위한 글라스로서 소서(Saucer)형과 플루트(Flute)형이 있다. 표준 용량은 4oz이다.

(6) 리큐르 글라스(Liqueur glass)

리큐르를 스트레이트로 마실 때 이용하는 글라스이다. 보통은 다리가 있고 코디얼(cordial)이라고 부르기도 한다.

(7) 고블렛(Goblet)

정찬이나 기타 물을 제공할 경우 사용하는 튤립형의 글라스이다. 주로 물을 제공하는 용도이므로 water glass라고도 부른다. 표준 용량은 12oz이나 10oz가 사용되기도 한다.

(8) 브랜디 글라스(Brandy glass)

브랜디 글라스는 다리가 짧고 입 부분 보다 몸체가 넓은 형태의 글라스이다. 표준 용량은 10oz이며 잔은 크지만 브랜디를 즐길 때는 1oz를 따라 마신다.

(9) 와인글라스(Wine glass)

와인을 마실 때 이용하는 글라스로서 다리가 길다. 현대에 와서는 다양한 형태의 와인글라스가 이용되고 있지만 표준용량은 레드 와인 5~7oz, 화이트 와인

5~6oz이다. 레드 와인글라스는 입구가 좁으며 화이트 와인글라스는 래드 와인 글라스보다 입구가 넓다. 이러한 구분 말고 와인의 숙성 정도에 따라 오래 숙성된 와인은 입구가 넓은 글라스로, 단기간의 숙성 와인은 입구가 좁은 와인으로 즐겨야 와인의 풍미를 느낄 수 있다.

(10) 하이볼 글라스(Highball glass)

피즈류의 칵테일이나 청량음료를 마실 때 이용하는 글라스이다. 모양은 높고 길게 생겼다. 용량은 6oz부터 10oz까지 다양하다.

(11)칼린스 글라스(Collins glass)

키가 커 보통은 Tall glass라고 불린다. 표준 용량은 10~12oz이다.

(12) 올드 패션드 글라스(Old fashioned glass)

On the rock 글라스라고도 불리며 위스키나 리큐르 등을 온더락스 형태로 즐길 때 사용한다.

(13) 필스너 글라스(Pilsner glass)

몸채의 밑 부분이 좁고 입구가 넓은 형태의 글라스로서 목은 없는 듯이 짧다. 맥주를 마시거나 주스를 마실 때 이용하는 글라스이다. 표준 용량은 10oz이다.

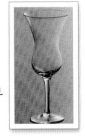

(14) 트로피컬 글라스(Tropical glass)

색체가 화려한 칵테일이 잘 어울리는 글라스로서 다리가 길며 몸체의 중간 부분이 가는 형태이며 표준 용량은 8oz이다.

종류	규격
Straight glass	1 ounce
Liqueur glass	1 ounce
White wine glass	5~6 ounce
Red wine glass	5~7 ounce
Cocktail glass	3~4 ounce
Sherry wine glass	2~3 ounce
Sour glass	5~6 ounce
Champagne glass	4~6 ounce
Old Fashioned glass	4~6 ounce
High ball glass	8~10 ounce
Brandy glass	10~12 ounce
Goblet glass	12~14 ounce
Collins glass	10~14 ounce
Tropical glass	8~10 ounce
Pilsner glass	10~12 ounce

∥표 1∥
글라스의
종류와 규격

글라스의 취급요령

- 글라스는 용도에 맞게 적당한 온도, 오물이 묻지 않는 곳 그리고 환기가 잘되는 곳에 보관하여야 한다. 예를 들면 차게 마시는 맥주 글라스의 경우 고객이 적당한 온도로 즐길 수 있도록 냉장 보관하는 것이 좋다. 이 경우 식재료와 분리하여 글라스에 냄새가 배지 않도록 주의하여야 한다.
- 이가 빠지거나 금이 간 글라스는 사용하지 않으며 고객에게 제공하기전 세심히 살펴야 한다.
- 세척시 글라스의 재질에 따라 구분하여 세척을 한다. 열처리된 글라스의 경우 뜨거운 물에 세척을 하여도 가능하나 열처리되지 않은 글라스는 뜨거운 물에 세척을 하면 파손의 우려가 있다.
- 기계를 통하여 세척을 할 경우 종사원이 한 번 더 뜨거운 김으로 세척을 하여야 하며 물기를 완전히 제거한다.
- 글라스를 운반하거나 고객에게 제공할 경우 반드시 글라스의 하단 부분을 잡거나 글라스의 다리 부분을 잡아 제공하고 어떠한 경우라도 글라스의 Rim 부분은 터치하지 않는다.

2 장비류

(1) 쉐이커(Shaker)

쉐이커는 잘 섞이지 않는 재료를 혼합할 경우 사용하는 도구로서 cap, strainer, body의 세 부분으로 구성된다. 칵테일을 조주할 경우 얼음과 재료를 바디에 넣고 스트레이너와 캡을 닫아 양손으로 잘 흔들어 충분히 혼합한 이후 캡을 열어 글라스에 따라 제공한다.

(2) 믹싱 글라스(Mixing glass)

믹싱 글라스는 재료를 혼합할 경우 사용하는 도구로서 혼합하는 용도는 쉐이크와 동일하나 믹싱 글라스를 사용하는 경우는 잘 혼합되는 재료들로 구성되었을 때 사용한다. 입주 위에 따르기에 편하도록 주둥이가 부착되어 있다.

(3) 계량 컵(Measure cup)

칵테일을 조주할 경우 주재료와 부재료의 측정에 사용되는 도구이다 깔때기 모양이 양쪽으로 부착되어 작은 쪽은 포니(pony)로 1oz, 큰 쪽은 지거(jigger)로서 $1\frac{1}{2}$oz이다.

(4) 블랜더(Blender)

블랜더는 과일을 이용하는 칵테일을 조주할 경우 사용하는 도구이다. 일반적으로 칭하는 믹서기이다.

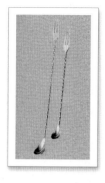

(5) 바 스푼(Bar spoon)

바 스푼은 믹싱글라스에 혼합하고자 하는 재료를 섞거나 소량의 부재료를 계량할 경우 사용한다. 한쪽 끝은 티스푼이고 반대쪽은 포크로 구성되어 있으며 중간의 손잡이는 나선형의 형태로 되어 있으며 길이는 믹싱글라스에 충분히 들어가고 남음이 있을 정도로 길다.

(6) 스트레이너(Strainer)

스트레이너는 믹싱글라스에 혼합된(완성된) 칵테일을 글라스에 따를 경우 얼음이 떨어지지 않도록 걸러주는 역할을 한다. 믹싱글라스와는 한조로서 바늘과 실의 관계이다.

(7)코르크 스크류(Cork screw)

와인의 코르크를 따는 나선형의 모양과 손잡이가 부착되어 있는 도구이다.

(8) 스퀴저(Squeezer)

스퀴저는 과즙을 짜는 기구이다. 가운데 홈이 있는 돌출된 도구로서 밑 부분은 즙을 모아 따를 수 있는 형태로 되어 있다. 레몬, 오렌지, 라임 등을 반으로 잘라 돌출된 부분에 안쪽이 가도록 하여 누르면서 돌리면 과즙이 밑 부분에 모아진다.

(9) 푸어러(Pourer)

푸어러는 각종 주류나 부재료를 따를 때 흘리지 않고 소량을 정확히 측정하기 위하여 병입구에 끼워서 사용하는 도구이다.

(10) 얼음 집게(Ice tong)

얼음을 집는 집게로서 얼음을 집기 편하도록 끝부분에 톱니모양으로 홈을 파서 만든 집게이다.

(11) 얼음 담는 바구니(Ice bucket)

고객에게 얼음을 제공할 경우 사용하는 도구로서 얼음이 쉽게 녹지 않도록 하는 바구니이다.

(12) 머들러(Muddler)

고객 스스로 칵테일의 농도를 조정해 가면서 즐길 경우 칵테일을 저어서 혼합하는 용도로 사용되는 기구이다.

(13) 칵테일 꽂이(Cocktail pick)

올리브나 체리 그리고 레몬 등을 장식할 경우 사용되는 도구이다. Garnish pick이라고도 칭하며 우산모양, 인형모양 그리고 나무, 플라스틱 등 많은 재료와 많은 모양으로 다양하게 생산되고 있다.

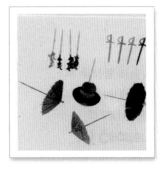

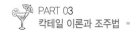

(14) 빨대(Straw)

스트로는 우리말로 빨대이다. 롱드링크를 즐길 때 사용되는 것으로서 오늘날에는 칵테일뿐만 아니라 음료수를 즐기는 어느 곳에서나 접할 수 있는 도구이다. 색채 또한 화려하고 다양하게 출시되고 있으므로 계절과 장식과의 조화를 충분히 고려해 고객에게 제공해야 한다.

(15) 샴페인 스토퍼(Champagne stopper)

남은 음료수나 샴페인을 최초의 상태와 가장 비슷하게 보관하기 위하여 사용되는 기구이다. 탄산가스나 기타 음료의 내용물이 공기와 접촉하여 변하는 것을 막아준다.

(16) 코스터(Coaster)

코스터는 글라스 받침대이다. 냉각된 글라스의 물기가 흘러내리는 것을 방지하고 테이블의 청결을 유지하기 위하여 사용하는 도구이며 오늘날에는 장식적인 면까지 고려되어 다양한 색과 모양으로 출시되고 있다.

(17) 아이스 스코퍼(Ice scooper)

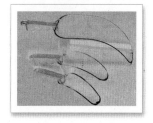

칵테일을 조주할 경우 얼음을 얼음 제조기로부터 푸는 도구이다. 사용한 후에는 항상 아이스 머신 외부에 놓아야 한다. 왜냐하면 얼음이 계속 만들어 지면서 얼음에 묻히는 경우가 생기기 때문이다.

(18) 칼(Knife)

칵테일의 부재료인 파인애플, 오렌지, 레몬 등을
자를 때 사용하는 도구이며 일반적으로 작은 크기
이다.

③ 칵테일의 부재료

칵테일의 부재료는 특유한 색과 향을 내는데 사용되는 것으로서 칵테일은 입으
로 즐기기 전 눈으로 즐긴다는 말이 있을 정도로 장식이 중요한데 장식과 색을 내
는 주요한 재료들이다. 부재료에는 주스류, 시럽류, 크림류, 소프트 드링크류, 얼
음류 등이 있다.

(1) 주스류

많이 쓰이는 주스류는 오렌지, 자몽, 파인애플,
레몬, 라임 주스 등이 있다.

(2) 시럽류

시럽은 설탕과 물을 넣고 끓이고 여러 가지 과즙을 첨가
해 맛과 향 그리고 색을 낸 음료이다. 많이 사용되는 시럽
류는 설탕 시럽(sugar syrup), 그레나딘 시럽(grenadine syrup) 등
이 있다.

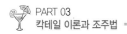
(3) 소프트 드링크류

많이 쓰이는 소프트드링크는 콜라, 사이다, 소다수, 토닉워터, 칼린스 믹스, 진저엘 등이 있다.

(4) 얼음류

칵테일의 종류에 따라 쓰이는 얼음의 형태도 다양하다. 같은 얼음이지만 형태에 따라 block ice(덩어리 얼음), cubed ice(정육면체 얼음), crushed ice(잘게 부순 얼음), shaved ice(눈처럼 고운 얼음) 등이 있다.

MEMO

Chapter

13

칵테일
조주법

01 조주기능사 출제 기준

다음은 현재 바텐더를 양성하기 위해 한국 산업인력공단(www.q-net.or.kr)에서 실시하고 있는 조주기능사 필기와 실기 출제 기준이다.

출제기준(필기)

직무분야	음식서비스	중직무분야	조리	자격종목	조주기능사	적용기간	2013. 1. 1～ 2017. 12. 31

○ 직무내용 : 주류, 비주류, 다류 등 음료 전반에 대한 재료 및 제법의 지식을 바탕으로 칵테일을 조주하고 호텔과 외식업체의 주장관리, 고객관리, 고객서비스, 경영관리, 케이터링 등의 업무를 수행하는 직무

필기검정방법	객관식	문제수	60	시험시간	1시간

필기과목명	문제수	주요항목	세부항목	세부항목
양주학개론, 주장관리개론, 기초영어	60	1. 음료론	1. 음료의 개념	1. 음료의 개념
			2. 음료의 역사	1. 음료의 역사
			3. 음료의 분류	1. 음료의 분류
		2. 양조주	1. 양조주의 개념	1. 양조주의 개념
			2. 양조주의 분류 및 특징	1. 양조주의 분류 및 특징
				2. 양조주의 제조방법
			3. 와인	1. 각국 와인의 특징
				2. 각국 와인의 등급
				3. 각종 와인의 제조방법
			4. 맥주	1. 각국 맥주의 특징
				2. 맥주의 제조방법

필기과목명	문제수	주요항목	세부항목	세부항목
		3. 증류주	1. 증류주의 개념	1. 증류주의 개념
			2. 증류주의 분류 및 특징	1. 증류주의 분류 및 특징 2. 증류주의 제조방법
		4. 혼성주	1. 혼성주의 개념	1. 혼성주의 개념
			2. 혼성주의 분류 및 특징	1. 혼성주의 분류 및 특징 2. 혼성주의 제조방법
		5. 전통주	1. 전통주의 특징	1. 전통주의 역사와 특징
			2. 지역별 전통주	1. 지역별 전통주의 종류, 특징 및 제조법
		6. 비알코올성 음료	1. 기호음료	1. 차 2. 커피
			2. 영양음료	1. 과실 · 채소 등 주스류 2. 우유 및 발효음료
			3. 청량음료	1. 탄산음료 2. 무탄산음료
		7. 칵테일	1. 칵테일의 개론	1. 칵테일의 개론
			2. 칵테일 만드는 기법	1. 칵테일 만드는 기법
			3. 칵테일 부재료	1. 칵테일 부재료
			4. 칵테일 장식법	1. 칵테일 장식법
			5. 칵테일 잔과 기구	1. 칵테일 잔과 기구
			6. 칵테일 계량 및 단위	1. 칵테일 계량 및 단위

필기과목명	문제수	주요항목	세부항목	세부항목
		8. 주장관리	1. 주장의 개요	1. 주장의 개요
			2. 주장의 조직과 직무	1. 주장의 조직과 직무
			3. 주장 운영 관리	1. 구매 2. 검수 3. 저장과 출고 4. 바의 시설과 기물관리 5. 바의 경영관리
			4. 식품위생 및 관련법규	1. 위생적인 주류 취급 방법 2. 주류 판매 관련 법규
			5. 고객서비스	1. 테이블매너 2. 바 종사원의 자세 3. 주문받는 요령 4. 음료별 적정 서비스
		9. 술과 건강	1. 술과 건강	1. 술이 인체에 미치는 영향
		10. 고객서비스 영어	1. 음료	1. 양조주 2. 증류주 3. 혼성주 4. 칵테일 5. 비알콜성 음료 6. 전통주 7. 기타 주류 영어
			2. 주장 관련 영어	1. 주장 서비스 영어 2. 호텔외식관련 영어

출제기준(실기)

직무 분야	음식서비스	중직무 분야	조리	자격 종목	조주기능사	적용 기간	2013. 1. 1~ 2017. 12. 31

○ 직무내용 : 주류, 비주류, 다류 등 음료 전반에 대한 재료 및 제법의 지식을 바탕으로 칵테일을 조주하고 호텔과 외식업체의 주장관리, 고객관리, 고객서비스, 경영관리, 케이터링 등의 업무를 수행하는 직무

○ 수행준거 : 1. 숙련된 조주기법으로 칵테일에 필요한 알맞은 재료 및 도구를 선정할 수 있다.
     2. 칵테일의 제조에 필요한 레시피를 정확하게 숙지하여 칵테일을 만들 수 있다.
     3. 칵테일을 만드는 기구를 정확하게 사용할 수 있다.
     4. 고객에 대하여 최상의 서비스를 제공할 수 있다.
     5. 개인위생 및 주장위생을 위생적으로 관리할 수 있다.

실기검정방법	작업형	시험시간	7분 정도

필기과목명	주요항목	세부항목	세부항목
칵테일 조주 작업	1. 칵테일조주	1. 직접 넣기(Building)	1. 알맞은 글라스를 선택할 수 있다. 2. 알맞은 도구를 선정하여 능숙하게 다룰 수 있다. 3. 알맞은 양의 재료를 선택할 수 있다. 4. 정확한 순서로 만들 수 있다. 5. 알맞은 장식을 할 수 있다.
		2. 휘젓기(Stirring)	1. 알맞은 글라스를 선택할 수 있다. 2. 알맞은 도구를 선정하여 능숙하게 다룰 수 있다. 3. 알맞은 양의 재료를 선택할 수 있다. 4. 정확한 순서로 만들 수 있다. 5. 알맞은 장식을 할 수 있다.

필기과목명	주요항목	세부항목	세부항목
		3. 흔들기(Shaking)	1. 알맞은 글라스를 선택할 수 있다. 2. 알맞은 도구를 선정하여 능숙하게 다룰 수 있다. 3. 알맞은 양의 재료를 선택할 수 있다. 4. 정확한 순서로 만들 수 있다. 5. 알맞은 장식을 할 수 있다.
		4. 블렌딩(Blending)	1. 알맞은 글라스를 선택할 수 있다. 2. 알맞은 도구를 선정하여 능숙하게 다룰 수 있다. 3. 알맞은 양의 재료를 선택할 수 있다. 4. 정확한 순서로 만들 수 있다. 5. 알맞은 장식을 할 수 있다.
		5. 띄우기(Floating)	1. 알맞은 글라스를 선택할 수 있다. 2. 알맞은 도구를 선정하여 능숙하게 다룰 수 있다. 3. 알맞은 양의 재료를 선택할 수 있다. 4. 정확한 순서로 만들 수 있다. 5. 알맞은 장식을 할 수 있다.
		6. 프로즌칵테일(Frozen) 만들기	1. 알맞은 재료와 도구를 선정하여 프로즌(Frozen) 칵테일을 만들 수 있다.
		7. 프로스팅칵테일 (Frosting) 만들기	1. 알맞은 재료와 도구를 선정하여 프로스팅(Frosting) 칵테일을 만들 수 있다.
	2. 고객서비스	1. 바른 태도로 칵테일 만들기	1. 바른 태도로 칵테일을 만들 수 있다.
		2. 위생관리하기	1. 개인위생관리 및 주장위생관리를 할 수 있다.
		3. 복장관리하기	1. 칵테일 조주 및 서비스에 적합한 복장을 갖추어야 한다.
		4. 기타 서비스 제공	1. 서비스 마인드로 고객서비스를 제공할 수 있다.

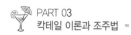
02 칵테일 레시피

ㅣ 위스키 베이스 칵테일

ㅣ. 맨해튼(Manhattan)	
Recipe	1) 버본위스키(Bourbon whisky) ·· 1½ oz 2) 스위트 버무스(Sweet Vermouth) ··· ¾ oz 3) 앙고스트라 비터(Angostra bitter) ·· 1dash
조 주 법	스터법(Stir)
글 라 스	칵테일글라스(Cocktail Glass)
장 식	체리장식(Cherry)
조주방법	믹싱 글라스에 얼음과 함께 재료를 넣고, bar spoon으로 스터법을 사용하여 조주한다. 다 만들어진 칵테일은 스트레이너를 사용하여 냉각시킨 칵테일글라스에 따르고 체리로 장식한다.
특 징	1) 깔끔한 맛을 느낄 수 있는 칵테일이다. 2) 맨해튼은 뉴욕시의 한 섬 이름이다.

2. 뉴욕(New York)

Recipe	1) 버본 위스키(Bourbon whisky) ·· $1\frac{1}{2}$ oz 2) 라임 주스(Lime juice) ··· 1/2 oz 3) 설탕 시럽 ··· 1 tps 4) 그레나딘 시럽(Grenadine syrup) ·· 1/2tps
조 주 법	쉐이크(Shake)
글 라 스	칵테일글라스(Cocktail Glass)
장 식	레몬 껍질을 나선형으로 만들어 장식(Twist lemon feel)
조주방법	위의 재료를 얼음과 함께 세이킹 하여 칵테일글라스에 따르고, 레몬 껍질을 나선형으로 만들어 장식하여 제공한다.
특 징	마천루가 무수히 솟아 있는 미국의 제2 도시인 뉴욕의 야경을 연상하게 하는 칵테일이다.

3. 올드 패션드(Old Fashioned)

Recipe	1) 버본 위스키(Bourbon whisky) ······················· 1oz
	2) 각설탕 ······················· 1개(Sugar 1 cube)
	3) 앙고스타라 비터(Angostra bitter) ······················· 1dash
	4) 소다수(Soda water) ······················· 1/2 oz
조 주 법	스터(Stir)
글 라 스	올드 패션드 글라스(Old fashioned Glass)
장 식	오렌지, 체리 장식
조주방법	1) 버본 위스키에 각설탕 한 개를 넣는다. 2) 비터를 넣어 위의 재료를 완전히 녹인다. 3) 위의 재료에 소다수를 넣어 바 스푼으로 저어준다. 4) 오렌지와 체리로 장식한다.
특 징	미국 켄터키 주, 루이스빌(Louisville)에 있는 펜더니스 클럽 바텐더가 경마 팬을 위해 만든 칵테일로서 그 당시 유행했던 토디(Toddy)와 맛과 형태가 유사하다 하여 '고풍스런' 이란 뜻의 올드 패션드라고 명명하였다. 위스키가 베이스인 남성적인 칵테일이다.

4. 위스키 사워(Whisky Sour)

Recipe	1) 버본 위스키(Bourbon whisky) ·· $1\frac{1}{2}$ oz 2) 레몬주스(Lemon juice) ··· 1/2 oz 3) 설탕 시럽 ··· 1tps 4) 소다수를 맨 위에(On the top Soda water) ·························· 1oz
조 주 법	쉐이크(Shake) + 빌드(Build)
글 라 스	사워 글라스(Sour glass)
장 식	레몬, 체리장식
조주방법	소다수를 제외한 재료를 셰이킹 하여 혼합하고, 냉각시킨 글라스에 칵테일을 부은 다음, 소다수로 잔을 채워준다. 이후 레몬과 체리를 사용하여 장식한다.
특 징	사워(sour)란 '시다'는 뜻으로서 레몬주스가 그 역할을 한다. 소다수, 진저에일 등은 탄산가스가 포함되어 있어 절대 셰이킹을 하면 안 된다.

5. 러스티 네일(Rusty Nail)

Recipe	1) 스카치 위스키(Scotch Whisky) ······························· $1\frac{1}{2}$ oz 2) 드람브이(Drambuie) ···································· 1/2 oz
조 주 법	빌드(Build)
글 라 스	올드 패션드 글라스(Old fashioned Glass)
장 식	
조주방법	위의 재료를 냉각 시킨 글라스에 부어서 만들어지는 칵테일이다.
특 징	1) 러스티 네일은 '녹이 슨 못'이란 뜻으로 오크통에 저장 숙성된 스카기 치 위스키의 특유의 색을 연상 시킨다. 2) 드람브이의 향이 풍부하고 꿀의 달콤한 맛이 강한 칵테일이다. 3) 식후용 칵테일이다.

② 브랜디 베이스 칵테일

Ⅰ. 브랜디 알렉산더(Brandy Alexander)	
Recipe	1) 브랜디(Brandy) ··· ⅔ oz 2) 크림 드 카카오(Creme de cacao(brown)) ················· ⅔ oz
조 주 법	쉐이크(Shake)
글 라 스	칵테일글라스(Cocktail Glass)
장　식	넛멕(nutmeg)
조주방법	위의 재료를 쉐이크에 넣고 잘 혼합하여 조주된 칵테일은 칵테일글라스에 붓고, 그 위에 넛멕 가루를 뿌려 제공한다.
특　징	이 칵테일은 영국의 국왕 에드워드 7세와 왕비 알렉산더의 결혼을 기념하기 위해 만든 칵테일로서 크림 맛이 부드럽게 입에 닿는 여성 취향의 칵테일이다. 넛맥은 비린내를 잡아주는 역할을 한다.

2. 사이드카(Sidecar)

Recipe	1) 브랜디(Brandy) ·· 1oz 2) 트리플 섹(Triple sec) ··· 1oz 3) 레몬주스(Lemon juice) ·· 1/2 oz
조 주 법	쉐이크(Shake)
글 라 스	칵테일글라스(Cocktail Glass)
장 식	
조주방법	쉐이크에 얼음과 함께 재료를 넣고 잘 섞고, 조주된 칵테일을 냉각된 글라스에 따른다.
특 징	1) 사이드카는 2차 세계 대전 때 독일군이 작은 1인용 자동차를 모토 사이클 옆에 부착하여 끌고 다니던 이동 수단을 의미한다. 프랑스의 점령한 독일군이 프랑스의 대표적인 특산품인 브랜디를 약탈할 때 사용되었다고 한다. 2) 브랜디의 풍부한 맛을 돋보이게 하는 칵테일이다.

③ 보드카 베이스 칵테일

	1. 블러디 메리(Bloody Mary)
Recipe	1) 보드카(Vodka) ··· 1oz 2) 토마토주스(Tomato Juice) ······································ 4oz 3) 레몬주스(Lemon Juice) ··· $\frac{1}{4}$ oz 4) 타바스코소스(Tabasco Sauce) ······························· 2 dash 5) 우스터스소스(Worcestershire sauce) ··················· 2 dash 6) 후추(Pepper) ·· 2 dash 7) 소금(Salt) ··· 2 dash
조 주 법	빌드법(Build)
글 라 스	텀블러글라스(Tumbler Glass)
장 식	머들러(Muddler) 제공
조주방법	위의 재료를 텀블러에 넣고 바 스푼으로 가볍게 섞어주고, 토마토 주스로 잔을 채우고, 머들러로 장식을 한다.
특 징	1) 이 칵테일은 '피의 메리'란 뜻으로 그 유래가 다양하지만 널리 알려진 이야기는 다음과 같다. 영국의 '헨리 8세'는 자신의 형수인 왕비를 폐위시키고, 시녀를 왕비로 맞이하기 위해 영국의 종교인 가톨릭에서 파문을 당하게 된다. 이후 헨리 8세는 '성공회'를 만들어 종교의 수장이 되어, 가톨릭교도를 탄압하게 된다. 그의 죽음 이후 첫 번째 왕비와의 사이에서 낳은 '메리' 공주가 왕위를 계승하면서 가톨릭을 다시 국교로 삼아 성공회 신자들을 많이 죽이게 된 것에서 비롯되어졌다고도 한다. 2) 미국에 금주법이 시행되었던 1920년에서 1933년까지 널리 유행했던 칵테일이다. 당시 토마토 주스에 무색인 진을 섞어 〈블러디 샘〉이란 칵테일로 마셨던 것이 시초이다.

2. 블랙 러시안(Black Russian)

Recipe	1) 보드카(Vodka) ··· 1⅓oz 2) 깔루아(Kahlua) ··· ⅔oz
조 주 법	빌드(Build)
글 라 스	올드패션글라스(Old Fashioned Glass)
장 식	
조주방법	글라스에 얼음과 재료를 넣고 잘 젓는다.
특 징	달콤한 커피 맛을 즐길 수 있는 식후용 칵테일로서, 러시아를 대표하는 술인 보드카를 사용하여 만들어진다.

3. 키스 오브 파이어(Kiss of Fire)

Recipe	1) 보드카(Vodka) ⋯⋯⋯⋯⋯⋯⋯⋯⋯⋯⋯⋯⋯⋯⋯⋯⋯ ⅔oz
	2) 슬로우진(Sloe Gin) ⋯⋯⋯⋯⋯⋯⋯⋯⋯⋯⋯⋯⋯⋯⋯ ⅔oz
	3) 드라이 버무스(Dry Vermouth) ⋯⋯⋯⋯⋯⋯⋯⋯⋯⋯ ⅔oz
	4) 레몬주스(Lemon Juice) ⋯⋯⋯⋯⋯⋯⋯⋯⋯⋯⋯⋯ 2 dash
조 주 법	쉐이크(Shake)
글 라 스	칵테일글라스(Cocktail Glass)
장 식	설탕 프로스트(Sugar frost)
조주방법	먼저 오렌지 껍질에서 나오는 오일 성분을 글라스 림(rim)에 묻히고 난 다음, 접시에 평평하게 만든 설탕을 글라스 눌러 골고루 묻히게 한다. 그 다음 쉐이크에 얼음과 함께 재료들을 넣고 혼합한 다음 글라스에 따른다.
특 징	1) 이 칵테일은 '정열의 키스'란 뜻으로 달콤한 맛을 상징하는 설탕을 글라스 가장자리에 묻히고, 칵테일과 같이 마시면 단맛과 레몬과 드라이 버무스의 신맛이 조화롭게 잘 어울린다. 2) 항상 마실 수 있는 상시용 칵테일이다.

4. 코즈모폴리턴(Cosmopolitan)

Recipe	1) 보드카(Vodka) ··· ⅔oz
	2) 슬로우진(Sloe Gin) ··· ⅔oz
	3) 드라이 버무스(Dry Vermouth) ·································· ⅔oz
	4) 레몬주스(Lemon Juice) ··· 2 dash
조 주 법	쉐이크(Shake)
글 라 스	칵테일글라스(Cocktail Glass)
장 식	
조주방법	위의 재료를 쉐이크에 넣고 잘 혼합한 다음 칵테일글라스에 부어준다.
특 징	코즈모폴리턴은 '세계인'을 뜻한다. 이 칵테일은 도시적이며 세련된 맛을 지니고 있다. 또한 '섹스 앤 시티'란 미국 드라마에서 자주 나왔던 칵테일이다.

5. 시 브리즈(Sea Breeze)

Recipe	1) 보드카(Vodka) ·· 1½ oz 2) 크랜베리 주스(Cranberry juice) ································ 3oz 3) 자몽 주스(Grapefruit juice) ································· ½ oz
조 주 법	빌드(Build)
글 라 스	하이볼 글라스(High ball glass)
장 식	레몬, 라임
조주방법	위의 재료를 하이볼 글라스에 넣고 바 스푼으로 잘 섞어주고, 레몬과 라임으로 장식한다.
특 징	시 브리즈는 '바다에서 불어오는 바람'을 뜻하는 것으로서 크린베리 주스와 자몽 주스가 노을 지는 바다를 연상하게 한다. 1920년대 만들어진 칵테일로 '프렌치키스'에서 주인공인 '맥 라이언'이 프랑스 칸느 해변을 거닐면서 마신 칵테일이다.

6. 애플 마티니(Apple Martini)

Recipe	1) 보드카(Vodka) ·· 1 oz
	2) 애플 퍼(Apple Pucker) ································· 1 oz
	3) 라임 주스(Lime juice)····································· $\frac{1}{2}$ oz
조 주 법	쉐이크(shake)
글 라 스	칵테일글라스(Cocktail glass)
장 식	사과를 잘게 슬라이스 해서 장식
조주방법	위의 재료를 쉐이크에 넣고 잘 혼합해주고, 칵테일글라스에 부어준다. 사과를 잘게 슬라이스 해서 장식한다.
특 징	위에서 사용된 애플 퍼은 사과를 사용하여 만든 리큐르의 일종으로 가격이 저렴하여 칵테일 바에서 많이 사용되어진다.

7. 모스크바의 노새(Moscow Mule)

Recipe	1) 보드카(Vodka) ·· $1\frac{1}{2}$ oz 2) 라임 주스(Lime juice) ··· $\frac{1}{2}$ oz 3) 진저에일로 잔 채우기(Fill with ginger ale)
조 주 법	빌드(Build)
글 라 스	하이볼 글라스(Highball glass)
장　식	레몬, 라임
조주방법	하이볼 글라스에 진저에일을 제외한 재료를 넣고 잘 젓고, 진저에일로 나머지 잔을 채운다. 레몬과 라임으로 장식하여 고객에게 제공한다.
특　징	이 칵테일은 산뜻한 라임 주스의 맛과 생강향이 나는 진저에일이 잘 어울리는 칵테일이다. 1917년 이후 보드카가 미국에서 생산되기 시작되면서부터 무색, 무미, 무취의 특징을 가진 보드카가 칵테일의 주재료로 사용되면서 세계적인 술로 널리 알려지게 되었다.

8. 하비 웰벵거(Harvey Wallbanger)

Recipe	1) 보드카(Vodka) ··· 1 oz
	2) 갈리아노(Galiiano) ··· $\frac{1}{2}$ oz
	3) 오렌지 주스(Orange juice) ·································· 4 oz
조 주 법	빌드(Build)+ 플롯(Float)
글 라 스	칼린스 글라스(Collins glass)
장 식	
조주방법	1) 칼린스 글라스에 얼음과 함께 보드카를 넣는다. 2) 오렌지 주스로 잔을 채운다. 3) 스푼으로 가볍게 젓는다. 4) 갈리아노를 위에 띄운다.
특 징	이 칵테일의 캘리포니아의 서퍼 이었던 하비(Harvey)가 경기에서 지고 우울한 마을을 달래기 위해 마셨는데, 술에 취해 벽에 머리를 쿵쿵 박았다는 데서 유래되었다.

9. 롱 아일랜드 아이스 티(Long Island Ice tea)

Recipe	1) 보드카(Vodka) .... $\frac{1}{2}$ oz
	2) 데킬라(Tequila) .... $1\frac{1}{4}$ oz
	3) 드라이 진(Gin) .... $\frac{1}{4}$ oz
	4) 라이트 럼(Light Rum) .... $\frac{1}{4}$ oz
	5) 트리플 섹(Tripe sec) .... $\frac{1}{4}$ oz
	6) 스위트 & 사워 믹스(Sweet& Sour mix) .... $1\frac{1}{2}$ oz
	7) 콜라를 글라스 제일 윗부분에 붓기) Top with Cola
조 주 법	빌드(build)
글 라 스	칼린스 글라스(Collins glass)
장 식	레몬, 라임
조주방법	글라스에 얼음을 넣고 위의 재료 중 콜라를 뺀 나머지 재료를 넣고 혼합한 다음, 콜라로 글라스의 8부까지 채워 바 스푼으로 2-3회 가볍게 저어준다. 레몬 또는 라임으로 장식하여 고객에게 제공한다.
특 징	이 칵테일은 홍차를 넣지 않고도 홍차의 맛과 색이 나타나 '마법의 칵테일'로 불린다. 다양한 유래를 가지고 있지만 가장 잘 알려진 것은 1980년대 초 미국 롱아일랜드 한 바의 바텐더에 의해 만들어졌다는 설이다.

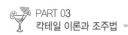

4 럼 베이스 칵테일

I. 바카디(Bacardi)	
Recipe	1) 바카디 럼(Bacardi Rum) ·· 1½ oz 2) 라임 주스(Lime juice) ··· 1/2 oz 3) 그레나딘 시럽(Grenadine syrup) ····································· 1 tps
조 주 법	쉐이크(shake)
글 라 스	칵테일글라스(Cocktail glass)
장 식	
조주방법	쉐이크에 얼음을 넣고, 위의 모든 재료를 넣고 셰이킹 해준다. 냉각해둔 칵테일글라스의 얼음을 제거하고 혼합된 내용물을 칵테일글라스에 따라서 고객에게 제공한다.
특 징	1930년대 미국에서 시행된 금주법을 폐지한후 바카디 사가 자사의 럼을 판매촉진용으로 사용하기 위해 다이퀴리를 개량하여 만든 칵테일이다.

2. 다이쿼리(Daiquiri)

Recipe	1) 라이트 럼(Light Rum) ⋯⋯⋯⋯⋯⋯⋯⋯⋯⋯⋯⋯ $1\frac{1}{2}$ oz 2) 라임 주스(Lime juice) ⋯⋯⋯⋯⋯⋯⋯⋯⋯⋯⋯⋯ 1/2 oz 3) 설탕 시럽(Powder sugar) ⋯⋯⋯⋯⋯⋯⋯⋯⋯⋯⋯⋯ 1tps
조 주 법	쉐이크(shake)
글 라 스	칵테일글라스(Cocktail glass)
장 식	
조주방법	위의 재료를 쉐이크에 넣고 재료가 잘 섞이도록 혼합한 다음 잘 냉각된 칵테일글라스에 따른다.
특 징	이것은 럼을 베이스로 하는 칵테일 중 가장 대표적인 칵테일로 다이쿼리는 쿠바의 근교에 있는 광산 이름이다.

3. 쿠바 리브레(Cuba Libre)

Recipe	1) 라이트 럼(Light Rum) ·· $1\frac{1}{2}$ oz 2) 라임 주스(Lime juice)·· 1/2 oz 3) 소다수로 잔 채우기(Fill with club soda)
조 주 법	빌드(build)
글 라 스	하이볼 글라스(Highball glass)
장 식	레몬을 슬라이스 해서 장식
조주방법	글라스에 소다수를 뺀 나머지 재료를 넣고 잘 혼합한 다음 소다수로 잔의 8부 까지 채우고 2-3번 잘 섞어, 레몬을 슬라이스 해서 고객에게 제공한다.
특 징	이 칵테일은 '쿠바여 만세'라는 뜻을 지닌 칵테일로 1902년 스페인의 식민지였던 쿠바가 독립을 기념 하여 만들었다고 한다.

4. 마이-타이(Mai-Tai)

Recipe	1) 라이트 럼(Light Rum) · 1 oz
	2) 트리플 섹(Triple sec) · $\frac{3}{4}$ oz
	3) 설탕 시럽(Powder sugar) · 1tps
	4) 오렌지 주스(Orange juice) · 1tps
	5) 파인애플 주스(Pineapple juice) · 1tps
	6) 라임 주스(Lime juice) · 1tps
	7) 그레나딘 시럽(Grenadine syrup) · 1 dash
	8) 다크 럼(Dark Rum) · 1 dash
조 주 법	쉐이크(shake)
글 라 스	올드 패션드 글라스(Old fashioned glass)
장 식	체리 & 파인애플 장식
조주방법	위의 재료를 쉐이크에 넣고 10-12회 정도 잘 혼합한 다음 냉각된 글라스에 붓고, 체이와 파인애플로 장식하여 고객에게 제공한다.
특 징	마이타이는 '최고'란 뜻의 태국어로 호주의 식당 사장인 바지로가 고안한 칵테일이다.

5. 피나 콜라다(Pina Colada)	
Recipe	1) 라이트 럼(Light Rum) ·· 1 oz 2) 피나 콜라다 믹스(Pina Colada Mix) ·································· 2 oz 3) 파인애플 주스(Pineapple juice) ·· 2oz
조 주 법	블렌더(blend)
글 라 스	필스너 글라스(Pilsner glass)
장 식	파인애플 & 체리 장식
조주방법	글라스를 냉각하고, 위의 재료들을 블렌더(믹서기)에 넣고 잘 간 다음 글라스에 따라 파인애플과 체리로 장식한다.
특 징	이 칵테일은 1970년대 미국에서 유행했던 대표적인 열대성 칵테일(tropical cocktail)이다.

6. 블루 하와이언(Blue Hawaiian)

Recipe	1) 라이트 럼(Light Rum) ··· 1 oz
	2) 블루 큐라소(Blue Curacao) ····································· 1 oz
	3) 코코넛 향이 가미된 럼(Coconut flavored rum) ·············· 1/2 oz
	4) 파인애플 주스(Pineapple juice) ······························ $2\frac{1}{2}$ oz
조 주 법	블렌드(Blend)
글 라 스	다리가 있는 필스너 글라스(Footed pilsner glass)
장 식	파인애플 & 체리를 장식
조주방법	글라스를 냉각 시킨 다음 위의 재료를 블렌더에 넣고 잘 섞어준 다음 파인애플과 체리를 장식하여 고객에게 제공한다.
특 징	블루 큐라소가 하와이의 푸른 바다를 연상하게 하는 열대성 칵테일이다.

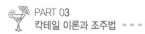

5 드라이 진 베이스 칵테일

I. 드라이 마티니(Dry Martini)	
Recipe	1) 드라이 진(Dry Gin) ··· 2oz 2) 드라이 버무스(Dry Vermouth) ································· ⅓oz
조 주 법	스터(stir)
글 라 스	칵테일글라스(Cocktail glass)
장 식	올리브
조주방법	칵테일글라스에 얼음을 넣어 냉각시켜 둔다. 믹싱글라스(mixing glass)에 위의 재료를 넣고 스터를 해준다. 스터를 할 경우는 믹싱글라스 벽면을 따라 바 스푼을 12번 정도 돌려서 재료들이 잘 혼합되게 해준다. 글라스의 얼음을 버리고 잘 혼합된 칵테일을 글라스에 따르고 난 다음 올리브로 장식을 해 준다.
특 징	미국의 유명한 소설과 헤밍웨이가 즐겨 마셨다는 칵테일로 쓴맛이 강해 식전에 먹으면 좋다.

2. 네그로니(Negroni)

Recipe	1) 드라이 진(Dry Gin) ···································· $\frac{3}{4}$ OZ
	2) 캄파리(Camari) ···································· $\frac{3}{4}$ OZ
	3) 스위트 버무스(Sweet Vermouth) ···················· $\frac{3}{4}$ OZ
조 주 법	빌드(Build)
글 라 스	올드 패션드 글라스(Old Fashioned glass)
장 식	레몬 껍질을 나선형으로 만들기(Twisted lemon feel)
조주방법	위의 재료를 글라스에 바로 투입하여 잘 섞어준 다음 레몬 껍질을 나선형으로 만들어 고객에게 제공한다.
특 징	네그로니는 이 칵테일을 즐겨 마시던 이탈리아 백작인 카밀로 네그로니의 이름을 따서 명명하였다.

3. 싱가포르 슬링(Singapore Sling)

Recipe	1) 드라이 진(Dry Gin) ·· 1oz 2) 레몬주스(Lemon juice) ··· 1/2 oz 3) 설탕 시럽 ··· 1tsp 4) 소다수로 잔 채우기(Fill with club soda) 5) 체리 브랜드(Cherry brandy) ·· 1/2 oz
조 주 법	쉐이크 + 빌드
글 라 스	칼린스 글라스(Collins glass)
장 식	오렌지+ 체리
조주방법	글라스를 냉각 시킨 다음, 쉐이크에 소다수와 체리 브랜드를 제외한 나머지 재료들을 넣고 잘 혼합해준다. 글라스에 혼합된 재료들을 따르고 소다수로 잔을 채우고, 체리향이 가미된 브랜디를 맨 윗부분에 따른다. 그 다음 바 스푼을 이용하여 한두 번 정도 잘 섞어주고, 오렌지와 체리로 장식한 다음 고객에게 제공한다.
특 징	싱가포르의 래플리스 호텔에서 만들어진 칵테일로 싱가포르의 저녁노을을 표현하였다.

6 데킬라 베이스 칵테일

	1. 데킬라 선라이즈(Tequila Sunrise)	
Recipe	1) 데킬라(Tequila) ·· 1½ oz 2) 오렌지 주스로 잔 채우지(Fill with Orange Juice) 3) 그레나딘 시럽(Grenadine syrup) ······························· ½ oz	
조 주 법	빌드(Build)+ 플롯(Float)	
글 라 스	하이볼 글라스(Highball glass)	
장 식		
조주방법	데킬라를 넣고, 오렌지 주스로 잔을 채운다음 바 스푼으로 아래위로 두 번 정도 휘휘 저어준다. 그레나딘 시럽을 용량대로 계량한 후 바 스푼을 뒤로 하여 뒷면으로 그레나딘 시럽이 글라스 면을 따라 내려가게 살살 따른 후 고객에게 제공한다.	
특 징	이 칵테일은 마치 태양이 떠오르는 멕시코의 붉은 하늘을 연상하게 하는 칵테일이다.	

2. 마가리타(Margarita)

Recipe	1) 데킬라(Tequila) ··· $1\frac{1}{2}$ oz
	2) 트리플 섹(Triple sec) ··· $\frac{1}{2}$ oz
	3) 라임 주스(Lime juice) ·· $\frac{1}{2}$ oz
조 주 법	쉐이크
글 라 스	칵테일글라스(Cocktail glass)
장 식	글라스 가장자리에 소금 묻히기(Salt rimmed)
조주방법	글라스를 살살 돌려 가장 자리에 레몬 껍질에 있는 기름 성분이 묻게 한 다음, 글라스를 거꾸로 들어 글라스 가장자리에 소금이 잘 묻게 꾹 누른다. 쉐이크에 위의 재료를 넣고 잘 혼합해주고 난 다음 소금이 묻힌 글라스에 조심스럽게 8부 따른 다음 고객에게 제공한다.
특 징	이 칵테일은 1949년 전미 칵테일 경연대회에 참가한 바텐더가 총기 오발 사고로 죽은 그의 연인' 마르가리타'를 위해 만든 작품이다. 데킬라는 멕시코가 원산지로 멕시코의 기후 조건 때문에 많은 땀을 흘리게 되어 염분을 보충하기 위해 소금으로 글라스를 림하여 제공하는 것이다.

7 와인 베이스 칵테일

I. 키르(Kir)		
Recipe	1) 화이트 와인(White wine) ·································· 3oz 2) 크림 드 카시스(Creme de Casis) ····················· $1\frac{1}{2}$ oz	
조 주 법	빌드	
글 라 스	화이트 와인글라스(White wine glass)	
장 식	레몬 껍질을 나선형으로 만들어 장식(Twist lemon peel)	
조주방법	냉각된 글라스에 위의 재료를 부은 다음 바 스푼으로 한두 번 아래위로 휘휘 저어준다. 그 후 레몬 껍질을 나선형으로 만들어 장식하여 고객에게 제공한다.	
특 징	화이트 와인의 풍미와 딸기의 일종인 카시스의 향기와 단맛이 어우러져 식전주로 마시면 좋은 칵테일이다.	

8 혼성주 베이스 칵테일

I. 슬로우 진피즈(Sloe Gin Fizz)	
Recipe	1) 슬로우 진(Sloe gin) ·· 1½ oz 2) 레몬주스(Lemon juice) ··· ½ oz 3) 설탕시럽 ··· 1tps 4) 소다수로 잔 채우기(Fill with club soda)
조 주 법	쉐이크(Shake) + 빌드(Build)
글 라 스	하이볼 글라스(Highball glass)
장 식	레몬 슬라이스(Slice lemon)
조주방법	쉐이크에 소다수를 제외한 재료들을 넣고 잘 혼합해 준다. 글라스의 얼음을 버리고 소다수로 8부 정도 글라스를 채워 준 후, 한두 번 아래위로 잘 저어준다. 레몬을 슬라이스 하여 장식하여 고객에게 제공한다.
특 징	Sloe Gin은 딸기의 일종인 Sloe Berry를 진에 넣어 만든 리큐르로서 연붉은 장미의 색을 띠고 있다. 피즈(Fizz)는 탄산수 병의 뚜껑을 열면 '피식'이라는 소리가 나는데서 유래한 칵테일의 한 유형으로 소다수로 잔을 채움으로서 청량감을 제공해주는 칵테일이다.

2. 그래스 호퍼(Grasshopper)

Recipe	1) 크림 드 멘트(그린: Creme de Menthe)(G) ·························· 1oz 2) 크림 드 카카오(화이트 ; Creme de cacao(W) ·························· 1oz 3) 우유
조 주 법	쉐이크(Shake)
글 라 스	샴페인 글라스(Champagne glass)
장 식	
조주방법	글라스를 냉각한 후, 위의 재료들을 쉐이크에 넣고 잘 혼합한다. 우유가 들어가게 되면 다른 재료와 잘 섞이지 않기 때문에 평소 12번 정도 셰이킹 하던 것을 배로 늘려 24번 정도 셰이킹하는 것이 좋다. 잘 혼합된 재료들을 글라스에 따른 후 고객에게 제공한다.
특 징	이 칵테일은 청메뚜기를 의미한다. 특히 크림이 포함된 멘트(청량감을 준다)와 카카오(달콤한 맛)로 인해 식후 디저트용으로 적합하다.

3 . B-52

Recipe	1) 커피 리큐르(Coffee liquer) ⋯⋯⋯⋯⋯⋯⋯⋯⋯⋯⋯⋯⋯ ⅓ part
	2) 베일리스 아이리시 크림(Bailey's Irish Cream) ⋯⋯⋯⋯⋯ ⅓ part
	3) 그랑 마니에르(Grand Manier) ⋯⋯⋯⋯⋯⋯⋯⋯⋯⋯⋯⋯⋯ ⅓ part
조 주 법	플로트(Float)
글 라 스	쉐리 글라스(Sherry glass)
장 식	
조주방법	쉐리 글라스에 각 재료들을 계량하여 플로트 해준 후 고객에게 제공한다.
특 징	B-52는 이라크 전에 참전한 미국 전략폭격기의 이름으로 달콤한 맛을 내는 리큐르를 사용하지만 도수가 26도로 높아 순식간에 취하게 되는 칵테일이다.

4. 푸즈 까페(Pouse Café)

Recipe	1) 그레나딘 시럽(Grenadine syrup) ··· ⅓ part
	2) 크림 드 멘트(그린; Creme de Menthe(G) ·································· ⅓ part
	3) 브랜디(Brandy) ··· ⅓ part
조 주 법	플로트(Float)
글 라 스	다리가 있는 리큐르 글라스(Stemmed liquer glass)
장　　식	
조주방법	글라스에 위의 재료를 계량한 후 플로트 하여 고객에게 제공한다.
특　　징	술의 무게차이를 이용하여 층층이 쌓는 기법으로 무거운 리큐르는 아래쪽으로, 가벼운 증류주는 위쪽으로 쌓이게 되면서 층이 분리되어진다. 이 칵테일은 한 번에 다 마셔서 입속에서 섞어 마시는 것이 묘미이다.

5. 허니문 (Honeymoon)

Recipe	
	1) 애플 브랜디(Apple Brandy) ··· $\frac{3}{4}$ oz
	2) 베네딕틴(Benedictine) ··· $\frac{3}{4}$ oz
	3) 레몬주스(Lemon juice) ·· 1/2 oz
	4) 트리플 섹(Triple sec) ·· 1 tps
조 주 법	쉐이크(Shake)
글 라 스	칵테일글라스(Cocktail Glass)
장 식	
조주방법	쉐이크에 얼음과 함께 재료를 넣고 잘 혼합하여, 냉각된 글라스에 따른다.
특 징	허니문은 달콤한 '밀월여행'을 뜻하고 사과 향이 가미된 브랜디와 리큐르 중 최고의 품질을 자랑하는 베네딕틴이 들어가 신혼의 분위기를 잘 나타낸 다고 한다.

6. 애프리콧 칵테일(Apricot Cocktail)

Recipe	1) 살구 향이 가미된 브랜디(Apricot flavored Brandy) ················· 1/2 oz 2) 드라이 진(Dry Gin) ··· 1 tps 3) 레몬주스(Lemon juice) ···································· 1/2 oz 4) 오렌지 주스(Orange juice) ································ 1/2 oz
조 주 법	쉐이크(Shake)
글 라 스	칵테일글라스(Cocktail Glass)
장 식	
조주방법	쉐이크에 얼음과 함께 재료를 넣고 잘 혼합하여, 냉각된 글라스에 따른 후 고객에게 제공한다.
특 징	살구 향이 첨가된 브랜디가 주재료 신선한 주스류를 많이 사용한 칵테일로서 누구나 무난하게 마실 수 있다.

7. 준 벅(June Bug)

Recipe	1) 멜론 리큐르(melon liquer) ··· 1 oz
	2) 코코넛 향이 가미된 럼(Coconut flavored rum) ···················· 1/2 oz
	3) 바나나 리큐르(Banana liquer) ······································· 1/2 oz
	4) 파인애플 주스(Pineapple juice) ·· 2 oz
	5) 스위트 & 사워 믹스(Sweet&Sour mix) ································· 2 oz
조 주 법	쉐이크(Shake)
글 라 스	칼린스 글라스(Collins Glass)
장 식	파인애플 & 체리
조주방법	쉐이크에 얼음과 함께 재료를 넣고 잘 혼합하여, 냉각된 글라스의 얼음을 버리고 따른 후 파인애플과 체리로 장식한 후 고객에게 제공한다.
특 징	June Bug은 '6월의 벌레'라는 의미로 초록의 색상이 연두색 벌레를 연상하게 하는 칵테일이다. 도수가 그리 높지 않아 여성들이 즐겨 찾는 칵테일 중 하나이다.

9 전통주 베이스 칵테일

	I. 힐링(Healing)	
Recipe	1) 감홍로(Gamhonro) 40도- ·································	1½ oz
	2) 베네딕틴(Benedictine) ·································	⅓ oz
	3) 크림 드 카시스(Cream de Casis) ·················	⅓ oz
	4) 스위트 & 사워 믹스(Sweet& Sour mix)	
조 주 법	쉐이크(Shake)	
글 라 스	칵테일글라스(Cocktail glass)	
장　식	레몬 껍질을 나선형으로 만들어 장식(Twist lemon peel)	
조주방법	글라스를 잘 냉각 시킨 후 위의 재료들을 쉐이크에 넣고 잘 혼합한 다음 글라스의 얼음을 버리고 따른다. 레몬 껍질을 나선형으로 만들어 장식한 후 고객에게 제공한다.	
특　징	감홍로는 평양을 중심으로 한 관서지바의 특산품으로서 소주를 세 번 증류한 후 벌꿀을 넣고 지초(芝草)를 넣어 착색 시킨 술로서 붉은 빛을 띠게 된다. 지초는 소염 성분이 있는 풀로서 붉은 색을 낸다.	

2. 진도(Jindo)

Recipe	1) 진도홍주(jindo Hongju) 40도 ·· 1oz
	2) 크림 드 멘트(화이트: Creme de Menthe(W) ······················· $\frac{1}{2}$ oz
	3) 청포도 주스(White grape juice) ·································· $\frac{3}{4}$oz
	4) 라즈베리 시럽(Raspberry syrup ½oz
조 주 법	쉐이크(shake)
글 라 스	칵테일글라스(Cocktail glass)
장 식	
조주방법	쉐이크에 위의 재료를 넣고 잘 혼합한 후 냉각된 글라스에 따른 후 고객에게 제공한다.
특 징	진도 홍주는 전라남도 진도 지역에서 나는 특산품으로서 쌀과 보리를 이용해 빚은 발효주를 증류할 때 지초를 침출시켜 술에 녹아들게 하여 빚는다.

3. 풋사랑(Puppy Love)

Recipe	1) 안동소주(Andong Soju) 35도 ·· 1oz 2) 트리플 섹(Triple Sec) ··· ⅓ oz 3) 애플 퍼(Apple Pucker) ·· 1oz 4) 라임주스(Lime juice) ··· ⅓ oz
조 주 법	쉐이크(Shake)
글 라 스	칵테일글라스(Cocktail glass)
장 식	사과 슬라이스 해서 장식(A slice of apple)
조주방법	위의 재료들을 쉐이크에 넣고 잘 혼합한 다음 냉각된 글라스에 따른 후 사과를 슬라이스 해 장식하고 고객에게 제공한다.
특 징	안동 소주는 경상북도 안동 지역에서 좋은 물과 쌀로서 오랜 기간 숙성시켜 만드는 증류주로 감칠맛과 은은한 향이 일품일 우리나라 3대 명주 중 하나이다. 풋 사랑은 갓 사랑을 시작한 청소년들의 풋풋한 사랑을 표현하는 것으로서 위의 재료들이 지닌 색상이 파릇파릇한 풋사랑을 잘 나타내준다.

4. 금산(Geumsan)

Recipe	1) 금삼인삼주(Geumsan Insamju) 43도 ································· 1½ oz
	2) 커피 리큐르(Coffee Liquer; Kahlua) ······························ ½ oz
	3) 애플 퍽(Apple Pucker) ··· ½ oz
	4) 라임 주스(Lime juice) ·· 1tsp
조 주 법	쉐이크(Shake)
글 라 스	칵테일글라스(Cocktail glass)
장 식	
조주방법	위의 재료들을 쉐이크에 넣고 잘 혼합해준 후 냉각된 글라스에 따라 고객에게 제공해준다.
특 징	금산인삼주는 충청남도 금산의 특산물인 인삼을 발효후 증류과정을 거쳐 빚은 증류주로서 오랜 기간 보관할수록 깊고 깨끗한 맛을 지니게 된다.

5. 고창(Gochang)

Recipe	1) 선운사 복분자 주(Sunwoonsan Bokbunja wine) ·········· 2oz
	2) 트리플 섹(Triple Sec) ·········· 2oz
	3) 스프라이트(Sprite) ·········· 2oz
조 주 법	스터(Stir)/빌드(Build)
글 라 스	튤립 형 샴페인 글라스(Flute Champagne Glass)
장 식	
조주방법	스프라이트를 제외한 재료들을 믹싱 글라스에 넣고 바 스푼으로 저어준다. 글라스에 스트레이너를 사용하여 내용물만 글라스에 담고 스프라이트를 계량해 넣은 후 고객에게 제공해준다.
특 징	복분자는 검은 딸기를 먹고 난후 아이가 소변을 보면 요강이 뒤집어 진 데서 유래한다. 복분자에는 여러 가지 효능이 있는데 가장 잘 알려진 것은 복분자에 포함된 폴리페놀이 기력을 강화시켜 정력 강화에 도움이 된다는 것이다. 또한 안토시아닌 성분이 피부를 곱게 하여 여성에게도 좋고, 눈을 밝게 해준다고 한다. 그 외 항암효과도 있다.

03 기출문제

조주기능사 필기시험은 총 60문항이 출제되며, 60점 이상을 넘으면 통과할 수 있다.

 조주기능사 필기 기출문제　　(2011.02.13)

1. 다음 중 저장 숙성(Aging)시키지 않는 증류주는?

① Scotch Whisky　　② Brandy　　③ Vodka　　④ Bourbon Whisky

2. 다음 증류주 중에서 곡류의 전분을 원료로 하지 않는 것은?

① 진(gin)　　② 럼(Rum)　　③ 보드카(Vodka)　　④ 위스키(Whisky)

3. 다음 중 레몬(lemon)이나 오렌지 슬라이스(Orange Slice)와 체리(Red Cherry)를 장식하여 제공되는 칵테일은?

① Tom Collins　　② Martini　　③ Rusty Nail　　④ Black Russian

4. Daiquiri Frozen의 주재료와 부재료는 어느 것인가?

① Grenadine syrup과 Lime juice　　② Vodka와 Lime juice

③ Rum과 Lime juice　　④ Brandy와 Grenadine syrup

5. 다음 리큐르(liqueur)중 베일리스가 생산되는 곳은?

① 스코틀랜드　　　② 아일랜드　　　③ 잉글랜드　　　④ 뉴질랜드

6. 위스키(Whisky)를 그대로 마시기 위해 만들어진 스트레이트 글라스(Straight glass)의 용량은?

① 1~2 온스　　　② 4~5 온스　　　③ 6~7 온스　　　④ 8~9 온스

7. 다음 중 우리나라의 전통주가 아닌 것은?

① 소흥주　　　② 소곡주　　　③ 문배주　　　④ 경주법주

8. 다음 중 양조주(Fermented Liquer)에 포함되지 않는 것은?

① 와인　　　② 맥주　　　③ 막걸리　　　④ 진

9. 호크(Hock) 와인이란?

① 독일 라인산 화이트와인　　　② 프랑스 버건디산 화이트와인

③ 스페인산 호크하임엘산 레드와인　　　④ 이탈리아 피에몬테산 레드와인

10. 양조주에 대한 설명으로 옳은 것은?

① 당질 또는 전분질 원료에 효모를 첨가하여 발효 시켜 만든 술이다.

② 발효주에 열을 가하여 증류하여 만든다.

③ Amaretto, Drambuie, Cointreau 등은 양조주에 속한다.

④ 증류주 등에 초근, 목피, 향료, 과즙, 당분을 첨가하여 만든 술이다.

11. 와인(Wine)의 빈티지(Vintage)설명을 올바르게 한 것은?

① 포도의 수확년도를 가리키는 것으로 병의 라벨 에 표기되어 있다.

② 와인 숙성시키는 기간을 의미하고 병의 라벨에 표기되어 있다.

③ 와인을 발효시키는 기간과 첨가물을 의미한다.

④ 와인의 향과 맛을 나타내는 것으로 병의 라벨 에 표기되어 있다.

12. 다음 중 발포성포도주가 아닌 것은?

① Vin Mousseux   ② Vin Rouge   ③ Sekt   ④ Spumante

13. 와인 제조용 포도 재배 시 일조량이 부족한 경우의 해결책은?

① 알코올분 제거   ② 황산구리 살포

③ 물 첨가하기   ④ 발효 시 포도즙에 설탕을 첨가

14. Rob Roy를 조주할 때는 일반 적으로 어떤 술을 사용 하는가?

① Rye Whisky   ② Bourbon Whisky

③ Canadian Whisky   ④ Scotch Whisky

15. 포도주(Wine)의 용도별 분류가 바르게 된 것은?

① 백(White Wine)포도주, 적(Red)포도주, 녹색(Green)포도주

② 감미(Sweet)포도주, 산미(Dry)포도주

③ 식전포도주(Aperitif Wine), 식탁포도주(Table Wine),식후포도주(Dessert Wine)

④ 발포성 포도주(Sparkling Wine), 비발포성 포도 주(Still Wine)

16. 비중이 서로 다른 술을 섞이지 않고 띄워서 여러 가지 색상을 음미할 수 있는 칵테일은?

① 프라페(Frappe)   ② 슬링(Sling)

③ 피즈(Fizz)   ④ 포즈카페(Pousse Cafe)

17. 다음 레시피(Recipe)의 칵테일 명으로 올바른 것은?

Dry Gin 1½oz - Lime Juice 1oz -Powder Sugar 1tsp

① Gimlet Cocktail ② Stinger Cocktail ③ Dry Gin   ④ Manhattan

18. 식사 중 생선(Fish)코스에 주로 곁들여 지는 술은?

① 크림 셰리(Cream Sherry)   ② 레드 와인(Red Wine)

③ 포트 와인(Port wine)   ④ 화이트 와인(White wine)

19. 콘 위스키(Corn Whisky)란?

① 50% 이상 옥수수가 포함된 것   ② 옥수수 50%, 호밀 50%가 섞인 것

③ 80% 이상 옥수수가 포함된 것   ④ 40% 이상 옥수수가 포함된 것

20. 다음 칵테일(Cocktail) 중 글라스(Glass) 가장자리 에 소금으로 프로스트(Frost)하여 내용물을 담는 것은?

① Million Dollar   ② Cuba Libre   ③ Grasshopper   ④ Margarita

21. 장식으로 라임 혹은 레몬 슬라이스 칵테일로 어울리지 않는 것은?

① 모스코뮬(Moscow Mule)   ② 토닉(Gin & Tonic)

③ 맨하탄(Manhattan)   ④ 쿠바 리브레(Cuba Libre)

22. 주류에 따른 일반적인 주정도수의 연결이 틀린 것은?

① Beer : 4~11% alcohol by volume

② Vermouth : 44~45% alcohol by volume

③ Fortified Wines : 18~21% alcohol by volume

④ Brandy : 40% alcohol by volume

23. 다음 탄산음료 중 없을 경우 레몬 1/2oz, 슈가시럽 1tsp, 소다수를 사용하여 만들 수 있는 음료는?

① 시드르   ② 사이다   ③ 카린스 믹스   ④ 스프라이트

24. 프랑스의 포도주 생산지가 아닌 것은?

① 보르도   ② 보르고뉴   ③ 보졸레   ④ 키안티

25. Rum 베이스 칵테일이 아닌 것은?

① Daiquiri   ② Cuba Libre   ③ Mai Tai   ④ Stinger

26. Gin Fizz의 특징이 아닌 것은?

① 하이볼 글라스를 사용한다.

② 기법으로 Shaking과 Building을 병행한다.

③ 레몬의 신맛과 설탕의 단맛이 난다.

④ 칵테일 어니언(Onion)으로 장식 한다.

27. 다음 중 알코올의 함량이 가장 많은 것은?

① 알코올 40도의 위스키 1잔(1 oz)　　② 알코올 10도의 와인 1잔(4 oz)

③ 알코올 5도의 맥주 2잔(16oz)　　④ 알코올 20도의 소주 1잔(2 oz)

28. Pina Colada를 만들 때 필요한 재료로 가장 거리 가 먼 것은?

① 럼　　　　② 파인애플 쥬스　　③ 코코넛 밀크　　④ 레몬쥬스

29. 다음 중 원료가 다른 술은?

① 트리플 섹　　② 마라스퀸　　③ 꼬엥뜨로　　④ 블류 퀴라소

30. Liqueur병에 적혀 있는 D.O.M의 의미는?

① 이탈리아어의 약자로 최고의 리큐르라는 뜻이다.

② 라틴어로 베네딕틴 술을 말하며, 최선, 최대의 신에게 라는 뜻이다.

③ 15년 이상 숙성된 약술을 의미한다.

④ 프랑스 샹빠뉴 지방에서 생산된 리큐르를 의미한다.

31. 맥주의 관리방법으로 잘못된 것은?

① 맥주는 5~10℃의 냉장온도에서 보관하여야 한다.

② 장시간 보관 · 숙성시켜서 먹는 것이 좋다.

③ 병을 굴리거나 뒤집지 않는다.

④ 직사광선을 피해 그늘지고 어두운 곳에 보관하여야 한다.

32. 와인의 코르크가 건조해져서 와인이 산화되거나 스파클링 와인일 경우 기포가 빠져나가는 것을 막기 위한 방법은?

① 와인을 서늘한 곳에 보관한다.   ② 와인의 보관위치를 자주 바꿔준다

③ 와인을 눕혀서 보관한다.   ④ 냉장고에 세워서 보관한다.

33. 칵테일 제조 시 혼합하기 힘든 재료를 섞거나 프로즌 스타일의 칵테일을 만들 때 사용하는 기구는?

① Blender   ② Bar spoon   ③ Muddle   ④ Mixing glass

34. 메뉴 구성 시 산지, 빈티지, 가격 등이 포함되어야하는 품목과 거리가 먼 것은?

① 칵테일   ② 와인   ③ 위스키   ④ 브랜디

35. 다음은 바 수익관리에 관련된 용어들이다. 틀리게 설명된 것은?

① 수익-(Revenue income) - 총수익에서 모든 비용을 빼고 남은 금액

② 비용(Expense) - 상품 등을 생산하는데 필요한 여러 생산 요소에 지불되는 대가

③ 총수익(Gross profit) - 전체음료의 판매수익에서 판매된 음료에 소요된 비용을 제한 것

④ 감가상각비(Depreciation) - 시간의 흐름에 자산의 가치 감소를 회계에 반영하는 것

36. 가장 차가운 칵테일을 만들 때 사용하는 얼음은?

① Shaved Ice   ② Crushed Ice   ③ Cubed Ice   ④ Lump of Ice

37. 영업을 폐점하고 남은 물량을 품목별로 재고 조사하는 것을 무엇이라 하는가?

① Daily Issue   ② Par Stock

③ Inventory Management   ④ FIFO

38. 주류를 글라스에 담아서 고객에게 서빙 할 때 글라스 밑받침으로 사용하는 것은?

① 스터러(stirrer)

② 디켄더(decanter)

③ 컷팅보드(Cutting board)

④ 코스터(coaster)

39. 아래에서 설명하는 Glass는?

> 위스키 사워, 브랜디 사워 등의 사워 칵테일에 주로 사용되며 3~5oz를 담기에 적
> 당한 크기이다.
> Stem이 길고 위가 좁고 밑이 깊어 거의 평형으로 생겼다.

① Goblet   ② Wine Glass   ③ Sour Glass   ④ Cocktail Glass

40. 용량 표시가 옳은 것은?

① 1 Tea spoon = 1/32oz

② 1 Pony = 1/2oz

③ 1 Pint = 1/2 Quart

④ 1 Table spoon = 1/32oz

41. 브랜디와 코냑에 대한 설명으로 틀린 것은?

① 모든 코냑은 브랜디에 속한다.

② 모든 브랜디는 코냑에 속한다.

③ 코냑비장에서 생산되는 브랜디만이 코냑이다.

④ 코냑은 포도를 주재료로 한 증류주의 일종이다.

42. 다음 중 Tumbler glass는 어느 것인가?

① Champagne glass

② Cocktail glass

③ Highball glass

④ Brandy glass

43. 다음 중 유효기간이 있는 것은?

① Rum   ② Liqueur   ③ Guinness Beer   ④ Brandy

44. Muddler에 대한 설명으로 틀린 것은?

① 설탕이나 장식과일 등을 으깨거나 혼합하기에 편리하게 사용할 수 있는 긴 막
대형이다.

② 칵테일 장식에 체리나 올리브 등을 찔러 사용한다.

③ 롱드링크를 마실 때는 휘젓는 용도로 사용한다.

④ Stirring Rod 라고도 한다.

45. 바 웨이터의 역할과 거리가 먼 것은?

① 음료의 주문 그리고 서비스를 담당 한다.

② 영업시간 전에 필요한 사항을 준비한다.

③ 고객을 위해서 테이블을 재정비 한다.

④ 칵테일을 직접 조주한다.

46. 다음 중 카페라떼(Caffelatte)커피의 재료로 알맞은 것은?

① 에스프레소 20~30㎖, 스팀밀크 120㎖, 계피가루 약간

② 에스프레소 20~30㎖, 스팀밀크 120㎖

③ 에스프레소 20~30㎖, 스팀밀크 120㎖, 캐러멜시럽30㎖

④ 에스프레소 20~30㎖, 스팀밀크 120㎖, 화이트초코시럽 30㎖

47. 다음 중 주세법상 발효주류에 해당하지 않는 것은?

① 소주   ② 탁주   ③ 약주   ④ 과실주

48. 바텐더가 영업시작 전 준비하는 업무가 아닌 것은?

① 충분한 얼음을 준비한다.   ② 글라스의 청결도를 점검한다.

③ 레드와인을 냉각시켜 놓는다.   ④ 전처리가 필요한 과일 등을 준비해 둔다.

49. 주장의 영업 허가가 되는 근거 법률은?

① 외식업법   ② 음식업법   ③ 식품위생법   ④ 주세법

50. 음료를 풀고 할 때 선입선출(FIFO: First In, First Out)의 원칙을 지켜야 하는 이유에 대하여 올바르게 표현한 것은?

① 부패에 의한 손실을 최소화하기 위함이다.

② 정확한 재고조사를 하기 위함이다.

③ 적정 재고량(Par stock)을 저장하기 위함이다.

④ 유효기간을 차악하기 위함이다.

51. The post office is the Hotel?

① close   ② closed by   ③ close for   ④ close to

52. 밑줄 친 부분의 가장 알맞은 말은?

A : I am buying drinks tonight.	B : _____

① What happened?   ② What's wrong with you?

③ What's the matter with you?   ④ What's the occasion?

53. 다음 문장이 의미하는 것은?

Why don't you come out of yourself?

① 속마음을 이야기해 보는 것이 어때?   ② 왜 나오지 않는 거니?

③ 왜 너 스스로 다 하려고 하니?   ④ 네 의견은 무엇이니?

54. 다음 문장의 ( ) 안과 같은 뜻은?

You (don't have to) go so early.

① have not   ② do not   ③ need not   ④ can not

55. Please select the cocktail-based wine in the following.

① Mai-Tai   ② Mah-Jong   ③ Salty-Dog   ④ Sangria

56. 다음 영문의 ( )에 들어갈 말은 ?

> May I ( ) you cocktail before dinner?

① put   ② service   ③ take   ④ bring

57. 다음 ( )안에 알맞은 것은?

> ( ) is mostly made from grain or potatoes but can also be produced using a wide variety of ingredients including beetroot, carrots or even chocolate.

① Gin   ② Rum   ③ Vodka   ④ Tequila

58. Which of the following is not scotch whisky?

① Cutty Sark   ② White Horse   ③ John Jameson   ④ Royal Salute

59. ( ) 안에 가장 적합한 것은?

> May I have ( ) coffee, please?

① som   ② many   ③ to   ④ only

60. Choose a wine that can be served before meal.

① Table Wine   ② Dessert win   ③ Aperitif wine   ④ Port wine

정답

1	2	3	4	5	6	7	8	9	10
③	②	①	③	②	①	①	④	①	①
11	12	13	14	15	16	17	18	19	20
①	②	④	④	③	④	①	④	③	④
21	22	23	24	25	26	27	28	29	30
③	②	③	④	④	④	③	④	②	②
31	32	33	34	35	36	37	38	39	40
②	③	①	①	①	①	③	④	③	③
41	42	43	44	45	46	47	48	49	50
②	③	③	②	④	②	①	③	③	①
51	52	53	54	55	56	57	58	59	60
④	④	①	③	④	④	③	③	①	③

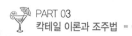

조주기능사 필기 기출문제   (2011.04.17)

1. Gin에 대한 설명으로 틀린 것은?

　① 저장 · 숙성을 하지 않는다.　　　② 생명의 물이라는 뜻이다.

　③ 무색 · 투명하고 산뜻한 맛이다.　　④ 알코올 농도는 40~50% 정도이다.

2. 칵테일을 만드는 대표적인 방법이 아닌 것은?

　① punching　　② blending　　③ stirring　　④ shaking

3. 다음 칵테일 중에서 올리브를 장식하는 칵테일은?

　① 맨하탄　　② 드라이마티니　　③ 싱가폴슬링　　④ 핑크레이디

4. 'Straight up'이란 용어는 무엇을 뜻하는가?

　① 술이나 재료의 비중을 이용하여 섞이지 않게 마시는 것

　② 얼음을 넣지 않은 상태로 마시는 것

　③ 얼음만 넣고 그 위에 술을 따른 상태로 마시는 것

　④ 글라스 위에 장식하여 마시는 것

5. 다음 중 청주의 주재료는?

　① 옥수수　　② 감자　　③ 보리　　④ 쌀

6. 매그넘 1병(Magnum bottle)의 용량은?

　① 1.5ℓ　　② 750㎖　　③ 1ℓ　　④ 1.75ℓ

7. 다음은 어떤 포도품종에 관하여 설명한 것인가?

> 작은 포도알, 깊은 적갈색, 두꺼운 껍질, 많은 씨앗이 특징이며 씨앗은 타닌함량을 풍부하게 하고, 두꺼운 껍질은 색깔을 깊이 있게 나타낸다.
> 블랙커런트, 체리, 자두 향을 지니고 있으며, 대표적인 생산지역은 프랑스 보르도 지방이다.

① 메를로(Merlot) ② 삐노 느와르(Pinot Noir)

③ 까베르네 쇼비뇽(Cabernet Sauvignon) ④ 샤르도네(Chardonnay)

8. 프랑스의 위니 블랑을 이탈리아에서는 무엇이라 일컫는가?

① 트레비아노 ② 산조베제 ③ 바르베라 ④ 네비올로

9. 와인 제조 과정 중 말로락틱 발효(Malolactic fermentation)란?

① 알콜 발효 ② 1차 발효 ③ 젖산 발효 ④ 탄닌 발효

10. Dry Wine의 당분이 거의 남아 있지 않은 상태가 되는 주된 이유는?

① 발효 중에 생성되는 호박산, 젖산 등의 산 성분 때문

② 포도 속의 천연 포도당을 거의 완전히 발효시키기 때문

③ 페노릭 성분의 함량이 많기 때문

④ 설탕을 넣는 가당 공정을 거치지 않기 때문

11. 프라페(Frappe)를 만들 때 사용하는 얼음은?

① Cubed Ice ② Shaved Ice ③ Cracked Ice ④ Block of Ice

12. 다음 민속주 중 약주가 아닌 것은?

① 한산 소곡주 ② 경주 교동법주 ③ 아산 연엽주 ④ 진도 홍주

13. 주정강화와인(fortified wine)의 종류가 아닌 것은?

① 이태리의 아마로네(Amarone) ② 프랑스의 뱅 드 리퀘르(Vin doux Liquere)

③ 포르투갈의 포트와인(Port Wine) ④ 스페인의 세리와인(Sherry Wine)

14. 다음 중 버번 위스키(Bourbon Whiskey)는?

① Ballantine   ② I.W.Harper   ③ Lord Calvert   ④ Old Bushmills

15. 제조법에 따른 알코올성 음료의 3가지 분류에 속하지 않는 것은?

① 증류주   ② 혼합주   ③ 양조주   ④ 혼성주

16. 일반적으로 식사 전의 음료로 적합한 술은?

① Red Wine   ② Cognac   ③ Liqueur   ④ Italian Vermouth

17. 일반적으로 Old fashioned glass를 가장 많이 사용해서 마시는 것은?

① Whisky   ② Beer   ③ Champagne   ④ Red Eye

18. 다음 중 비탄산성 음료는?

① Mineral water   ② Soda water   ③ Tonic water   ④ Cider

19. 데킬라에 대한 설명으로 맞게 연결된 것은?

> 최초의 원산지는 (㉠)로서 이 나라의 특산주이다. 원료는 백합과의 (㉡)인데 이 식물에는 (㉢) 이라는 전분과 비슷한 물질이 함유되어 있다.

① ㉠ 멕시코, ㉡ 풀케(Pulque), ㉢ 루플린

② ㉠ 멕시코, ㉡ 아가베(Agave), ㉢ 이눌린

③ ㉠ 스페인, ㉡ 아가베(Agave), ㉢ 루플린

④ ㉠ 스페인, ㉡ 풀케(Pulque), ㉢ 이눌린

20. 글라스 가장자리에 설탕을 묻혀 눈송이가 내린 것처럼 장식해서 제공되는 칵테일은?

① 파라다이스   ② 블루 문   ③ 톰 콜린스   ④ 키스 오브 파이어

21. 진저엘의 설명 중 틀린 것은?

① 맥주에 혼합하여 마시기도 한다.   ② 생강향이 함유된 청량음료이다.

③ 진저엘의 엘은 알코올을 뜻한다.   ④ 진저엘은 알코올분이 있는 혼성주이다.

22. 가장 오랫동안 숙성한 브랜디는?

① V.O　　　　　② V.S.O.P　　　　③ X.O　　　　　④ EXTRA

23. 스카치 위스키의 주원료는?

① 호밀　　　　　② 옥수수　　　　　③ 보리　　　　　④ 감자

24. Hot Toddy와 같은 뜨거운 종류의 칵테일이 고객에게 제공 될 때 뜨거운 글라스를 넣을 수 있는 손잡이가 달린 칵테일 기구는?

① 스퀴저(Squeezer)　　　　　　② 글라스 리머(Glass Rimmers)

③ 아이스 패일(Ice Pail)　　　　　④ 글라스 홀더(Glass Holder)

25. 포트와인(Port Wine)을 가장 잘 설명한 것은?

① 붉은 포도주를 총칭한다.

② 포르투갈의 도우루(Douro)지방 포도주를 말한다.

③ 항구에서 노역을 일삼는 서민들의 포도주를 일컫는다.

④ 백포도주로서 식사 전에 흔히 마신다.

26. 다음 칵테일 중 계란이 들어가는 칵테일은?

① Millionaire　　② Black Russian　　③ Brandy Alexander　　④ Daiquiri

27. 다음 리큐어 중 부드러운 민트 향을 가진 것은?

① Absente　　　② Curacao　　　③ Chartreuse　　④ Creme de Menthe

28. 혼성주의 제법이 아닌 것은?

① 증류법　　　　② 침출법　　　　③ 에센스법　　　　④ 압착법

29. 각 나라별 발포성와인(Sparkling Wine)의 명칭이 잘못 연결된 것은?

① 프랑스-Cremant　　　　　　② 스페인-Vin Mousseux

③ 독일-Sekt　　　　　　　　　④ 이탈리아-Spumante

30. 깁슨(Gibson) 칵테일을 제공할 때 사용되는 글라스 로 올바른 것은?

① Collins glass   ② Champagne glass

③ Sour glass   ④ Cocktail glass

31. 다음 중 얼음의 사용방법으로 부적당한 것은?

① 칵테일과 얼음은 밀접한 관계가 성립된다.

② 칵테일에 많이 사용되는 것은 각얼음(Cubed ice)이다.

③ 재사용할 수 있고 얼음 속에 공기가 들어있는 것이 좋다.

④ 투명하고 단단한 얼음이어야 한다.

32. 알코올 농도의 정의는?

① 섭씨 4°C에서 원용량 100분 중에 포함되어 있는 알코올분의 용량

② 섭씨 15°C에서 원용량 100분 중에 포함되어 있는 알코올분의 용량

③ 섭씨 4°C에서 원용량 100분 중에 포함되어 있는 알코올분의 질량

④ 섭씨 20°C에서 원용량 100분 중에 포함되어 있는 알코올분의 용량

33. 디켄터(Decanter)를 필요로 하는 것은?

① White wine   ② Rose wine   ③ Brandy   ④ Red win

34. 와인의 Tasting 방법으로 옳은 것은?

① 와인을 오픈한 후 공기와 접촉되는 시간을 최소화하여 바로 따른 후 마신다.

② 와인에 얼음을 넣어 냉각시킨 후 마신다.

③ 와인잔을 흔든 뒤 아로마나 부케의 향을 맡는다.

④ 검은 종이를 테이블에 깔아 투명도 및 색을 확인한다.

35. 주장관리에서 Inventory의 의미는?

① 구매 관리   ② 재고 관리   ③ 검수 관리   ④ 판매 관리

36. 바텐더의 준수 규칙이 아닌 것은?

① 칵테일은 수시로 본인 아이디어로 조주한다.

② 취객을 상대할 땐 참을성과 융통성을 발휘한다.

③ 주문에 의하여 신속, 정확하게 제공한다.

④ 조주할 때에는 사용하는 재료의 상표가 고객을 향하도록 한다.

37. 다음 음료의 보존기간이 긴 것부터 순서대로 올바르게 나열된 것은?

① 토닉워터-병맥주-우유   ② 라임주스-우유-토닉워터

③ 병맥주-라임주스-토닉워터   ④ 우유-토닉워터-병맥주

38. A.O.C법의 통제관리 하게 생산되며 노르망디 지방의 잘 숙성된 사과를 발효 증류하여 만든 사과 브랜디는?

① Calvados   ② Grappa   ③ Kirsch   ④ Absinthe

39. White wine과 Red wine의 보관 방법 중 가장 알맞은 방법은?

① 가급적 통풍이 잘되고 습한 곳에 보관하여 숙성을 돕는다.

② 병을 똑바로 세워서 침전물이 바닥으로 모이도록 보관한다.

③ 따뜻하고 건조한 장소에 뉘여서 보관한다.

④ 통풍이 잘 되는 장소에 보관적정온도에 맞추어서 병을 뉘여서 보관한다.

40. 주세법상 주류에 대한 설명으로 괄호 안에 알맞게 연결된 것은?

알코올분 (㉠)도 이상의 음료를 말한다. 단, 약사법에 따른 의약품으로서 알코올분이 (㉡)도 미만의 것을 제외한다.

① ㉠-1%, ㉡-6%   ② ㉠-2%, ㉡-4%   ③ ㉠-1%, ㉡-3%   ④ ㉠-2%, ㉡-5%

41. 고려시대의 술로 누룩, 좁쌀, 수수로 빚어 술이 익으면 소주 고리에서 증류하여 받은 술로 6개월 내지 1년간 숙성시킨 알코올 도수 40도 정도의 민속주는?

① 문배주   ② 한산 소곡주   ③ 금산 인삼주   ④ 이강주

42. Stem Glass인 것은?

① Collins Glass   ② Old Fashioned Glass

③ Straight Glass   ④ Sherry Glass

43. Short drink 칵테일이 아닌 것은?

① Martini   ② Manhattan   ③ Gin&Tonic   ④ Bronx

44. 소주의 특성 중 틀린 것은?

① 초기에는 약용으로 음용되기 시작하였다.

② 희석식 소주가 가장 일반적이다.

③ 자작나무 숯으로 여과하기에 맑고 투명하다.

라. 저장과 숙성과정을 거치면 고급화된다.

45. 탄산음료나 샴페인을 사용하고 남은 일부를 보관시 사용되는 기물은?

① 스토퍼   ② 포우러   ③ 코르크   ④ 코스터

46. 주로 Tropical Cocktail을 조주할 때 사용하는 '두들겨 으깬다.'라는 의미를 가지고 있는 얼음은?

① Shaved ice   ② Crushed ice   ③ Cubed ice   ④ Cracked ice

47. 다음 시럽 종류 중에서 제품의 성격이 다른 것은?

① Simple syrup   ② Sugar syrup   ③ Plain syrup   ④ Grenadine syrup

48. 코스터(Coaster)의 용도는?

① 잔 닦는 용   ② 잔 받침대 용   ③ 남은 술 보관용   ④ 병마개 따는 용

49. 식품 위해요소중점관리기준이라 불리는 위생관리 시스템은?

① HAPPC   ② HACCP   ③ HACPP   ④ HNCPP

50. 맥주잔으로 적당치 않은 것은?

① Pilsner glass
② Stemless Pilsner glass
③ Mug glass
④ Snifter glass

51. Choose the most appropriate response to the statement.

> A : How can I get to the bar?
> B : I haven't been there in years!
> A : Well, why don't you show me on a map?
> B :

① I'm sorry to hear that.
② No, I think I can find it.
③ You should have gone there.
④ guess I could.

52. '어서 앉으세요, 손님'에 알맞은 영어는?

① Sit down
② Please be seated
③ Lie down, sir
④ Here is a seat, sir

53. (   ) 안에 알맞은 리큐어는?

> (   ) is called the queen of liqueur. This is one of the French traditional liqueur and is made from several years aging arger distilling of various herbs added to spirit.

① Chartreuse
② Benedictine
③ Kummel
④ Cointreau

54. Select one of the Dessert Wine in the following.

① Rose wine
② Red wine
③ White wine
④ Sweet white wine

55. 다음 (   ) 안에 적당한 말은?

> Bring us another (   ) of beer, please.

① around
② glass
③ circle
④ serve

56. 다음 중 의미가 다른 하나는?

① Cheers!
② Give up!
③ Bottoms up!
④ Here's to us!

57. This is produced in Germany and Switzerland alcohol degree 44℃ also is effective for hangover and digest. Which is this?

① Unicum   ② Orange bitter   ③ Underberg   ④ Peach bitter

58. '나는 술이 싫다.'의 올바른 표현은?

① I don't like a liquor.   ② I don't like the liquor.

③ I don't like liquors.   ④ I don't like liquor.

59. '한 잔 더 주세요.'에 가장 정확한 영어 표현은?

① I'd like other drink.   ② I'd like to have another drink.

③ I want one more wine.   ④ I'd like to have the other drink.

60. 다음 ( ) 안에 적당한 단어는?

( ) is a generic cordial invented in Italy and made from apricot pits and herbs, yielding a pleasant almond flavor.

① Anisette   ② Amaretto   ③ Advocaat   ④ Amontillado

 정답

1	2	3	4	5	6	7	8	9	10
②	①	②	②	④	①	③	①	③	②
11	12	13	14	15	16	17	18	19	20
②	④	①	②	②	④	①	①	②	④
21	22	23	24	25	26	27	28	29	30
④	④	③	④	②	①	④	④	②	④
31	32	33	34	35	36	37	38	39	40
③	②	④	③	②	①	①	①	④	①
41	42	43	44	45	46	47	48	49	50
①	④	③	③	①	②	④	②	②	④
51	52	53	54	55	56	57	58	59	60
④	②	①	④	②	②	③	④	②	②

조주기능사 필기 기출문제 (2011.07.31)

1. Mixing Glass를 사용하여 Stir 기법으로 만드는 것은?

① Stirrup cup ② Gin fizz ③ Martini ④ Singapore sling

2. 와인의 블랜딩은 언제 하게 되나?

① 마시기 전에 소믈리에가 한다. ② 양조 과정 중 다른 포도 품종을 섞는다.

③ 젖산 발효를 갖기에 앞서 한다. ④ 오크통 숙성을 마친 후 한다.

3. 포도주의 저장온도로 틀린 것은?

① 5℃ ② 15℃ ③ 18℃ ④ 20℃

4. 샴페인에 관한 설명 중 틀린 것은?

① 샴페인은 포말성(Sparkling)와인의 일종이다.

② 샴페인 원료는 피노누아, 피노뫼니에, 샤르도네이다.

③ 돔 페리뇽(Dom perignon)에 의해 만들어 졌다.

④ 샴페인 산지인 샹파뉴 지방은 이탈리아 북부에 위치하고 있다.

5. 소주의 원료로 틀린 것은?

① 쌀 ② 보리 ③ 밀 ④ 맥아

6. 맨하탄(Manhattan) 칵테일의 기주(Based Liquer)는?

① 버번위스키 ② 스위트 버머스

③ 앙고스트라 비트 ④ 스터프드 올리브

7. 글라스 가장자리를 소금으로 프로스팅(Frosting) 하는 기법의 칵테일은?

① 마가리타(Magarita)   ② 키스오브 파이어(Kiss of fire)

③ 아이리쉬 커피(Irish coffee)   ④ 다이커리(Daiquiri)

8. 다음은 어떤 리큐르에 대한 설명인가?

> 스카치산 위스키에 히스 꽃에서 딴 봉밀과 그 밖에 허브를 넣어 만든 감미 짙은 리큐르로 러스티 네일을 만들 때 사용된다.

① Cointreau   ② Galliano

③ Chartreuse   ④ Drambuie

9. 다음 중「Aperitif wine」은 어느 것인가?

① Sparkling wine   ② Dry sherry wine

③ Still wine   ④ Yellow wine

10. 맥아(Malt)를 주원료로 건조시 이탄(Peat)을 사용하여 만드는 Whisky는?

① Scotch whisky   ② Canadian whisky

③ Bourbon whisky   ④ Irish whisky

11. 다음 술 종류 중 코디얼(Cordial)에 해당하는 것은?

① 베네딕틴(Benedictine)

② 골든스 론돈 드라이진(Gordon's London Dry Gin)

③ 커티 샥(Cutty Sark)

④ 올드 그랜드 대드(Old Grand Dad)

12. 스크루 드라이버(Screw Driver) 칵테일의 조주 시 보드카에 혼합해야 하는 것은?

① 토마토 주스   ② 오렌지 주스

③ 콜라   ④ 토닉수

13. 언어별 와인 철자가 틀린 것은?

① 영어 - Wine

② 포르투갈어 - Vinho

③ 불어 - Vin

④ 이태리어 - Wein

14. 위스키 750㎖ 한 병은 몇 Ounce인가?

① 25oz   ② 27oz   ③ 30oz   ④ 37oz

15. 다음 중에서 Scotch Whisky는 어느 것인가?

① John jameson

② Wild turkey

③ J&B

④ Canadian club

16. 이탈리아 I.G.T 등급은 프랑스의 어느 등급에 해당되는가?

① V.D.Q.S

② Vin de Pays

③ Vin de Table

④ A.O.C

17. 로제와인(Rose Wine)에 대한 설명으로 틀린 것은?

① 대체로 붉은 포도로 만든다.

② 제조시 포도껍질을 같이 넣고 발효시킨다.

③ 오래 숙성시키지 않고 마시는 것이 좋다.

④ 일반적으로 상온(17~18℃)정도로 해서 마신다.

18. 용어의 설명이 틀린 것은?

① Clos : 최상급의 원산지 관리 증명 와인

② Vintage : 포도의 수확 년도

③ Fortified wine : 브랜드를 첨가하여 알코올 농도를 강화한 와인

④ Riserva : 최저 숙성기간을 초과한 이태리 와인

19. 칵테일에 쓰이는 가니쉬(Garnish)로 사용하기에 적합한 재료는?
① 꽃이 화려하고 향기가 많이 나야 한다.
② 꽃가루가 많은 꽃은 더욱 운치가 있어서 잘 어울린다.
③ 잎이나 과일에 농약 향이 강한 것이어야 한다.
④ 과일이나 허브향이 나는 잎이나 줄기여야 한다.

20. 다음 중 글라스(Glass) 가장자리의 스노우 스타일 (Snow Style) 장식 칵테일로 어울리지 않는 것은?
① Kiss of Fire   ② Magarita   ③ Chicago   ④ Grasshopper

21. 다음 중 주류의 용량이 잘못 표시된 것은?
① Whisky 1 Quart = 32 Ounce(1ℓ)
② Whisky 1 Pint = 16 Ounce(500㎖)
③ Whisky 1Miniature = 8 Ounce(200㎖)
④ Whisky 1 Magnum = 2 Bottle(1.5ℓ)

22. Matini의 글라스로 적합한 것은?
① 하이볼 글라스   ② 위스키 샤워 글라스
③ 칵테일 글라스   ④ 올드패션 글라스

23. 다음 조주기법 중「Float」기법이란?
① 재료의 비중을 이용하여 섞이지 않도록 띄우는 방법
② 재료를 믹서기로 갈아서 만드는 방법
③ 글라스에 직접 재료를 넣어서 조주
④ 혼합하기 쉬운 술끼리 휘저어서 조주

24. 부드러우며 뒤끝이 깨끗한 약주로서 쌀로 빚으며 소주에 배, 생강, 울금 등 한약재를 넣어 숙성시민 전북 전주의 전통주는?
① 두견주   ② 국화주   ③ 이강주   ④ 춘향주

25. 효모의 생육조건이 아닌 것은?

① 적정 영양소   ② 적정 온도   ③ 적정 pH   ④ 적정 알코올

26. 후식용 포도주로 유명한 포르투갈산 적포도주는?

① Sherry wine   ② Port wine

③ Sweet vermouth   ④ Dry vermouth

27. 혼성주(Compounded Liqueur)를 나타내는 것은?

① 과일 중에 함유된 과당의 효모를 작용시켜서 발효하여 만든 술

② 곡류 중에 함유된 전분을 전분당화효소로 당질화 시킨 후 효모를 작용시켜 발효하여 만든 술

③ 각기 다른 물질의 다른 기화점을 이용하여 양조주를 가열하여 얻어낸 농도 짙은 술

④ 증류주 혹은 양조주에 초근목피, 향료, 과즙, 당분을 첨가하여 만든 술

28. 제스터(Zester)에 대한 설명으로 옳은 것은?

① 향미를 돋보이게 하는 용기   ② 레몬이나 오렌지를 조각내는 집기

③ 얼음을 넣어두는 용기   ④ 향미를 보호하기 위한 밀폐되는 용기

29. 다음 중 홍차가 아닌 것은?

① 잉글리쉬 블랙퍼스트(English breakfast)

② 로브스타(Robusta)

③ 다즐링(Dazeeling)

④ 우바(Uva)

30. 탄산음료 중 뒷맛이 쌉쌀한 맛이 나는 음료는?

① 칼린스 믹서   ② 토닉워터   ③ 진저엘   ④ 콜라

31. 「Jigger」는 어디에 사용하는 기구인가?

① 주스(Juice)를 따를 때 사용한다.

② 주류의 분량을 측정하기 위하여 사용한다.

③ 와인(Wine)을 시음할 때 사용한다.

④ 과일을 깎을 때 사용하는 칼이다.

32. 식음료 서비스의 특성이 아닌 것은?

① 제공과 사용의 분리성

② 형체의 무형성

③ 품질의 다양성

④ 상품의 소멸성

33. 바(Bar) 디자인의 중요 점검사항에 포함되지 않는 것은?

① 주류가격, 병의 크기

② 시간의 영업량, 컨셉의 크기

③ 음료종류, 주장의 형태와 크기

④ 서비스 형태, 목표고객

34. 샴페인의 서비스에 관련된 설명 중 틀린 것은?

① 얼음을 채운 바스킷에 칠링(Chilling)한다.

② 호스트(Host)에게 상표를 확인시킨다.

③ "펑"소리를 크게 하며 거품을 최대한 많이 내야 한다.

④ 서브는 여자 손님부터 시계방향으로 한다.

35. 원가의 종류인 고정비와 관련 없는 것은?

① 임대료

② 광열비

③ 인건비

④ 감가상각비

36. 파 스탁(Par stock)이란 무엇인가?

① 재고정리

② 적정매출

③ 적정단가

④ 적정재고

37. 바(Bar) 업무능률 향상을 위한 시설물 설치 방법 중 옳지 않은 것은?

① 칵테일 얼음을 바(Bar) 작업대 옆에 보관한다.

② 바(Bar)의 수도시설은 믹싱 스테이션(Mixing station) 바로 후면에 설치한다.

③ 냉각기(Cooling Cabinet)는 주방에 설치한다.

④ 얼음제빙기는 가능한 바(Bar) 내에 설치한다.

38. 다음 중 조주사의 규칙사항이 아닌 것은?

① 항상 고객을 응대할 준비를 갖추고 대기한다.

② 고객이 주문한 주문내용을 재확인하고 주문서에 기재한다.

③ 조주시에는 사용재료의 상표가 조주원을 향하도록 한다.

④ 고객과의 대화에 있어서 정치성을 띤 언급이나 특정인에 대한 가십은 삼간다.

39. 주장(Bar)에서 사용하는 기물이 아닌 것은?

① Champagne Cooler   ② Soup Spoon

③ Lemon squeezer   ④ Decanter

40. 올드 패션(Old Fashioned)이나 온 더 락(On the Rocks)을 마실 때 사용되는 글라스(Glass)의 용량은?

① 1~2온스   ② 3~4온스   ③ 4~6온스   ④ 6~8온스

41. 주장 서비스의 기본 주의사항이 아닌 것은?

① 글라스에 묻은 립스틱을 제거한다.

② 글라스에 얼음을 넣을 때 아이스 텅(Ice Tong)을 사용한다.

③ 각각의 음료에 맞는 글라스를 사용한다.

④ 표준 레시피 사용은 중요하지 않다.

42. 바 웨이트리스(Waitress)의 업무와 관계가 먼 것은?

① 항상 테이블의 정돈, 청결을 유지한다.

② 고객 주문전표를 조주원에게 전달한다.

③ 고객의 주문을 받는다.

④ 칵테일을 조주한다.

43. 다음 중 주류에 해당되지 않는 것은?

① 2~3도의 알코올이 함유된 주스

② 위스키가 함유된 초콜릿

③ 알코올이 6도 이상 함유되고 직접 또는 희석하여 마실 수 있는 의약품

④ 조미식품인 간장에 알코올이 1도 이상 함유된 경우

44. 일반적으로 남은 재료의 파악으로써 구매수준에 영향을 미치는 것을 무엇이라 하는가?

① Inventory　　　② FIFO　　　③ Issuing　　　④ Order

45. Straight Bourbon Whiskey의 기준으로 틀린 것은?

① Produced in the USA.

② Distilled at less than 160 proof(80% ABV).

③ No additives allowed(except water to reduce proof where necessary.

④ Made of grain mix of at maximum 51%.

46. 재고가 과도한 경우의 단점이 아닌 것은?

① 판매기회가 상실된다.　　　　② 식재료의 손실을 초래한다.

③ 필요 이상의 유지 관리비가 요구된다.　④ 기회 이익이 상실된다.

47. 마신 알코올 량(㎖)을 나타내는 공식은?

① 알코올 량(㎖) × 0.8　　　② 술의 농도(%) × 마시는 양(㎖) ÷ 100

③ 술의 농도(%) - 마시는 양(㎖)　④ 술의 농도(%) ÷ 마시는 양(㎖)

48. 영업 중에 항상 물에 담겨져 있어야 하는 기물이 바르게 짝지어진 것은?

① Bar Spoon - Jigger ② Bar Spoon - Shaker

③ Jigger - Shaker ④ Bar Spoon - Opener

49. 보드카(Vodka), 럼(Rum)과 같이 일정하게 정해진 글라스가 없는 술을 스트레이트(Straight)로 마실 때 사용하는 글라스는?

① Shot Glass ② Cocktail Glass

③ Sour Glass ④ Brandy Glass

50. 샹빠뉴 지방의 당분함량 표기에서「Very Dry」한 표기로 알맞은 것은?

① Brut ② Sec ③ Doux ④ Demi Sec

51. As a rule, the Sweet Wine is served (   ).

① before dinner ② after dinner

③ in the meat course ④ in the fish course

52. Which of the following doesn't belong to the regions of French where wine is produced?

① Bordeaux ② Burgundy

③ Champagne ④ Rheingau

53. 다음 ( ) 안에 들어갈 말은?

I'll come to (   ) you up this evening.

① pick ② have ③ keep ④ take

54. Dry Gin, Egg White and Grenadine are the main ingredients of (   ).

① Bloody Marry ② Eggnog

③ Tom and Jerry ④ Pink Lady

55. 다음 ( ) 안에 알맞은 것은?

> (   ) is distilled from fermented fruit, sometimes aged in oak casks, and usually bottled at 80 proof.

① Vodka   ② Brandy   ③ Whisky   ④ Dry Gin

56. 「Which do you like better, tea or coffee?」의 대답으로 나올 수 있는 문장은?

① Tea   ② Tea and Coffee

③ Yes, tea   ④ Yes, coffee

57. 아래의 대화에서 ( )에 가장 알맞은 것은?

> A : Come on, Marry, Hurry up and finish your coffee. We have to catch a taxi to the airport
> B : I can't hurry. This coffee is (A) hot for me (B) drink.

① A : so, B : that   ② A : too, B : to

③ A : due, B : to   ④ A : would, B : on

58. A : What would you like for dessert, sir?
B : No, thank you. I don't need any.

① Coffee would be fine.   ② That's a good idea.

③ I'm on a diet.   ④ Cash or charge?

59. 호텔에서 Check-in 또는 Check-out시 Customer가 할 수 있는 말로 적합하지 않은 것은?

① Would you fill out this registration form?

② I have a reservation for tonight.

③ I'd like to check out today.

④ Can you hold my luggage until 4 pm?

60. 다음 괄호에 알맞은 단어는?

> Dry gin merely signifies that the gin lacks (   ).

① Sweetness   ② Sourness   ③ Bitterness   ④ Hotness

 정답

1	2	3	4	5	6	7	8	9	10
③	①	①	④	④	①	①	④	②	①
11	12	13	14	15	16	17	18	19	20
①	②	④	①	③	②	④	①	④	④
21	22	23	24	25	26	27	28	29	30
③	③	①	③	④	②	④	②	②	②
31	32	33	34	35	36	37	38	39	40
②	①	①	③	③	④	③	③	②	④
41	42	43	44	45	46	47	48	49	50
④	④	②	①	④	①	②	①	①	①
51	52	53	54	55	56	57	58	59	60
②	④	①	④	②	①	②	③	①	①

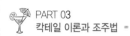

 조주기능사 필기 기출문제　(2011.10.09)

1. 에일(Ale)은 어느 종류에 속하는가?

① 와인(Wine)　　　　　　　② 럼(Rum)

③ 리큐르(Liqueur)　　　　　④ 맥주(Beer)

2. 탄산가스를 함유하지 않은 일반적인 와인을 의미하는 것은?

① Sparkling wine　　　　　② Fortified wine

③ Aromatic wine　　　　　④ Still wine

3. Benedictine의 Bottle에 적인 D.O.M의 의미는?

① 완전한 사랑　　　　　　　② 최선 최대의 신에게

③ 쓴맛　　　　　　　　　　④ 순록의 머리

4. 칵테일을 만드는 3가지 기본 방법이 아닌 것은?

① Pouring　　② Shaking　　③ Blending　　④ Stirring

5. 이탈리아 밀라노 지방에서 생산되며, 오렌지와 바닐라 향이 강하고 길쭉한 병에 담긴 리큐르는?

① Galliano　　② Kummel　　③ Kahlua　　④ Drambuie

6. 양주병에 80 proof라고 표기되어 있는 것은 알코올 도수 얼마에 해당하는가?

① 80%　　② 40%　　③ 20%　　④ 10%

7. 다음에서 설명되는 우리나라 고유의 술은?

> 엄격한 법도에 의해 술을 담근다는 전통주로 신라시대부터 전해오는 유상곡수 (流觴曲水)라 하여 주로 상류계급에서 즐기던 것으로 중국 남방 술인 사오싱주 보다 빛깔은 좀 희고 그 순수한 맛이 가히 일품이다.

① 두견주   ② 인삼주

③ 감홍로주   ④ 경주교동법주

8. 샴페인 제조 과정 중 바르게 설명된 것은?

① 2차 발표 : 2차 발효는 포도에서 나온 당과 효모를 이용한다.

② 르뮈아주(Remuage) : 찌꺼기를 병목에 모으는 작업이다.

③ 데고르주망(Degorgement) : 찌꺼기를 제거하기 위하여 영하 10℃ 정도에 병 목을 얼린다.

④ 도쟈주(Dosage) : 코르크로 병을 막는다.

9. Grain whisky에 대한 설명으로 옳은 것은?

① Silent spirit라고도 불린다.

② 발아시킨 보리를 원료로 해서 만든다.

③ 향이 강하다.

④ Andrew Usher에 의해 개발되었다.

10. 다음 중 노 믹싱(No Mixing)의 방법으로 만들어지는 칵테일은?

① Highball   ② Gin fizz

③ Royal Cafe   ④ Flip

11. 헤네시의 등급 규정으로 틀리 것은?

① EXTRA : 15~25년   ② V.O : 15년

③ X.O : 45년 이상   ④ V.S.O.P : 20~30년

12. 다음 중 중요무형문화재로 지정받은 민속주는?

① 전주 이강주　　② 계룡 백일주　　③ 서울 문배주　　④ 한산 소곡주

13. 와인의 발효 중 젖산발효에 대한 설명으로 가장 거리가 먼 것은?

① 보다 좋은 알코올을 얻기 위해서 한다.

② 말로락틱 발효(Malolactic Fermentation)라고도 한다.

③ 신맛을 줄여 와인을 부드럽게 한다.

④ 모든 와인에 필요한 것이 아니라 선택적으로 한다.

14. Draft(or Draught) Beer란?

① 미살균 맥주　　　　　　　　② 살균 맥주

③ 살균 병맥주　　　　　　　　④ 장기 저장 가능 맥주

15. Whisky의 유래가 된 어원은?

① Usque baugh　　② Aqua vitae　　③ Eau-de-vie　　　　라. Voda

16. 다음 중 완성 후 Nutmeg를 뿌려 제공하는 것은?

① Egg nogg　　　　　　　　　② Tom collins

③ Golden cadillac　　　　　　④ Paradise

17. Whisky의 재료가 아닌 것은?

① 맥아　　　　　② 보리　　　　　③ 호밀　　　　　라. 감자

18. 칵테일 장식과 그 용도가 적합하지 않은 것은?

① 체리 - 감미타입 칵테일

② 올리브 - 쌉쌀한 맛의 칵테일

③ 오렌지 - 오렌지 주스를 사용한 롱 드링크

④ 셀러리 - 달콤한 칵테일

19. 맥주 제조과정 중 1차 발효 후 숙성 시의 적당한 보관 온도는?

① 4℃　　　　　② 8℃　　　　　③ 12℃　　　　　④ 20℃

20. 이탈리아 리큐르로 살구 씨를 물과 함께 증류하여 향초 성분과 혼합하고 시럽을 첨가해서 만든 리큐르는?

① Cherry Brandy　② Curacao　　③ Amaretto　　④ Tia Maria

21. White Wine을 차게 마시는 이유는?

① 유산은 온도가 낮으면 단맛이 강해지기 때문이다.

② 사과산은 온도가 차가울 때 더욱 Fruity하기 때문이다.

③ Tannin의 맛은 차가울수록 부드러워지기 때문이다.

④ Polyphenol은 차가울 때 인체에 더울 이롭기 때문이다.

22. 다음 중 Dry Sherry의 용도로 가장 적합한 것은?

① Aperitif Wine　② Dessert Wine　③ Entree Wine　④ Table Wine

23. 쉐이크(Shaker)를 사용한 후 가장 적당한 보관 방법은?

① 사용 후 물에 담가 놓는다.

② 사용할 때 씻어서 사용한다.

③ 사용 후 씻어서 물이 빠지도록 몸통과 스트레이너를 분리하여 엎어 놓는다.

④ 씻어서 뚜껑을 닫아서 보관한다.

24. 다음 계량단위 중 옳은 것은?

① 1 oz = 28.35㎖　　　　　② 1 Dash = 6 Teaspoon

③ 1 Jigger = 60㎖　　　　　④ 1Shot 1.5 oz

25. 다음 중 1Pony의 액체 분량과 다른 것은?

① 1 oz　　　　　② 30 ㎖　　　　　③ 1 Pint　　　　　④ 1 Shot

26. 담색 또는 무색으로 칵테일의 기본주로 사용되는 Rum은?

① Heavy Rum

② Medium Rum

③ Light Rum

④ Jamaica Rum

27. 달걀, 우유, 시럽 등의 부재료가 사용되는 칵테일을 만드는 방법은?

① Mix

② Stir

③ Shake

④ Float

28. 칵테일 잔의 밑받침대로 헝겊이나 두터운 종이로 만든 것은?

① Muddler

② Pourer

③ Stopper

④ Coaster

29. 다음 중 데킬라(Tequila)를 주재료로 하지 않고 있는 칵테일은?

① Margarita

② Ambassador

③ Long Island Iced Tea

④ Sangria

30. 다음 재료 중 칵테일 조주 시 많이 사용되는 붉은 색의 시럽은?

① Maple Syrup

② Honey

③ Plain Syrup

④ Grenadine Syrup

31. 다음 중 Vodka Base Cocktail은?

① Paradise Cocktail

② Million Cocktail

③ Bronx Cocktail

④ Kiss of Fire

32. 식료와 음료를 원가관리 측면에서 비교할 때 음료의 특성에 해당하지 않는 것은?

① 저장 기간이 비교적 길다.

② 가격 변화가 심하다.

③ 재고조사가 용이하다.

④ 공급자가 한정되어 있다.

33. 접객 서비스의 책임자로 접객원들의 교육훈련 및 관리를 담당하며 접객 서비스 업무를 수행하는 종사원은?

① F&B 매니저(Food Beverage Manager)

② 바 매니저(Bar Manager)

③ 바 캡틴(Bar Captain)

④ 바텐더(Bartender)

34. 다음 중 제품을 생산하기까지 소비된 직접 재료비, 직접 노무비, 직접 경비를 합산한 원가는?

① 제조원가   ② 직접원가   ③ 총원가   ④ 판매원가

35. 블랜더(Blend)의 설명으로 어울리지 않는 것은?

① Blender를 사용하여 혼합하는 조주방법이다.

② 일명 믹스하는 칵테일 조주방법이다.

③ 진토닉(Gin Tonic)을 만드는 조주방법이다.

④ 트로피칼(Tropical) 칵테일을 만들 때 주로 사용한다.

36. 고객이 위스키 스트레이트를 주문하고, 얼음과 함께 콜라나 소다수, 물 등을 원하는 경우 이를 제공하는 글라스는?

① Wine Decanter   ② Cocktail Decanter

③ Collins Glass   ④ Cocktail Glass

37. 위생적인 맥주(Beer) 취급 절차로 가장 거리가 먼 것은?

① 맥주를 따를 때는 넘치지 않게 글라스에 7부정도 채우고 나머지 3부 정도를 거품이 솟아오르도록 한다.

② 맥주를 따를 때는 맥주병이 글라스에 닿지 않도록 1~2cm 정도 띄워서 따르도록 한다.

③ 글라스에 채우고 남은 병은 상표가 고객 앞으로 향하도록 맥주 글라스 위쪽에 놓는다.

④ 맥주와 맥주 글라스는 반드시 차갑게 보관하지 않아도 무방하다.

38. 「Strainer」의 설명 중 틀린 것은?

① 철사망으로 되어있다.

② 얼음이 글라스에 떨어지지 않게 하는 기구이다.

③ 믹싱글라스와 함께 사용된다.

④ 재료를 섞거나 소량을 잴 때 사용된다.

39. 「핑크 레이디, 밀리언 달러, 마티니, 네그로니」의 기법을 순서대로 나열한 것은?

① Shaking, Stirring, Float&Layer, Building

② Shaking, Shaking, Float&Layer, Building

③ Shaking, Shaking, Stirring, Building

④ Shaking, Float&Layer, Stirring, Building

40. 다음의 바의 매출증대 방안에 대한 설명 중 가장 거리가 먼 것은?

① 고객만족을 통해 고정고객을 증가시키고, 방문 빈도를 높인다.

② 고객으로 하여금 자연스러운 추가 주문을 증가시키고, 다양한 세트 메뉴를 개발하여 주문 선택의 폭을 넓혀 준다.

③ 메뉴가격 인상을 통한 매출 증대에만 의존한다.

④ 고객관리카드를 작성하여 고객의 생일이나 기념일 또는 특별한 날에 DM을 발송한다.

41. 주장 서비스의 부정요소와 직접적인 관계가 먼 것은?

① 개인용 음료 판매 가능   ② 칵테일 표준량의 속임

③ 무료서브의 남용   ④ 요금 정산의 정확성

42. 실제원가가 표준원가를 초과하게 되는 원인이 아닌 것은?

① 재료의 과도한 변질 발생   ② 도난 발생

③ 계획대비 소량생산   ④ 잔여분의 식자재 활용 미숙

43. 칵테일을 만드는 데 필요한 기물은?

① Wine Cooler   ② Mixing Glass

③ Champagne Glass   ④ Wine Glass

44. 다음 중 일반적으로 남은 재료의 파악으로써 구매수준에 영향을 미치는 것은?

① Inventory   ② FIFO

③ Issuing   ④ Order

45. 프랜차이즈업과 독립경영을 비교할 때 프랜차이즈업의 특징에 해당하는 것은?

① 수익성이 높다.

② 사업에 대한 위험도가 높다.

③ 자금 운영의 어려움이 있다.

④ 대량 구매로 원가절감에 도움이 된다.

46. 와인의 서비스에 대한 설명으로 틀린 것은?

① 레드와인은 온도가 너무 낮으면 Tannin의 떫은맛이 강해진다.

② 화이트와인은 실온과 비슷해야 신맛이 억제된다.

③ 레드와인은 실온에서 부케(Bouquet)가 풍부해진다.

④ 화이트와인은 차갑게 해야 신선한 맛이 강조된다.

47. Whisky의 주문·서빙 방법으로 적합하지 않은 것은?

① 상표 선택은 관리인이나 지배인의 추천에 의해 인기 있는 상표를 선택한다.

② 상표가 다른 위스키를 섞어서 사용하는 것은 금한다.

③ 고객의 기호와 회사의 이익을 고려하여 위스키를 선택한다.

④ 특정한 상표를 지정하여 주문한 위스키가 없을 때는 그것과 유사 한 위스키로
대체한다.

48. 스카치 750㎖ 1병의 원가가 100,000원이고 평균 원가율을 20%로 책정했다면 스카치 1잔의 판매 가격은 얼마인가?

① 10,000원　　　② 15,000원　　　③ 20,000원　　　④ 25,000원

49. Wine Master의 의미로 가장 적합한 것은?

① 와인의 제조 및 저장관리를 책임지는 사람

② 포도나무를 가꾸고, 재배하는 사람

③ 와인을 판매 및 관리하는 사람

④ 와인을 구매하는 사람

50. 다음 중 Cubed Ice를 의미하는 것은?

① 부순 얼음　　　　　　　　② 가루 얼음

③ 각 얼음　　　　　　　　　④ 깬 얼음

51. Which of the following is made from grain?

① Rum　　　　　　　　　　② Cognac

③ Champagne　　　　　　　④ Bourbon Whiskey

52. 다음 ( )안에 알맞은 것은?

> Our shuttle bus leaves here 10 time (　　　　　　).

① in day　　　② the day　　　③ day　　　④ a day

53. 다음은 어떤 도구에 대한 설명인가?

> Looks like a wooden pestle, the flat end of which is used to crush and combine ingredients in a serving glass or mixing glass.

① Shaker　　　　　　　　　② Muddler

③ Bar spoon　　　　　　　　④ Strainer

54. 다음 (   )에 적당한 말은?

> You (   ) drink your milk while it's hot.

① will   ② should   ③ shall   ④ have

55. What is the name of famous Liqueur on scotch basis?

① Drambuie   ② Cointreau

③ Grand marnier   ④ Curacao

56. 아래와 같은 의미로 사용되는 것은?

> 1. 죄송합니다. (격식, 자기 말이나 행동에 대한 사과를 표함)
> 2. 뭐라고요. (다시 한 번 말씀해 주세요, 상대방의 말을 잘 알아듣지 못했을 때 씀)

① I'm sorry. I don't know.   ② What are you talking about?

③ I beg your pardon.   ④ What did you say?

57. 「How long have you worked for your hotel?」의 물음에 대한 답으로 적당하지 않은 것은?

① For 5 years   ② Since 1982

③ 10 years ago   ④ Over the last 7 years

58. 다음 중 ( ) 안에 알맞은 것은?

> (   ) is the chemical interaction of grape sugar and yeast cells to produce alcohol, carbon dioxide and heat.

① Distillation   ② Maturation

③ Blending   ④ Fermentation

59. Which terminology of the following is not related to Cocktail-making?

① Straining   ② Beating   ③ Stirring   ④ Shaking

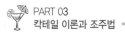

60. 「I'm sorry, but Ch, Margaux is not (　) the wine list」에서 ( )에 알맞은 것은?

① on　　　　　　② of　　　　　　③ for　　　　　　④ against

정답

1	2	3	4	5	6	7	8	9	10
④	④	②	①	①	②	④	②	①	③
11	12	13	14	15	16	17	18	19	20
①	③	①	①	①	①	④	④	③	③
21	22	23	24	25	26	27	28	29	30
②	①	③	①	③	③	③	④	④	④
31	32	33	34	35	36	37	38	39	40
④	②	③	②	③	②	④	④	③	③
41	42	43	44	45	46	47	48	49	50
④	③	②	①	④	②	④	③	①	③
51	52	53	54	55	56	57	58	59	60
④	④	②	②	①	③	③	④	②	①

조주기능사 필기 기출문제 (2012.02.12)

1. 다음 중 연속식 증류(Patent Still Whisky)법으로 증류하는 위스키는?

① Irish Whiskey　　　　　　　② Blended Whisky

③ Malt Whisky　　　　　　　④ Grain Whisky

2. 바텐더가 Bar에서 Glass를 사용할 때 가장 먼저 체크하여야 할 사항은?

① Glass의 가장자리 파손여부　　② Glass의 청결여부

③ Glass의 재고 여부　　　　　　④ Glass의 온도 여부

3. 민속주 도량형「되」에 대한 설명으로 틀린 것은?

① 곡식이나 액체, 가루 등의 분량을 재는 것이다.

② 보통 정육면체 또는 직육면체로써 나무와 쇠로 만든다.

③ 분량(1되)을 부피의 기준으로 하여 2분의 1을 1홉(合)이라고 한다.

④ 1되는 약 1.8리터 정도이다.

4. 칵테일 제조 방법 중 셰이킹(Shaking)이란?

① 재료를 쉐이크(Shaker)에 넣고 흔들어서 혼합하는 과정을 말한다.

② 칵테일 제조가 끝난 후에 장식하는 것을 말한다.

③ 칵테일 제조가 끝난 후에 따르는 것을 말한다.

④ 칵테일에 대한 향과 맛을 배합

5. 아로마(Aroma)에 대한 설명 중 틀린 것은?

① 포도의 품종에 따라 맡을 수 있는 와인의 첫 번째 냄새 또는 향기이다.

② 와인의 발효과정이나 숙성과정 중에 형성되는 여러 가지 복잡 다양한 향기를 말한다.

③ 원료 자체에서 우러나오는 향기이다.

④ 같은 포도품종이라도 토양의 성분, 기후, 재배조건에 따라 차이가 있다.

6. 샴페인 포도 품종이 아닌 것은?

① 삐노 느와르(Pinot Noir)　　　　② 삐노 뮈니에(Pinot Meunier)

③ 샤르도네(Chardonnay)　　　　④ 쎄미뇽(Semillon)

7. 「Dry Martini」를 만드는 방법은?

① Mix　　　　② Stir　　　　③ Shake　　　　④ Float

8. 칵테일에 대한 설명으로 틀린 것은?

① 식욕을 증진시키는 윤활유 역할

② 감미를 포함시켜 아주 달게 만들어 마시기 쉬워야 한다.

③ 식욕 증진과 동시에 마음을 자극하여 분위기를 만들어 내야 한다.

④ 제조 시 재료의 넣는 순서에 유의해야 한다.

9. Floating의 방법으로 글라스에 직접 제공하여야 할 칵테일은?

① Highball　　② Gin Fizz　　③ Pousse cafe　　④ Flip

10. 계량 단위에 대한 설명 중 옳은 것은?

① 1 Dash는 1/30 Ounce이며, 0.9㎖　② 1 Teaspoon은 1/8 Ounce로 3.7㎖

③ 1 c ℓ 은 1/10㎖이다.　　　　④ 1 ℓ 는 32 온스이며 960㎖이다.

11. 약주, 탁주 제조에 사용되는 발효제가 아닌 것은?

① 누룩　　　② 입국　　　③ 조효소제　　　④ 유산균

12. 위스키(Whisky)를 만드는 과정이 맞게 배열된 것은?

① Mashing - Fermentation - Distillation - Aging

② Fermentation - Mashing - Distillation - Aging

③ Aging - Fermentation - Distillation - Mashing

④ Distillation- Fermentation - Mashing - Aging

13. 오드 비(Eau-de-Vie)와 관련 있는 것은?

① Tequila ② Grappa ③ Gin ④ Brandy

14. 칵테일 조주 시 술이나 부재료, 주스의 용량을 재는 기구로 스테인리스제가 많이 쓰이며, 삼각형 30㎖와 45㎖의 컵이 등을 맞대고 있는 기구는?

① 스트레이너 ② 믹싱글라스 ③ 지거 ④ 스퀴저

15. 칵테일을 만들 때 흔들거나 섞지 않고 글라스에 직접 얼음과 재료를 넣어 Bar Spoon이나 머들러로 휘저어 만드는 방법으로 적합한 칵테일은?

① 스크류 드라이버 ② 스팅어

③ 마가리타 ④ 싱가폴 슬링

16. 다음 중 양조주가 아닌 것은?

① 맥주(Beer) ② 와인(Wine)

③ 브랜디(Brandy) ④ 폴케(Pulque)

17. 다음 중 뜨거운 칵테일은?

① Irish Coffee ② Pink Lady ③ Pina Colada ④ Manhattan

18. 발포성 와인의 이름이 아닌 것은?

① 스페인 – 까바(Cava) ② 독일 – 젝트(Sekt)

③ 이탈리아 – 스푸만테(Spumante) ④ 포르투갈 – 도세(Doce)

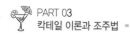

19. 음료류의 식품유형에 대한 설명으로 틀린 것은?

① 무향탄산음료 : 먹는 물에 식품 또는 식품첨가물(착향료 제외)등을 가한 후 탄산가스를 주입한 것을 말한다.

② 착향탄산음료 : 탄산음료에 식품첨가물(착향료)을 주입한 것을 말한다.

③ 과실음료 : 농축과실즙(또는 과실 분), 과실주스 등을 원료로하여 가공한 것(과실즙 10%이상)을 말한다.

④ 유산균 음료 : 유가공품 또는 식물성 원료를 효모로 발효시켜 가공(살균을 포함)한 것을 말한다.

20. 포도품종에 대한 설명으로 틀린 것은?

① Syrah : 최근 호주의 대표품종으로 자리 잡고 있으며, 호주에 서는 Shiraz 라고 부른다.

② Gamay : 주로 레드 와인으로 사용되며 과일향이 풍부한 와인 이 된다.

③ Merlot : 보르도, 캘리포니아, 칠레 등에서 재배되며, 부드러 운 맛이 난다.

④ Pinot Noir : 보졸레에서 이 품종으로 정상급 레드와인을 만들고 있으며, 보졸레 누보에 사용된다.

21. 샴페인의 발명자는?

① Bordeaux   ② Champagne   ③ St. Emilion   ④ Dom Perignon

22. 맥주용 보리의 조건이 아닌 것은?

① 껍질이 얇아야 한다.

② 담황색을 띄고 윤기가 있어야 한다.

③ 전분 함유량이 적어야 한다.

④ 수분 함유량이 13% 이하로 잘 건조되어야 한다.

23. 제조 방법에 따른 술의 분류로 옳은 것은?

① 발효주, 증류주, 추출주   ② 양조주, 증류주, 혼성주

③ 발효주, 칵테일, 에센스 주   ④ 양조주, 칵테일, 여과주

24. 장식으로 양파(Cocktail Onion)가 필요한 것은?

① 마티니(Martini) ② 깁슨(Gibson)

③ 좀비(Zombie) ④ 다이퀴리

25. Table Wine으로 적합하지 않은 것은?

① White Wine ② Red Wine

③ Rose Wine ④ Cream Sherry

26. 비알코올성 음료의 분류방법에 해당되지 않는 것은?

① 청량음료 ② 영양음료 ③ 발포성음료 ④ 기호음료

27. 비알코올성 음료에 대한 설명으로 틀린 것은?

① Decaffeinated Coffee는 Caffein을 제거한 커피이다.

② 아라비카종은 이디오피아가 원산지인 향이 우수한 커피이다.

③ 에스프레소 커피는 고압의 수증기로 추출한 커피이다.

④ Cocoa는 카카오 열매의 과육을 말려 가공한 것이다.

28. 다음과 같은 재료를 사용하여 만드는 칵테일은?

Liquor + Lemon Juice + Sugar + Soda Water

① Collins ② Martini ③ Flip ④ Rickey

29. 「단맛」이라는 의미의 프랑스어는?

① Trocken ② Blanc ③ Cru ④ Doux

30. 다음 중 나머지 셋과 성격이 다른 것은?

A. Cherry Brandy	B. Peach Brandy
C. Hennessy Brandy	D. Apricot Brandy

① A ② B ③ C ④ D

31. 주로 일품요리를 제공하며 매출을 증대 시키고, 고객의 기호와 편의를 도모하기 위해 그날의 특별요리를 제공하는 레스토랑은?

① 다이닝 룸　　　　　　② 그릴

③ 카페테리아　　　　　④ 텔리카트슨

32. 다음 중 용량이 가장 작은 글라스는?

① Old Fashioned Glass　　② Highball Glass

③ Cocktail Glass　　　　④ Shot Glass

33. 빈(Bin)의 의미하는 것은?

① 프랑스산 포도주

② 주류저장소에 술병을 넣어 놓는 장소

③ 칵테일 조주 시 가장 기본이 되는 주재료

④ 글라스를 세척하여 담아 놓는 기구

34. 바텐더가 지켜야 할 사항이 아닌 것은?

① 항상 고객의 입장에서 근무하여 고객을 공평이 대할 것

② 업장에 손님이 없을 시에도 서비스 자세를 바르게 유지할 것

③ 고객의 취향에 맞추어 서비스 할 것

④ 고객끼리의 대화를 할 경우 적극적으로 대화에 참여할 것

35. 음료를 서빙 할 때에 일반적으로 사용하는 비품이 아닌 것은?

① Napkin　　　　　　② Coaster

③ Serving Tray　　　　④ Bar Spoon

36. 조주 방법 중「Stirring」에 대한 설명으로 옳은 것은?

① 칵테일을 차게 만들기 위해 믹싱글라스에 얼음을 넣고 바 스푼으로 휘저어 만
    드는 것

② Shaking으로는 얻을 수 없는 설탕을 첨가한 차가운 칵테일을 만드는 방법

③ 칵테일을 완성시킨 후 향기를 가미 시킨 것

④ 글라스에 직접 재료를 넣어 만드는 방법

37. 「Squeezer」에 대한 설명으로 옳은 것은?

① Bar에서 사용하는 Measure-Cup의 일종이다.

② Mixing Glass를 대용할 때 쓴다.

③ Strainer가 없을 때 흔히 사용한다.

④ 과일즙을 낼 때 사용한다.

38. 다음 중 믹싱 글라스(Mixing Glass)를 이용하여 만든 칵테일만으로 짝지어진 것은?

㉠ Pink Lady	㉡ Gibson	㉢ Stinger
㉣ Manhattan	㉤ Bacardi	㉥ Dry Martini

① ㉠ ㉡ ㉤   ② ㉠ ㉣ ㉤   ③ ㉡ ㉣ ㉥   ④ ㉠ ㉢ ㉥

39. 칵테일 레시피(Recipe)를 보고 알 수 없는 것은?

① 칵테일의 색깔   ② 칵테일의 분량

③ 칵테일의 성분   ④ 칵테일의 판매량

40. 「Measure Cup」에 대한 설명 중 틀린 것은?

① 각종 주류의 용량을 측정한다.

② 윗 부분은 1oz(30 ㎖)이다.

③ 아랫부분은 1.5oz(45 ㎖)이다.

④ 병마개를 감쌀 때 쓰일 수 있다.

41. 재고 관리상 쓰이는「F.I.F.O」란 용어의 뜻은?

① 정기 구입　　　② 선입 선출　　　③ 임의 불출　　　④ 후입 선출

42. 맥주의 보관·유통 시 주의할 사항이 아닌 것은?

① 심한 진동을 가하지 않는다.

② 너무 차게 하지 않는다.

③ 햇볕에 노출시키지 않는다.

④ 장기 보관 시 맥주와 공기가 접촉되게 한다.

43. 구매된 주류에 대한 저장관리의 원칙에 해당하지 않는 것은?

① 적정 온도유지의 원칙　　　　② 품목별 분류저장의 원칙

③ 고가위주의 저장원칙　　　　④ 선입선출의 원칙

44. 프론트 바(Front Bar)에 대한 설명으로 옳은 것은?

① 주문과 서브가 이루어지는 고객들의 이용 장소로서 일반적으로 폭 40cm, 높이 120cm가 표준이다.

② 술과 잔을 전시하는 기능을 갖고 있다.

③ 술을 저장하는 창고이다.

④ 주문과 서브가 이루어지는 고객들의 이용 장소로서 일반적으로 폭 80cm, 높이 150cm가 표준이다.

45. 와인과 음식과의 조화가 제대로 이루어지지 않은 것은?

① 식전 - Dry Sherry Wine　　　② 식후 - Port Wine

③ 생선 - Sweet Wine　　　　　④ 육류 - Red Wine

46. 계란, 설탕 등의 부재료가 사용되는 칵테일을 혼합할 때 사용하는 기구는?

① Shaker　　　　　　　　　② Mixing Glass

③ Strainer　　　　　　　　　④ Muddler

47. 「Bock Beer」에 대한 설명으로 옳은 것은?

① 알코올도수가 높은 흑맥주　　　　② 알코올도수가 낮은 담색 맥주

③ 이탈리아산 고급 흑맥주　　　　　④ 제조 12시간 내의 생맥주

48. 다음 중 백포도주의 보관온도로 가장 적합한 것은?

① 14~18℃　　　② 12~16℃　　　③ 8~10℃　　　④ 5~6℃

49. 애플 마티니(Apple Martini) 칵테일 원가비율을 20%에 맞추어 판매하고자 할 때, 재료비가 1,500원이라면 판매가는?

① 7,500원　　　② 8,500원　　　③ 9,000원　　　④ 10,000원

50. 와인(Wine)을 오픈(Open)할 때 사용하는 기물로 적당한 것은?

① Corkscrew　　　　　　　　② White Napkin

③ Ice Tongs　　　　　　　　④ Wine Basket

51. As a rule, the dry wine is served (　　　　　　　　).

① in the meat course　　　　② in the fish course

③ before dinner　　　　　　④ after dinner

52. Which of the following is not correct in the blank?

> As a barman, you would suggest guest to have one more drink.
> Say : (　　　　)

① The same again, sir?

② One for the road?

③ I have another waiting on ice for you.

④ Cheers, sir!

53. 아래는 무엇에 대한 설명인가?

> A fortified yellow or brown wine of Spanish origin with a distinctive nutty flavor.

① Sherry   ② Rum   ③ Vodka   ④ Blood Mary

54. 다음은 어떤 술에 대한 설명인가?

> It was created over 300years ago by a Dutch chemist named Dr, Franciscus Sylvius.

① Gin   ② Rum   ③ Vodka   ④ Tequila

55. Which of the following is made from grape?

① Calvados   ② Rum   ③ Gin   ④ Brandy

56. 「실례했습니다.」의 표현과 거리가 먼 것은?

① I'm Sorry to have disturbed you.   ② I'm Sorry to have troubled you.

③ I hope I didn't disturb you.   ④ I'm sorry I didn't interrupt you

57. 「Bring us ( ) round of beer.」에서 ( )에 알맞은 것은?

① each   ② another   ③ every   ④ all

58. 「우리 호텔을 떠나십니까?」의 표현은?

① Do you start our hotel?   ② Are you leave our hotel?

③ Are you leaving our hotel?   ④ Do you go our hotel?

59. Which one is the most famous herb liqueur?

① Baileys Irish cream   ② Benedictine D.O.M

③ Cream de cacao   ④ Akvavit

60. 다른 보기들과 의미가 다른 것은?

A. May I take your order?

B. Are you ready to order?

C. What would you like Sir?

D. How would you like, Sir?

① A   ② B   ③ C   ④ D

 정답

1	2	3	4	5	6	7	8	9	10
④	①	③	①	②	④	②	②	③	②
11	12	13	14	15	16	17	18	19	20
④	①	④	③	①	③	①	④	④	④
21	22	23	24	25	26	27	28	29	30
④	③	②	②	④	③	④	①	④	③
31	32	33	34	35	36	37	38	39	40
②	④	②	④	④	①	④	③	④	④
41	42	43	44	45	46	47	48	49	50
②	④	③	①	③	①	①	③	①	①
51	52	53	54	55	56	57	58	59	60
③	④	①	①	④	④	②	③	②	③

조주기능사 필기 기출문제 (2012.04.08)

1. 보졸레 누보 양조과정의 특징이 아닌 것은?
   ① 기계 수확을 한다.
   ② 열매를 분리하지 않고 송이채 밀폐 된 탱크에 집어넣는다.
   ③ 발효 중 CO_2의 영향을 받아 산도가 낮은 와인이 만들어 진다.
   ④ 오랜 숙성 기간 없이 출하한다.

2. 텀블러 글라스에 Dry Gin 1oz, Lime Juice 1/2oz, 그리고 Soda Water로 채우고 레몬슬라이스로 장식하여 제공되는 칵테일은?
   ① Gin Fizz   ② Gimlet
   ③ Gin Rickey   ④ Gibson

3. 다음 중 양조주에 해당하는 것은?
   ① 청주(清酒)   ② 럼주(Rum)
   ③ 소주(Soju)   ④ 리큐르(Liqueur)

4. Irish Whiskey에 대한 설명으로 틀린 것은?
   ① 깊고 진한 맛과 향을 지닌 몰트위스키도 포함된다.
   ② 피트훈연을 하지 않아 향이 깨끗하고 맛이 부드럽다.
   ③ 스카치위스키와 제조과정이 동일하다.
   ④ John Jameson, Old Bushmills가 대표적이다.

.5 다음 칵테일 중 Mixing Glass를 사용하지 않는 것은?
   ① Martini   ② Gin Fizz   ③ Gibson   ④ Rob Roy

6. 다음 중 Rum의 원산지는?

① 러시아   ② 카리브해 서인도제도

③ 북미지역   ④ 아프리카지역

7. 화이트 포도 품종인 샤르도네만을 사용하여 만드는 샴페인은?

① Blanc de Noirs   ② Blanc de Blanc

③ Asti Spumante   ④ Beaujolais

8. 다음 중 칵테일 조주에 필요한 기구로 가장 거리가 먼 것은?

① Jigger   ② Shaker

③ Ice Equipment   ④ Straw

9. 다음 중 연결이 틀린 것은?

① 1Quart - 32oz   ② 1Quart - 944㎖

③ 1Quart - 1/4Gallon   ④ 1Quart - 25Pony

10. Sparkling Wine과 관련이 없는 것은?

① Champagne   ② Sekt   ③ Cremant   ④ Armagnac

11. 와인의 등급을「AOC, VDQS, Vins De Pay, Vins De Table」로 구분하는 나라는?

① 이탈리아   ② 스페인   ③ 독일   ④ 프랑스

12. 음료에 대한 설명이 잘못된 것은?

① 칼린스 믹스(Collins Mixer)는 레몬주스와 설탕을 주원료로 만든 착향 탄산음료이다.

② 토닉워터(Tonic Water)는 키니네(Quinine)를 함유하고 있다.

③ 코코아(Cocoa)는 코코넛(Coconut) 열매를 가공하여 가루로 만 든 것이다.

④ 콜라(Coke)는 콜라닌과 카페인을 함유하고 있다.

13. 다음 중 가장 많은 재료를 넣어 셰이킹 하는 칵테일은?

① Manhattan   ② Apple Martini   ③ Gibson   ④ Pink Lady

14. 다음에서 말하는 물을 의미하는 것은?

> 우리나라 고유의 술은 곡물과 누룩도 좋아야 하지만 특히 물이 좋아야 한다. 옛부터 만물이 잠든 자정에 모든 오물이 다 가라앉은 맑고 깨끗한 물을 길어 술을 담갔다고 한다.

① 우물물   ② 광천수   ③ 암반수   ④ 정화수

15. 샴페인의 「Extra Dry」라는 문구는 잔여 당분의 함량을 가리키는 표현이다. 이 문구를 삽입하고자 할 때 병에 함유된 잔여 당분의 정도는?

① 0 ~ 6 g/ℓ   ② 6 ~ 12 g/ℓ

③ 12 ~ 20 g/ℓ   ④ 20 ~ 50 g/ℓ

16. 다음 중 꼬냑(Cognac)의 증류가 끝나도록 규정되어진 때는?

① 12월 31일   ② 2월 1일   ③ 3월 31일   ④ 5월 1일

17. 80 proof는 알코올 도수(%)로 얼마인가?

① 10%   ② 20%   ③ 30%   ④ 40%

18. 혼성주의 제조 방법이 아닌 것은?

① 양조법(Fermentation)   ② 증류법(Distillation)

③ 침출법(Infusion)   ④ 에센스 추출법(Essence)

19. 조주기법(Cocktail Technique)에 관한 사항에 해당하지 않는 것은?

① Stirring   ② Distilling

③ Straining   ④ Chilling

20. 포트와인 양조 시 전통적으로 포도의 색과 탄닌을 빨리 추출하기 위해 포도를 넣고 발로 밟는 화강암 통은?

① 라가르(Lagar)   ② 마세라시옹(Maceration)

③ 챕탈리제이션(Chaptalisation)   ④ 캐스크(Cask)

21. 와인생산지역 중 나머지 셋과 기후가 다른 지역은?

| ㉠ 지중해 지역 | ㉡ 캘리포니아 지역 |
| ㉢ 남아프리카공화국 남서부 지역 | ㉣ 아르헨티나 멘도자(Mendoza) 지역 |

① ㉠   ② ㉡   ③ ㉢   ④ ㉣

22. 다음 중 Red Wine용 포도 품종은?

① Cabernet Sauvignon   ② Chardonnay

③ Pinot Blanc   ④ Sauvignon Blanc

23. 프로스팅(Frosting)기법이 사용되지 않는 칵테일은?

① Margarita   ② Kiss of Fire

③ Harvey Wallbanger   ④ Irish Coffee

24. Sidecar 칵테일을 만들 때 재료로 적당하지 않은 것은?

① Tequila   ② Brandy

③ White Curacao   ④ Lemon Juice

25. 지봉유설에 전해오는 것으로 이것을 마시면 불로장생한다 하여 장수주로 유명하며, 주로 찹쌀과 구기자, 고유약초로 만들어진 우리나라 고유의 술은?

① 두견주   ② 백세주   ③ 문배주   ④ 이강주

26. 다음 중 Sugar Frost로 만드는 칵테일은?

① Rob Roy   ② Kiss of Fire   ③ Margarita   ④ Angel's Tip

27. 칵테일 조주시 셰이킹(Shaking)기법을 사용하는 재료로 가장 거리가 먼 것은?

① 우유나 크림　　　　　　　　　② 꿀이나 설탕시럽

③ 증류주와 소다수　　　　　　　④ 증류주와 계란

28. 다음 중에서 이탈리아 와인 키안티 클라시코(Chianti Classico)와 관계가 가장 먼 것은?

① Gallo Nero　　② Piasco　　③ Raffia　　④ Barbaresco

29. 혼성주 특유의 향과 맛을 이루는 재료가 아닌 것은?

① 과일　　　　② 꽃　　　　③ 천연향료　　　　④ 곡물

30. 혼성주(Compounded Liquor)종류에 대한 설명이 틀린 것은?

① 아드보가트(Advocaat)는 브랜디에 계란노른자와 설탕을 혼합하여 만들었다.

② 드람브이(Drambuie)는 「사람을 만족시키는 음료」라는 뜻을 가지고 있다.

③ 알마냑(Armagnac)은 체리향을 혼합하여 만든 술이다.

④ 깔루아(Khalua)는 증류주에 커피를 혼합하여 만든 술이다.

31. 칵테일 글라스의 부위명칭으로 틀린 것은?

① ㉠ - Rim　　② ㉡ - Face

③ ㉢ - Body　　④ ㉣ - Bottom

32. 보조 웨이터의 설명으로 틀린 것은?

① Assistant Waiter라고도 한다.

② 직무는 캡틴이나 웨이터의 지시에 따른다.

③ 기물의 철거 및 교체, 테이블 정리·정돈을 한다.

④ 재고조사(Inventory)를 담당한다.

33. 다음 중 숙성기간이 가장 긴 브랜디의 표기는?

① 3 Star　　　　② V·S·O·P　　③ V·S·O　　　　④ X·O

34. Liqueur Glass의 다른 명칭은?

① Shot Glass　　　　　　　　② Cordial Glass

③ Sour Glass　　　　　　　　④ Goblet

35. 주장 경영에 있어서 프라임 코스트(Prime Cost)는?

① 감가상각과 이자율　　　　　② 식음료 재료비와 인건비

③ 임대비 등의 부동산 관련 비용　④ 초과근무수당

36. 바(Bar)의 종류에 의한 분류에 해당하지 않는 것은?

① Jazz Bar　　　　　　　　　② Back Bar

③ Western Bar　　　　　　　④ Wine Bar

37. 다음 중 Aperitif의 특징이 아닌 것은?

① 식욕촉진용으로 사용되는 얼음이다.

② 라틴어 Aperire(Open)에서 유래되었다.

③ 약초계를 많이 사용하기 때문에 쌉쌀한 향을 지니고 있다.

④ 당분이 많이 함유된 단맛이 있는 술이다.

38. 쉐이크(Shaker)를 이용하여 만든 칵테일을 짝지은 것으로 올바른 것은?

㉠ Pink Lady	㉡ Olympic	㉢ Stinger
㉣ Seabreeze	㉤ Bacardi	㉥ Kir

① ㉠ ㉡ ㉤　　　　　　　　　② ㉠ ㉣ ㉤

③ ㉡ ㉣ ㉥　　　　　　　　　④ ㉠ ㉡ ㉥

39. 다음 중 Angel's Kiss를 만들 때 사용하는 것은?

① Shaker　　　　　　　　　② Mixing Glass

③ Blender　　　　　　　　　④ Bar Spoon

40. Port Wine을 가장 옳게 표현한 것은?

① 항구에서 막노동을 하는 선원들이 즐겨 찾던 적포도주

② 적포도주의 총칭

③ 스페인에서 생산되는 식탁용 드라이(Dry) 포도주

④ 포르투갈에서 생산되는 감미(Sweet) 포도주

41. 생맥주의 취급의 기본원칙 중 틀린 것은?

① 적정온도준수   ② 후입선출

③ 적정압력유지   ④ 청결유지

42. 「Corkage Charge」의 의미는?

① 고객이 다른 곳에서 구입한 주류를 바(Bar)에 가져와서 마실 때 부과되는 요금

② 고객이 술을 보관할 때 지불하는 보관 요금

③ 고객이 Battle 주문시 따라 나오는 Soft Drink의 요금

④ 적극적인 고객 유치를 위한 판촉비용

43. 주류의 용량을 측정하기 위한 기구는?

① Jigger Glass   ② Mixing Glass   ③ Straw   ④ Decanter

44. 잔(Glass) 가장자리에 소금, 설탕을 묻힐 때 빠르고 간편하게 사용 할 수 있는 칵테일 기구는?

① 글라스 리머(Glass Rimmer)   ② 디켄터(Decanter)

③ 푸어러(Pourer)   ④ 코스터(Coaster)

45. 글라스(Glass)의 위생적인 취급방법으로 옳지 못한 것은?

① Glass는 불쾌한 냄새나 기름기가 없고 환기가 잘 되는 곳에 보관해야 한다.

② Glass는 비눗물에 닦고 뜨거운 물과 맑은 물에 헹궈 그대로 사용하면 된다.

③ Glass를 차갑게 할 때는 냄새가 전혀 없는 냉장고에서 Frosting 시킨다.

④ 얼음으로 Frosting 시킬 때는 냄새가 없는 얼음인지를 반드시 확인해야 한다.

46. 칵테일에서 사용되는 청량음료로 Quinine, Lemon 등 여러 가지 향료 식물로 만든 것은?

① Soda Water   ② Ginger Ale

③ Collins Mixer   ④ Tonic Water

47. 와인의 적정온도 유지의 원칙으로 옳지 않은 것은?

① 보관 장소는 햇빛이 들지 않고 서늘하며, 습기가 없는 곳이 좋다.

② 연중 급격한 온도변화가 없는 곳이어야 한다.

③ 와인에 전해지는 충격이나 진동이 없는 곳이 좋다.

④ 코르크가 젖어 있도록 병을 눕혀서 보관해야 한다.

48. 칵테일에 관련된 각 용어의 설명이 틀린 것은?

① Cocktail Pick - 장식에 사용하는 핀   ② Peel - 과일 껍질

③ Decanter - 신맛이라는 뜻   ④ Fix - 약간 달고, 맛이 강한 칵테일의 종류

49. 마티니(Martini)를 만들 때 사용하는 칵테일 기구로 적합하지 않은 것은?

① 믹싱글라스(Mixing Glass)   ② 바 스트레이너(Bar Strainer)

③ 바 스푼(Bar Spoon)   ④ 쉐이크(Shaker)

50. Dry Martini의 레시피가「Gin 2 oz, Dry Vermouth 1/4 oz, Olive 1개」이며 판매가가 10,000 이다. 재료별 가격이 다음과 같을 때 원가율은?

> * Dry Gin 20,000원/병(25 oz)
> * Olive 100원/개당
> * Dry Vermouth 10,000원/병(25 oz)

① 10 %   ② 12 %   ③ 15 %   ④ 18 %

51. Which is not one of four famous Whiskies in the world?

① Canadian Whisky   ② Scotch Whisky

③ American Whisky   ④ Japanese Whisky

52. 다음 (   )에 들어갈 알맞은 것은?

> What is an air conditioner?
>
> An air conditioner is (   ) controls the temperature in a room.

① this　　　　　　② what　　　　　　③ which　　　　　　④ something

53. 다음 중 의미가 다른 하나는?

① It's my treat this time.　　　　　② I'll pick up the tab.

③ Let's go Dutch.　　　　　　　　④ It's on me.

54. What is a Sommelier?

① Bartender　　　　　　　　　② Wine Steward

③ Pub Owner　　　　　　　　　④ Waiter

55. 다음 (   ) 안에 들어갈 단어로 알맞은 것은?

> It is also a part of your job to make polite and friendly small talk with customers
> to (   ) them feel at home.

① doing　　　　　　② takes　　　　　　③ gives　　　　　　④ make

56. 다음 (   )에 들어갈 단어로 알맞은 것은?

> (   ) goes well with dessert.

① Ice Wine　　　　② Red Wine　　　　③ Vermouth　　　　④ Dry Sherry

57. 다음 (   )에 들어갈 단어로 알맞은 것은?

> (   ) is the conversion of sugar contained in the mash or must into ethyl
> alcohol.

① distillation　　　② fermentation　　　③ infusion　　　④ decanting

58. 다음 ( )에 들어갈 단어로 옳음 것은?

G1 : This is the bar I told you about.
G2 : Hmm....looks ( ) a very nice one.
W : What kind of drink Would you like?
G1 : Let's see. Scotch ( ) the rocks, a double.

① be, over   ② liking, off   ③ like, on   ④ alike, off

59. Which of the following is not distilled liquor?

① Vodka   ② Gin   ③ Calvados   ④ Pulque

60. 아래의 Guest(G)와 Receptionist(R)의 대화에서 ( ) 안에 들어갈 단어로 알맞은 것은?

G : Is there a swimming pool in this hotel?
R : Yes, there is. It is (A) the 4th floor.
G : What time does it open in the morning?
R : It opens (B) morning at 6 AM.

① A : at, B : each

② A : on, B : every

③ A : to, B : at

④ A : by, B : in

 정답

1	2	3	4	5	6	7	8	9	10
①	③	①	③	②	②	②	④	④	④
11	12	13	14	15	16	17	18	19	20
④	③	④	④	③	③	④	①	②	①
21	22	23	24	25	26	27	28	29	30
④	①	③	①	②	②	③	④	④	③
31	32	33	34	35	36	37	38	39	40
③	④	④	②	②	②	④	①	④	④
41	42	43	44	45	46	47	48	49	50
②	①	①	①	②	④	①	③	④	④
51	52	53	54	55	56	57	58	59	60
④	②	③	②	④	①	②	③	④	②

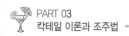
 조주기능사 필기 기출문제　　(2012.07.22)

1. 곡류를 원료로 만드는 술의 제조시 당화과정에 필요한 것은?

① Ethyl Alcohol　　② CO_2　　③ Yeast　　④ Diastase

2. 데킬라에 오렌지 주스를 배합한 후 붉은색 시럽을 뿌려서 모양이 마치 일출의 장관을 연출케 하는 환희의 칵테일은?

① Stinger　　② Tequila Sunrise　③ Screw Driver　④ Pink Lady

3. 과일이나 곡류를 발효시킨 주정을 기초로 증류한 스피릿(Spirits)에 감미를 더하고 천연향미를 첨가한 것은?

① 양조주(Fermented Liquor)　　　② 증류주(Distilled Liquor)

③ 혼성주(Liqueur)　　　　　　　④ 아쿠아비트(Akvavit)

4. 커피의 맛과 향을 결정하는 중요한 가공요소가 아닌 것은?

① Roasting　　② Blending　　③ Grinding　　④ Weathering

5. 보드카(Vodka)에 대한 설명 중 틀린 것은?

① 슬라브 민족의 국민주라고 할 수 있을 정도로 애음되는 술이다.

② 사탕수수를 주원료로 사용한다.

③ 무색(Colorless), 무미(Tasteless), 무취(Odorless)이다.

④ 자작나무 활성탄과 모래를 통과시켜 여과한 술이다.

6. 다음 중 용량이 가장 큰 계량 단위는?

① 1 Teaspoon　　② 1 Pint　　③ 1 Split　　④ 1 Dash

7. 칵테일 장식에 사용되는 올리브(Olive)에 대한 설명으로 틀린 것은?

① 칵테일용과 식용이 있다.

② 마티니의 맛을 한껏 더해 준다.

③ 스터프트 올리브(Stuffed Olive)는 칵테일용이다.

④ 롭 로이 칵테일에 장식되며 절여서 사용한다.

8. 다음 중 혼성주의 제조방법이 아닌 것은?

① 샤마르법(Charmat Process)　　② 증류법(Distilled Process)

③ 침출법(Infusion Process)　　④ 배합법(Essence Process)

9. 프랑스에서 가장 오래된 혼성주 중의 하나로 호박색을 띠고 '최대 최선의 신에게'라는 뜻을 가지고 있는 것은?

① 압생트(Absente)　　② 아쿠아비트(Akvavit)

③ 캄파리(Campari)　　④ 베네딕틴 디오엠(Benedictine D.O.M)

10. 흑맥주가 아닌 것은?

① Stout Beer　　② Munchener Beer

③ Kolsch Beer　　④ Porter Beer

11. 다음 중 그레나딘(Grenadine)이 필요한 칵테일은?

① 위스키 사워(Sour)　　② 바카디(Bacardi)

③ 카루소(Caruso)　　④ 마가리타(Margarta)

12. 스파클링 와인에 해당되지 않는 것은?

① Champagne　　② Cremant　　③ Vin doux naturel　　④ Spumante

13. 수분과 이산화탄소로만 구성되어 식욕을 돋우는 효과가 있는 음료는?

① Mineral Water　　　　　　　　② Soda Water

③ Plain Water　　　　　　　　　④ Cider

14. 정찬코스에서 hors-d'oeuvre 또는 Soup 대신에 마시는 우아하고 자양분이 많은 칵테일은?

① after dinner Cocktail　　　　　② Before dinner Cocktail

③ Club Cocktail　　　　　　　　④ Night cap Cocktail

15. 다음 중 뜨거운 칵테일은?

① 아이리쉬 커피　　　　　　　　② 싱가폴 슬링

③ 핑크레이디　　　　　　　　　④ 피나 콜라다

16. 알코올성 음료 중 성질이 다른 하나는?

① Kahlua　　　② Tia Maria　　　③ Vodka　　　④ Anisette

17. 에일(Ale)이란 음료는?

① 와인의 일종이다　　　　　　　② 증류주의 일종이다

③ 맥주의 일종이다　　　　　　　④ 혼성주의 일종이다

18. 다음 중 오드비(Eau de vie)가 아닌 것은?

① Kirsch　　　② Apricots　　　③ Framboise　　　④ Amaretto

19. 보르도(Bordeaux)지역에서 재배되는 레드와인용 품종이 아닌 것은?

① 메를로(Merlot)

② 뮈스까델(Muscadelle)

③ 까베르네 쇼비뇽(Cabernet Sauvignon)

④ 까베르네 프랑(Cabernet Franc)

20. 맨하탄(Manhattan) 칵테일을 담아 제공하는 글라스로 가장 적합한 것은?

① 샴페인 글라스(Champagne glass)

② 칵테일 글라스(Cocktail glass)

③ 하이볼 글라스(Highball glass)

④ 온더락 글라스(On the rock glass)

21 포트와인(Port Wine)이란?

① 포르투갈산 강화주　　　　② 포도주의 총칭

③ 캘리포니아산 적포도주　　④ 호주산 적포도주

22. 세계 4대 위스키에 속하지 않는 것은?

① Scotch Whisky　　　　② American Whiskey

③ Canadian Whisky　　　④ Japanese Whisky

23. 칵테일 도량용어로 1 Finger에 가장 가까운 양은?

① 30㎖ 정도의 양　　　　② 1병(Bottle)만큼의 양

③ 1 대시(Dash)의 양　　　④ 1컵(Cup)의 양

24. 진(Gin)에 다음 어느 것을 혼합해야 Gin Rickey가 되는가?

① 소다수(Soda Water)　　　② 진저엘(Ginger Ale)

③ 콜라(Cola)　　　　　　　④ 사이다(Cider)

25. Gibson에 대한 설명으로 틀린 것은?

① 알코올 도수는 약 36도에 해당한다.

② 베이스는 Gin이다.

③ 칵테일 어니언(Onion)으로 장식한다.

④ 기법은 Shaking이다.

26. 우리나라 민속주에 대한 설명으로 틀린 것은?

① 탁주류, 약주류, 소주류 등 다양한 민속주가 생산된다.

② 쌀 등 곡물을 주원료로 사용하는 민속주가 많다.

③ 삼국시대부터 증류주가 제조되었다.

④ 발효제로는 누룩만을 사용하여 제조하고 있다.

27. 와인의 용량 중 1.5L 사이즈는?

① 발따자르(Balthazer)   ② 드미(Demi)

③ 매그넘(Magnum)   ④ 제로보암(Jeroboam)

28. 커피의 3대 원종이 아닌 것은?

① 로부스타종   ② 아라비카종   ③ 인디카종   ④ 리베리카종

29. 다음 중 Bourbon Whiskey는?

① Jim Beam   ② Ballantine's   ③ Old Bushmills   ④ Cutty Sark

30. 잔 주위에 설탕이나 소금 등을 묻혀서 만드는 방법은?

① Shakinf   ② Building   ③ Floating   ④ Frosting

31. 원가를 변동비와 고정비로 구분할 때 변동비에 해당하는 것은?

① 임차료   ② 직접재료비   ③ 재산세   ④ 보험료

32. 발포성 와인의 서비스 방법으로 틀린 것은?

① 병을 45°로 기울인 후 세게 흔들어 거품이 충분히 나도록 한 후 철사 열 개를 푼다.

② 와인쿨러에 물과 얼음을 넣고 발포성 와인병을 넣어 차갑게 한 다음 서브한다.

③ 서브 후 서비스 넵킨으로 병목을 닦아 술이 테이블 위로 떨어지는 것을 방지한다.

④ 거품이 너무 나오지 않게 잔의 내측 벽으로 흘리면서 잔을 채운다.

33. 믹싱글라스(Mixing Glass)에서 만든 칵테일을 글라스에 따를 때 얼음을 걸러주는 역할을 하는 기구는?

① Ice Pick   ② Ice Tong

③ Strainer   ④ Squeezer

34. 테이블의 분위기를 돋보이게 하거나 고객의 편의를 위해 중앙에 놓는 집기들의 배열을 무엇이라 하는가?

① Service Wagon   ② Show Plate

③ B & B Plate   ④ Center Piece

35. 바텐더(Bartender)의 수칙이 아닌 것은?

① Recipe에 의한 재료와 양을 사용한다.

② 영업 중 Bar에서 재고조사를 한다.

③ 고객과의 대화에 지장이 없도록 교양을 넓힌다.

④ 고객 한 사람마다 신경을 써서 주문에 응한다.

36. Standard Recipe를 지켜야 하는 이유로 틀린 것은?

① 동일한 맛을 낼 수 있다.   ② 객관성을 유지 할 수 있다.

③ 원가정책의 기초로 삼을 수 있다.   ④ 다양한 맛을 낼 수 있다.

37. 레몬이나 과일 등의 가니쉬를 으깰 때 쓰는 목재로 된 기구는?

① 칵테일 픽(Cocktail Pick)   ② 푸어러(Pourer)

③ 아이스 페일(Ice Pail)   ④ 우드 머들러(Wood Muddler)

38. 음료가 든 잔을 서비스 할 때 틀린 사항은?

① Tray를 사용한다.   ② Stem을 잡는다.

③ Rim을 잡는다.   ④ Coaster를 잡는다.

39. 바에서 사용하는 House Brand의 의미는?

① 널리 알려진 술의 종류

② 지정 주문이 아닐 때 쓰는 술의 종류

③ 상품(上品)에 해당하는 술의 종류

④ 조리용으로 사용하는 술의 종류

40. 바텐더가 지켜야 할 바(Bar)에서의 예의로 가장 올바른 것은?

① 정중하게 손님을 환대하며 고객이 기분이 좋도록 Lip Service를 한다.

② 자주 오시는 손님에게는 오랜 시간 이야기 한다.

③ Second Order를 하도록 적극적으로 강요한다.

④ 고가의 품목을 적극 추천하여 손님의 입장보다 매출에 많은 신경을 쓴다.

41. 와인 서빙에 필요치 않은 것은?

① Decanter　　　② Cock Screw　　　③ Stir rod　　　④ Pincers

42. 다음은 무엇에 대한 설명인가?

일정기간 동안 어떤 물품에 대한 정상적인 수요를 충족시키는데 필요한 재고량

① 기준재고량(Par Stock)　　　　② 일일재고량

③ 월말재고량　　　　④ 주단위 재고량

43. 바(Bar) 집기 비품에 속하지 않는 것은?

① Nut Meg　　　　② Spindle Mxer

③ Paring Knife　　　　④ Ice Pail

44. 다음 중 Decanter와 가장 관계있는 것은?

① Red Wine　　　　② White Wine

③ Champagne　　　　④ Sherry Wine

40. 맥주의 관리방법으로 옳은 것은?

① 습도가 높은 곳에 보관한다.

② 장시간 보관 · 숙성시켜서 먹는 것이 좋다.

③ 냉장보관 할 필요는 없다.

④ 직사광선을 피해 그늘지고 어두운 곳에 보관하여야 한다.

46. 와인의 이상적인 저장고가 갖추어야 할 조건이 아닌 것은?

① 8℃에서 14℃ 정도의 온도를 항상 유지해야 한다.

② 습도는 70~75% 정도를 항상 유지해야 한다.

③ 흔들림이 없어야 한다.

④ 통풍이 좋고 빛이 들어와야 한다.

47. 프론트 바(Front Bar)에 대한 설명으로 옳은 것은?

① 주문과 서브가 이루어지는 고객들의 이용 장소로서 일반적으로 폭 40cm, 높이 120cm가 표준이다.

② 술과 잔을 전시하는 기능을 갖고 있다.

③ 술을 저장하는 창고이다.

④ 주문과 서브가 이루어지는 고객들의 이용 장소로서 일반적으로 폭 80cm, 높이 150cm가 표준이다.

48. 프라페(Frappe)를 만들기 위해 준비하는 얼음은?

① Cube Ice
② Big Ice

③ Cracked Ice
④ Crushed Ice

49. Rob Roy 조주시 사용하는 기물은?

① 쉐이크(Shaker)
② 믹싱글라스(Mixing Glass)

③ 전기 블렌더(Blender)
④ 주스믹서(Juice Mixer)

50. 선입선출의 의미로 맞는 것은?

① First in, First On

② First in, First Off

③ First in, First Out

④ First inside, First on

51. What is the meaning of a walk-in guest?

① A guest with no reservation.

② Guest on charged instead of reservation guest.

③ By walk-in guest.

④ Guest that checks in through the front desk.

52. 다음 밑줄 친 단어의 의미는?

A : This beer is flat. I don't like warm beer.
B : I'll have them replace it with a cold one.

① 시원함

② 맛이 좋은

③ 김이 빠진

④ 너무 독한

53. 다음에서 설명하는 것은?

A drinking mug. usually made of earthenware used for serving beer.

① Stein

② Coaster

③ Decanter

④ Muddler

54. 다음에서 설명하는 것은?

It is a denomination that controls the grape quality, cultivation, unit, density, crop, production.

① V.D.Q.S

② Vin de Pays

③ Vin de Table

④ A.O.C

55. 다음 (   )안에 가장 알맞은 것은?

> Our hotel's bar has a (   ) from 6 to 9 in every Monday

① Bargain sales   ② Expensive price

③ Happy hour   ④ Business time

56. Which is not Scotch Whisky?

① Bourbon   ② Ballantine

③ Cutty Sark   ④ V.A.T 69

57. "우리는 새 블랜더를 가지고 있다."를 가장 잘 표현한 것은?

① We has been a new blender.

② We has a new blender.

③ We had a new blender.

④ We have a new blender.

58. 다음 (   ) 안에 알맞은 것은?

> (   ) must have juniper berry flavor and can be made either by
> distillation or re-distillation.

① Whisky   ② Rum

③ Tequila   ④ Gin

59. 다음 (   ) 안에 적합한 단어는?

> A : What would you like to drink?
> B : I'd like a (   ).

① Bread   ② Sauce

③ Pizza   ④ Beer

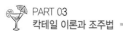

60. What is the difference between Cognac and Brandy?

① material　　　　　　　　② region

③ manufacturing company　　④ nation

 정답

1	2	3	4	5	6	7	8	9	10
④	②	③	④	②	②	④	①	④	③
11	12	13	14	15	16	17	18	19	20
②	③	②	③	①	③	③	④	②	②
21	22	23	24	25	26	27	28	29	30
①	④	①	①	④	③	③	③	①	④
31	32	33	34	35	36	37	38	39	40
②	①	③	④	②	④	④	③	②	①
41	42	43	44	45	46	47	48	49	50
③	①	①	①	④	④	①	④	②	③
51	52	53	54	55	56	57	58	59	60
①	③	①	④	③	①	④	④	④	②

1. 곡물(grain)을 원료로 만든 무색투명한 증류주에 두송자(juniper berry)의 향을 착향시킨 술은?

① tequila   ② rum   ③ vodka   ④ gin

2. 다음 보기에 대한 설명으로 옳은 것은?

> ㉠ 만자닐라(Manzanilla)   ㉡ 몬틸라(Montilla)
> ㉢ 올로로쏘(Oloroso)   ㉣ 아몬티라도(Amontillado)

① 이탈리아산 포도주   ② 스페인산 백포도주

③ 프랑스산 샴페인   ④ 독일산 포도주

3. 만들어진 칵테일에 손의 체온이 전달되지 않도록 할 때 사용되는 글라스(glass)로 가장 적합한 것은?

① stemmed glass   ② old fashioned glass

③ highball glass   ④ collins glass

4. 우리나라의 증류식 소주에 해당되지 않은 것은?

① 안동소주   ② 제주 한주   ③ 경기 문배주   ④ 금산 삼송주

5. 깁슨(Gibson) 칵테일에 알맞은 장식은?

① 올리브(Olive)   ② 민트(Mint)

③ 체리(Cherry)   ④ 칵테일 어니언(Cocktail onion)

6. 다음 중 와인의 품질을 결정하는 요소로 가장 거리가 먼 것은?

① 환경요소(terroir, 테루와르)　　② 양조기술

③ 포도품종　　④ 부케(bouquet)

7. 일반적으로 단식증류기(Pot still)로 증류하는 것은?

① Kentucky Straight Bourbon whiskey　② Grain whisky

③ Dark rum　　④ Aquavit

8. 상면발효 맥주로 옳은 것은?

① bock beer　　② budweiser beer

③ porter beer　　④ asahi beer

9. Malt Whisky를 바르게 설명한 것은?

① 대량의 양조주를 연속식으로 증류해서 만든 위스키

② 단식 증류기를 사용하여 2회의 증류과정을 거쳐 만든 위스키

③ 피트탄(peat,석탄)으로 건조한 맥아의 당액을 발효해서 증류한 피트향과 통의 향이 배인 독특한 맛의 위스키

④ 옥수수를 원료로 대맥의 맥아를 사용하여 당화시켜 개량 솥으로 증류한 고농도 알코올의 위스키

10. 다음 중 연결이 옳은 것은?

① absinthe - 노르망디 지방의 프랑스산 사과 브랜디

② campari -주정에 향쑥을 넣어 만드는 프랑스산 리큐르

③ calvados - 이탈리아 밀라노에서 생산되는 와인

④ chartreuse - 승원(수도원)이란 뜻을 가진 리큐르

11. Scotch whisk에 꿀(Honey)을 넣어 만든 혼성주는?

① Cherry Heering　　② Cointreau

③ Galliano　　④ Draimbuie

12. 커피(Coffee)의 제조방법 중 틀린 것은?

① 드립식(drip filter) ② 퍼콜레이터식(percolator)

③ 에스프레소식(espresso) ④ 디켄터식(decanter)

13. 다음 중 프랑스의 발포성 와인으로 옳은 것은?

① Vin Mousseux ② Sekt

③ Spumante ④ Perlwein

14. "생명의 물"이라고 지칭되었던 유래가 없는 술은?

① 위스키 ② 브랜디 ③ 보드카 ④ 진

15. 소금을 Cocktail Glass 가장자리에 찍어서(Riming) 만드는 칵테일은?

① Singapore Sling ② Side Car

③ Margarita ④ Snowball

16. 보드카가 기주로 쓰이지 않는 칵테일은?

① 맨해탄 ② 스크루드라이브

③ 키스 오브 화이어 ④ 치치

17. 1 quart는 몇 ounce인가?

① 1 ② 16 ③ 32 ④ 38.4

18. Long Drink에 대한 설명으로 틀린 것은?

① 주로 텀블러 글라스, 하이볼 글라스 등으로 제공한다.

② 탐 콜린스, 진피즈 등이 속한다.

③ 일반적으로 한 종류 이상의 술에 청량음료를 섞는다.

④ 무알콜 음료의 총칭이다.

19. Gin & Tonic에 알맞은 glass와 장식은?

① Collins Glass - Pineapple Slice　　② Cocktail Glass - Olive

③ Cocktail Glass - Orange Slice　　④ Highball Glass - Lemon Slice

20. 주류의 주정도수가 높은 것부터 낮은 순서대로 나열된 것으로 옳은 것은?

① Vermouth > Brandy > Fortified Wine > Kahlua

② Fortified Wine > Vermouth > Brandy > Beer

③ Fortified Wine > Brandy > Beer > Kahlua

④ Brandy > Galliano > Fortified Wine > Beer

21. 칵테일 제조에 사용되는 얼음(Ice)종류의 설명이 틀린 것은?

① 쉐이브드 아이스(Shaved Ice) : 곱게 빻은 가루 얼음

② 큐브드 아이스(Cubed Ice) : 정육면체의 조각얼음 또는 육각형 얼음

③ 크렉드 아이스(Cracked Ice) : 큰 얼음을 아이스 픽(Ice Pick)으로 깨어서 만든 각얼음

④ 럼프 아이스(lump Ice) : 각얼음을 분쇄하여 만든 작은 콩알 얼음

22. 스카치 위스키(Scotch Whisky)와 가장 거리가 먼 것은?

① Malt　　　　　　　　　　② Peat

③ Used Sherry Cask　　　　④ Used Limousin Oak Cask

23. 제조방법상 발효 방법이 다른 차(Tea)는?

① 한국의 작설차　　　　　　② 인도의 다르질링(Darjeeling)

③ 중국의 기문차　　　　　　④ 스리랑카의 우바(Uva)

24. 브랜디에 대한 설명으로 가장 거리가 먼 것은?

① 포도 또는 과실을 발효하여 증류한 술이다.

② 코냑 브랜디에 처음으로 별표의 기호를 도입한 것은 1865년 헤네시(Hennessy)
사에 의해서이다.

③ Brandy는 저장기간을 부호로 표시하며 그 부호가 나타내는 저장기간은 법적으로 정해져 있다.

④ 브랜디의 증류는 와인을 2~3회 단식 증류기(Pot still)로 증류한다.

25. 맥주의 원료 중 홉(hop)의 역할이 아닌 것은?

① 맥주 특유의 상큼한 쓴맛과 향을 낸다.

② 알코올의 농도를 증가시킨다.

③ 맥아즙의 단백질을 제거한다.

④ 잡균을 제거하여 보존성을 증가시킨다.

26. 부르고뉴 지역의 주요 포도품종은?

① 가메이와 메를로   ② 샤르도네와 피노 누아

③ 리슬링과 산지오베제   ④ 진판델과 까베르네 소비용

27. 위스키의 제조과정을 순서대로 나열한 것으로 가장 적합한 것은?

① 맥아 - 당화 - 발효 - 증류 - 숙성   ② 맥아 - 당화 - 증류- 저장 - 후숙

③ 맥아 - 발효 - 증류 - 당화 - 브랜딩   ④ 맥아 - 증류 - 저장- 숙성 - 발효

28. 혼성주의 특성과 가장 거리가 먼 것은?

① 증류주 혹은 양조주에 초근목피, 향료, 과즙, 당분을 첨가하여 만든 술

② 리큐르(Liqueur)라고 불리어지는 술

③ 주로 식후주로 즐겨 마시며 화려한 색채와 특이한 향을 지닌 술

④ 곡류와 과실 등을 원료로 발효한 술

29. 독일의 와인에 대한 설명 중 틀린 것은?

① 라인(Rhein)과 모젤(Msel) 지역이 대표적이다.

② 리슬링(Riesling)품종의 백포도주가 유명하다.

③ 와인의 등급을 포도 수확 시의 당분함량에 따라 결정한다.

④ 1935년 원산지 호칭 통제법을 제정하여 오늘날까지 시행하고 있다.

30. 셰이킹(Shaking)기법에 대한 설명으로 틀린 것은?

① 쉐이크(Shaker)에 얼음을 충분히 넣어 빠른 시간 안에 잘 섞이고 차게 한다.

② 쉐이크(Shaker)에 재료를 넣고 순서대로 Cap을 Strainer에 씌운 다음 Body에 덮는다.

③ 잘 섞이지 않는 재료들을 쉐이크(Shaker)에 넣어 세차게 흔들어 섞는 조주기법이다.

④ 계란, 우유, 크림, 당분이 많은 리큐르 등으로 칵테일을 만들 때 많이 사용된다.

31. 음료를 서빙 할 때에 일반적으로 사용하는 비품이 아닌 것은?

① bar spoon   ② coaster   ③ serving tray   ④ napkin

32. 바(Bar)에 대한 설명 중 틀린 것은?

① 불어의 Bariere 에서 왔다.

② 술을 판매하는 식당을 총칭하는 의미로도 사용된다.

③ 종업원만의 휴식공간이다.

④ 손님과 바맨 사이에 가로 질러진 널판을 의미한다.

33. 에스프레소 추출 시 너무 진한 크레마(Dark Crema)가 추출되었을 때 그 원인이 아닌 것은?

① 물의 온도가 95℃보다 높은 경우   ② 펌프압력이 기준압력보다 낮은 경우

③ 포터필터의 구멍이 너무 큰 경우   ④ 물 공급이 제대로 안 되는 경우

34. 와인의 보관법 중 틀린 것은?

① 진동이 없는 곳에 보관한다.   ② 직사광선을 피하여 보관한다.

③ 와인을 눕혀서 보관한다.   ④ 습기가 없는 곳에 보관한다.

35. Wood Muddler의 일반적인 용도는?

① 스파이스나 향료를 으깰 때 사용한다.

② 레몬을 스퀴즈 할 때 사용한다.

③ 음료를 서빙할 때 사용한다.

④ 브랜디를 띄울 때 사용한다.

36. 기물의 설치에 대한 내용으로 옳지 않은 것은?

① 바의 수도시설은 Mixing Station 바로 후면에 설치한다.

② 배수구는 바텐더의 바로 앞에, 바의 높이는 고객이 작업을 볼 수 있게 설치한다.

③ 얼음제빙기는 Back Side에 설치하는 것이 가장 적절하다.

④ 냉각기는 표면에 병따개 부착된 건성형으로 Station 근처에 설치한다.

37. 바람직한 바텐더(Bartender) 직무가 아닌 것은?

① 바(Bar)내에 필요한 물품 재고를 항상 파악한다.

② 일일 판매할 주류가 적당한지 확인한다.

③ 바(Bar)의 환경 및 기물 등의 청결을 유지, 관리한다.

④ 칵테일 조주 시 지거(Jigger)를 사용하지 않는다.

38. 포도주(Wine)를 서비스 하는 방법 중 옳지 않은 것은?

① 포도주병을 운반하거나 따를 때에는 병 내의 포도주가 흔들리지 않도록 한다.

② 와인병을 개봉했을 때 첫 잔은 주문자 혹은 주빈이 시음을 할 수 있도록 한다.

③ 보졸레 누보와 같은 포도주는 디켄터를 사용하여 일정시간 숙성시킨 후 서비스 한다.

④ 포도주는 손님의 오른쪽에서 따르며 마지막에 보틀을 돌려 흐르지 않도록 한다.

39. 저장관리 방법 중 FIFO란?

① 선입선출   ② 선입후출   ③ 후입선출   ④ 임의불출

40. 주장의 종류로 가장 거리가 먼 것은?

① Cocktail Bar   ② Members Club Bar

③ Pup Bar   ④ Snack Car

41. 칵테일을 만드는 기법 중 "Stirring"에서 사용하는 도구와 거리가 먼 것은?

① Mixing Glass   ② Bar Spoon   ③ Strainer   ④ Shaker

42. 브랜디 글라스(Brandy Glass)에 대한 설명 중 틀린 것은?

① 튤립형의 글라스이다.

② 향이 잔속에서 휘감기는 특징이 있다.

③ 글라스를 예열하여 따뜻한 상태로 사용한다.

④ 브랜디는 글라스에 가득 채워 따른다.

43. 바텐더가 음료를 관리하기 위해서 반드시 필요한 것이 아닌 것은?

① Inventory   ② FIFO

③ 유통기한   ④ 매출

44. 구매명세서(Standard Purchase Specification)를 사용부서에서 작성할 때 필요사항이 아닌 것은?

① 요구되는 품질요건   ② 품목의 규격

③ 무게 또는 수량   ④ 거래처의 상호

45. 음료가 저장고에 적정재고 수준 이상으로 과도할 경우 나타나는 현상이 아닌 것은?

① 필요 이상의 유지 관리비가 요구된다.

② 기회 이익이 상실된다.

③ 판매 기회가 상실된다.

④ 과다한 자본이 재고에 묶이게 된다.

46. Pilsner Glass에 대한 설명으로 옳은 것은?

① 브랜디를 마실 때 사용한다.

② 맥주를 따르면 기포가 올라와 거품이 유지된다.

③ 와인향을 즐기는데 가장 적합하다.

④ 옆면이 둥글게 되어 있어 발레리나를 연상하게 하는 모양이다.

47. 주장 종사원(waiter)의 직무에 해당하는 것은?

① 바(bar) 내부의 청결을 유지한다.

② 고객으로부터 주문을 받고 봉사한다.

③ 보급품과 기물주류 등을 창고로부터 보급 받는다.

④ 조주에 필요한 얼음을 준비한다.

48. Key Box 나 Bottle Member제도에 대한 설명으로 옳은 것은?

① 음료의 판매회전이 촉진된다.

② 고정고객을 확보하기는 어렵다.

③ 후불이기 때문에 회수가 불분명하여 자금운영이 원활하지 못하다.

④ 주문시간이 많이 걸린다.

49. 고객이 호텔의 음료상품을 이용하지 않고 음료를 가지고 오는 경우, 서비스하고 여기에 필요한 글라스, 얼음, 레몬 등을 제공하여 받는 대가를 무엇이라 하는가?

① Rental charge
② V.A.T(value added tax)

③ Crkage charge
④ Service caarge

50. 다음은 무엇에 대한 설명인가?

매매계약 조건을 정당하게 이행하였음을 밝히는 것으로 판매자가 구매자에게 보내는 서류를 말한다.

① 송장(Invoice)
② 출고전표

③ 인벤토리 시트(Inventory Sheet)
④ 빈 카드(Bin Card)

51. 다음 ( )안에 들어갈 단어로 가장 적합한 것은?

I'd like a stinger please, make it very (   ), but not to strong, please.

① hot
② cold

③ sour
④ dry

52. 다음 ( )안에 가장 적합한 것은?

> W: Good evening, Mr. Carr. How are you this evening?
> G: Fine, and you. Mr. Kim?
> W: very well, thank you.
> What would you like to try tonight?
> G: ( )
> W: A whisky, no ice, no water. Am I correct?
> G: Fantastic!

① Just one for my health, please.　② One for the road.

③ I'll stick to my usual.　④ Another one Please.

53. "This milk has gone bad." 의 의미는?

① 이 우유는 상했다.　② 이 우유는 맛이 없다.

③ 이 우유는 신선하다.　④ 우유는 건강에 나쁘다.

54. "당신은 무엇을 찾고 있습니까?" 의 올바른 표현은?

① What are you look for?　② What do you look for?

③ What are you looking for?　④ What is looking for you?

55. Which is the VODKA based cocktail in the following?

① Paradise Cocktail　② Millon Dollars

③ Stinger　④ Kiss of Fire

56. What is the juice of the wine grapes called?

① mustard　② must　③ grapeshot　④ grape sugar

57. Which one is the cocktail containing "Bourbon, Lemon, and Sugar?

① Whisper of kiss　② Whiskey sour

③ Western rose　④ Washington

58. Which one is the spirit made from Agave?

① Tequila　　　　② Rum　　　　③ Vodka　　　　④ Gin

59. Which one is the cocktail to serve not to mix?

① B&B　　　　② Black russian　　③ Bull Shot　　④ Pink lady

60. 「First come first served」의 의미는?

① 선착순　　　　② 시음회　　　　③ 선불제　　　　④ 연장자순

 정답

1	2	3	4	5	6	7	8	9	10
④	②	①	④	④	④	③	③	③	④
11	12	13	14	15	16	17	18	19	20
④	④	①	④	③	①	③	④	④	④
21	22	23	24	25	26	27	28	29	30
④	④	①	③	②	②	①	④	④	②
31	32	33	34	35	36	37	38	39	40
①	③	③	④	①	③	④	③	①	④
41	42	43	44	45	46	47	48	49	50
④	④	④	④	③	②	②	①	③	①
51	52	53	54	55	56	57	58	59	60
②	③	①	③	④	②	②	①	①	①

조주기능사 필기 기출문제 (2013.1.27)

1. 혼성주(Componded Liquor)에 대한 설명 중 틀린 것은?

① 칵테일 제조나 식후주로 사용된다.

② 발효주에 초근목피의 침출물을 혼합하여 만든다.

③ 색채, 향기, 감미, 알코올의 조화가 잘 된 술이다.

④ 혼성주는 고대 그리스 시대에 약용으로 사용되었다.

2. 커피의 향미를 평가하는 순서로 가장 적합한 것은?

① 미각(맛) → 후각(향기) → 촉각(입안의 느낌)

② 색 → 촉각(입안의 느낌) → 미각(맛)

③ 촉각(입안의 느낌) → 미각(맛) → 후각(향기)

④ 후각(향기) → 미각(맛) → 촉각(입안의 느낌)

3. 다음 중 혼성주에 해당되는 것은?

① Beer   ② Drambuie   ③ Olmeca   ④ Grave

4. 블렌디드(Blended) 위스키가 아닌 것은?

① Chivas Regal 18년   ② Glenfiddich 15년

③ Royal Salute 21년   ④ Dimple 12년

5. 증류주(Distilled Liquor)에 포함되지 않는 것은?

① 위스키(Whisky)   ② 맥주(Beer)

③ 브랜디(Brandy)   ④ 럼(Rum)

6. 리큐르(liqueur)가 아닌 것은?

① Benedictine　　② Anisette　　③ Augier　　④ Absinthe

7. 브랜디(Brandy)와 코냑(Cognac)에 대한 설명으로 옳은 것은?

① 브랜디와 코냑은 재료의 성질에 차이가 있다.

② 코냑은 프랑스의 코냑지방에서 만들었다.

③ 코냑은 브랜디를 보관 연도별로 구분한 것이다.

④ 브랜디와 코냑은 내용물의 알코올 함량에 차이가 크다.

8. American Whiskey가 아닌 것은?

① Jim Beam　　② Wild Turkey　　③ Jameson　　④ Jack Daniel

9. 우리나라의 고유한 술 중 증류주에 속하는 것은?

① 경주법주　　② 동동주　　③ 문배주　　④ 백세주

10. 다음 중 그 종류가 다른 하나는?

① Vienna coffee　　　　　　② Cappuccino coffee

③ Espresso coffee　　　　　④ Irish coffee

11. 독일의 리슬링(Riesling)와인에 대한 설명으로 틀린 것은?

① 독일의 대표적 와인이다.

② 살구향, 사과향 등의 과실향이 주로 난다.

③ 대부분 무감미 와인(Dry Wine)이다.

④ 다른 나라 와인에 비해 비교적 알코올 도수가 낮다.

12. 와인을 막고 있는 코르크가 곰팡이에 오염되어 와인의 맛이 변하는 것으로 와인에서 종이 박스 향취, 곰팡이냄새 등이 나는 것을 의미하는 현상은?

① 네고시앙(negociant)　　　　② 부쇼네(bouchonne)

③ 귀부병(noble rot)　　　　　④ 부케(bouquet)

13. 브랜디의 제조공정에서 증류한 브랜디를 열탕소독 한White Oak Barrel에 담기 전에 무엇을 채워 유해한 색소나 이물질을 제거하는가?

① Beer   ② Gin

③ Red Wine   ④ White Wine

14. 탄산음료의 CO_2에 대한 설명으로 틀린 것은?

① 미생물의 발육을 억제한다.   ② 향기의 변화를 예방한다.

③ 단맛과 부드러운 맛을 부여한다.   ④ 청량감과 시원한 느낌을 준다.

15. 차의 분류가 옳게 연결된 것은?

① 발효차 - 얼그레이   ② 불발효차 - 보이차

③ 반발효차 - 녹차   ④ 후발효차 - 자스민

16. 셰리의 숙성 중 솔레라(solera) 시스템에 대한 설명으로 옳은 것은?

① 소량씩의 반자동 블렌딩 방식이다.

② 영(young)한 와인보다 숙성된 와인을 채워주는 방식이다.

③ 빈티지 셰리를 만들 때 사용한다.

④ 주정을 채워 주는 방식이다.

17. 다음 중 상면발효 맥주에 해당하는 것은?

① Lager Beer   ② Porter Beer

③ Pilsner Beer   ④ Dortmunder Beer

18. 럼(Rum)의 주원료는?

① 대맥(Rye)과 보리(Barley)

② 사탕수수(sugar cane)와 당밀(molasses)

③ 꿀(Honey)

④ 쌀(Rice)과 옥수수(Corn)

19. 리큐르(Liqueur)의 제조법과 가장 거리가 먼 것은?

① 블렌딩법(Blending)

② 침출법(Infusion)

③ 증류법(Distillation)

④ 에센스법(Essence process)

20. 다음에서 설명하는 프랑스의 기후는?

- 연평균 기온 11~12.5℃ 사이의 온화한 기후로 걸프스트림이라는 바닷바람의
  영향을 받는다.
- 보르도, 코냑, 알마냑 지방 등에 영향을 준다.

① 대서양 기후　　② 내륙성 기후　　③ 지중해성 기후　　④ 대륙성 기후

21. 와인 양조 시 1%의 알콜을 만들기 위해 약 몇 그램의 당분이 필요한가?

① 1g / L　　　② 10g / L　　　③ 16.5g / L　　　④ 20.5g / L

22. 와인 테이스팅의 표현으로 가장 부적합한 것은?

① Moldy(몰디) - 곰팡이가 낀 과일이나 나무 냄새

② Raisiny(레이즈니) - 건포도나 과숙한 포도 냄새

③ Woody(우디) - 마른 풀이나 꽃 냄새

④ Corky(코르키) - 곰팡이 낀 코르크 냄새

23. 저온 살균되어 저장 가능한 맥주는?

① Draught Beer

② Unpasteurized Beer

③ Draft Beer

④ Lager Beer

24. 토닉 워터(tonic water)에 대한 설명으로 틀린 것은?

① 무색투명한 음료이다.

② Gin과 혼합하여 즐겨 마신다.

③ 식욕증진과 원기를 회복시키는 강장제 음료이다.

④ 주로 구연산, 감미료, 커피 향을 첨가하여 만든다.

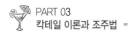

25. 다음에서 설명하는 것은?

> - 북유럽 스칸디나비아 지방의 특산주로 어원은 '생명의 물'이라는 라틴어에서 온 말이다.
> - 제조과정은 먼저 감자를 익혀서 으깬 감자와 맥아를 당화, 발효시켜 증류시킨다.
> - 연속증류기로 95%의 고농도 알코올을 얻은 다음 물로 희석하고 회향초 씨나, 박하, 오렌지 껍질 등 여러 가지 종류의 허브로 향기를 착향시킨 술이다.

① 보드카(Vodka) 　　　　 ② 럼(Rum)

③ 아쿠아비트(Aquavit) 　　 ④ 브랜디(Brandy)

26. 다음의 설명에 해당하는 혼성주를 옳게 연결한 것은?

> ㉠ 멕시코산 커피를 주원료로 하여 Cocoa, Vanilla 향을 첨가해서 만든 혼성주이다.
> ㉡ 야생오얏을 진에 첨가해서 만든 빨간색의 혼성주이다.
> ㉢ 이탈리아의 국민주로 제조법은 각종 식물의 뿌리, 씨, 향초, 껍질 등 70여 가지의 재료로 만들어지며 제조 기간은 45일이 걸린다.

① ㉠ 샤르트뢰즈(Chartreuse), ㉡ 시나(Cynar), ㉢ 캄파리(Campari)

② ㉠ 파샤(Pasha), ㉡ 슬로우 진(Sloe Gin), ㉢ 캄파리(Campari)

③ ㉠ 깔루아(Kahlua), ㉡ 시나(Cynar), ㉢ 캄파리(Campari)

④ ㉠ 깔루아(Kahlua), ㉡ 슬로우 진(Sloe Gin), ㉢ 캄파리(Campari)

27. 생강을 주원료로 만든 탄산음료는?

① Soda Water 　　　　 ② Tonic Water

③ Perrier Water 　　　 ④ Ginger Ale

28. 민속주 중 모주(母酒)에 대한 설명으로 틀린 것은?

① 조선 광해군 때 인목대비의 어머니가 빚었던 술이라고 알려져 있다.

② 증류해서 만든 제주도의 대표적인 민속주이다.

③ 막걸리에 한약재를 넣고 끓인 해장술이다.

④ 계피가루를 넣어 먹는다.

29. 와인을 분류하는 방법의 연결이 틀린 것은?

① 스파클링 와인 - 알코올 유무   ② 드라이 와인 - 맛

③ 아페리티프 와인 - 식사용도   ④ 로제 와인 - 색깔

30. 감미 와인(Sweet Wine)을 만드는 방법이 아닌 것은?

① 귀부포도(Noble rot Grape)를 사용하는 방법

② 발효 도중 알코올을 강화하는 방법

③ 발효 시 설탕을 첨가하는 방법(Chaptalization)

④ 햇빛에 말린 포도를 사용하는 방법

31. 뜨거운 물 또는 차가운 물에 설탕과 술을 넣어서 만든 칵테일은?

① toddy   ② punch   ③ sour   ④ sling

32. 믹싱글라스(Mixing Glass)에서 제조된 칵테일을 잔에 따를 때 사용하는 기물은?

① Measure Cup   ② Bottle Holder   ③ strainer   ④ Ice Bucket

33. Portable Bar에 포함되지 않는 것은?

① Room Service Bar   ② Banquet Bar

③ Catering Bar   ④ Western Bar

34. 와인은 병에 침전물이 가라앉았을 때 이 침전물이 글라스에 같이 따라지는 것을 방지하기 위해 사용하는 도구는?

① 와인 바스켓   ② 와인 디켄터   ③ 와인 버켓   ④ 코르크스크류

35. 다음 중 바텐더의 직무가 아닌 것은?

① 글라스류 및 칵테일용 기물을 세척 정돈한다.

② 바텐더는 여러 가지 종류의 와인에 대하여 충분한 지식을 가지고 서비스를 한다.

③ 고객이 바 카운터에 있을 때는 바텐더는 항상 서 있어야 한다.

④ 호텔 내외에서 거행되는 파티도 돕는다.

36. 생맥주(Draft Beer) 취급요령 중 틀린 것은?

① 2~3℃의 온도를 유지할 수 있는 저장시설을 갖추어야한다.

② 술통 속의 압력은 12~14 pound로 일정하게 유지해야한다.

③ 신선도를 유지하기 위해 입고 순서와 관계없이 좋은 상태의 것을 먼저 사용한다.

④ 글라스에 서비스할 때 3~4℃ 정도의 온도가 유지 되어야 한다.

37. 바 카운터의 요건으로 가장 거리가 먼 것은?

① 카운터의 높이는 1~1.5m 정도가 적당하며 너무 높아서는 안 된다.

② 카운터는 넓을수록 좋다.

③ 작업대(Working board)는 카운터 뒤에 수평으로 부착시켜야 한다.

④ 카운터 표면은 잘 닦여지는 재료로 되어 있어야 한다.

38. 싱가폴 슬링(Singapore Sling) 칵테일의 재료로 적합하지 않은 것은?

① 드라이 진(Dry Gin)   ② 체리브랜디(Cherry-Flavored Brandy)

③ 레몬쥬스(Lemon Juice)   ④ 토닉워터(Tonic Water)

39. 주장(Bar)에서 기물의 취급방법으로 틀린 것은?

① 금이 간 접시나 글라스는 규정에 따라 폐기한다.

② 은기물은 은기물 전용 세척액에 오래 담가두어야 한다.

③ 크리스털 글라스는 가능한 손으로 세척한다.

④ 식기는 같은 종류별로 보관하며 너무 많이 쌓아두지 않는다.

40. 저장관리원칙과 가장 거리가 먼 것은?

① 저장위치 표시   ② 분류저장   ③ 품질보전   ④ 매상증진

41. 와인의 빈티지(Vintage)가 의미하는 것은?

① 포도주의 판매 유효 연도   ② 포도의 수확 년도

③ 포도의 품종   ④ 포도주의 도수

42. 스파클링 와인(Sparkling Wine) 서비스 방법으로 틀린 것은?

① 병을 천천히 돌리면서 천천히 코르크가 빠지게 한다.

② 반드시 '뻥' 하는 소리가 나게 신경 써서 개봉한다.

③ 상표가 보이게 하여 테이블에 놓여있는 글라스에 천천히 넘치지 않게 따른다.

④ 오랫동안 거품을 간직 할 수 있는 풀루트(Flute)형 잔에 따른다.

43. 주장(Bar)에서 주문받는 방법으로 옳지 않은 것은?

① 가능한 빨리 주문을 받는다.

② 분위기나 계절에 어울리는 음료를 추천한다.

③ 추가 주문은 잔이 비었을 때에 받는다.

④ 시간이 걸리더라도 구체적이고 명확하게 주문받는다.

44. 칵테일글라스를 잡는 부위로 옳은 것은?

① Rim   ② Stem

③ Body   ④ Bottom

45. 쿨러(cooler)의 종류에 해당되지 않는 것은?

① Jigger cooler   ② Cup cooler

③ Beer cooler   ④ Wine cooler

46. 다음 중 소믈리에(Sommelier)의 역할로 틀린 것은?

① 손님의 취향과 음식과의 조화, 예산 등에 따라 와인을 추천한다.

② 주문한 와인은 먼저 여성에게 우선적으로 와인 병의 상표를 보여주며 주문한 와인임을 확인시켜 준다.

③ 시음 후 여성부터 차례로 와인을 따르고 마지막에 그 날의 호스트에게 와인을 따라준다.

④ 코르크 마개를 열고 주빈에게 코르크 마개를 보여주면서 시큼하고 이상한 냄새가 나지 않는지, 코르크가 잘 젖어있는지를 확인시킨다.

47. 다음 시럽 중 나머지 셋과 특징이 다른 것은?

① grenadine syrup   ② can sugar syrup

③ simple syrup   ④ plain syrup

48. 맨하탄 칵테일(Manhattan Cocktail)의 가니시(Garnish)로 옳은 것은?

① Cocktail Olive   ② Pearl Onion

③ Lemon   ④ Cherry

49. 바(Bar) 작업대와 가터레일(Gutter Rail)의 시설 위치로 옳은 것은?

① Bartender 정면에 시설되게 하고 높이는 술 붓는 것을 고객이 볼 수 있는 위치

② Bartender 후면에 시설되게 하고 높이는 술 붓는 것을 고객이 볼 수 없는 위치

③ Bartender 우측에 시설되게 하고 높이는 술 붓는 것을 고객이 볼 수 있는 위치

④ Bartender 좌측에 시설되게 하고 높이는 술 붓는 것을 고객이 볼 수 없는 위치

50. 와인의 마개로 사용되는 코르크 마개의 특성으로 가장 거리가 먼 것은?

① 온도변화에 민감하다.   ② 코르크 참나무의 외피로 만든다.

③ 신축성이 뛰어나다.   ④ 밀폐성이 있다.

51. What is an alternative form of " I beg your pardon? " ?

① Excuse me   ② Wait for me

③ I'd like to know   ④ Let me see

52. 다음 중 밑줄 친 change가 나머지 셋과 다른 의미로 쓰인 것은?

① Do you have Change for a dollar?

② Keep the change.

③ I need some change for the bus.

④ Let's try a new restaurant for a change.

53. 다음 ( ) 안에 적합한 것은?

> Are you interested in (   )?

① make cocktail   ② made cocktail

③ making cocktail   ④ a making cocktail

54. Which is the most famous orange flavored cognac liqueur?

① Grand Marnier   ② Drambuie

③ Cherry Heering   ④ Galliano

55. Which of the following is not fermented liquor?

① Aquavit   ② Wine   ③ Sake   ④ Toddy

56. Which is the correct one as a base of bloody Mary in the following?

① Gin   ② Rum   ③ Vodka   ④ Tequila

57. ( ) 안에 알맞은 것은?

> (   ) is a spirits made by distilling wines or fermented mash of fruit.

① Liqueur   ② Bitter

③ Brandy   ④ Champagne

58. ( ) 안에 적합한 것은?

> A Bartender must (   ) his helpers, waiters and waitress. He must also (   ) various kinds of records, such as stock control, inventory, daily sales report, purchasing report and so on.

① take, manage   ② supervise, handle

③ respect, deal   ④ manage, careful

59. 다음 ( ) 안에 적합한 것은?

> A bartender should be (   ) with the English names of all stores of liquors and mixed drinks.

① familiar   ② warm   ③ use   ④ accustom

60. Which country does Campari come from?

① Scotland   ② America   ③ France   ④ Italy

 정답

1	2	3	4	5	6	7	8	9	10
②	④	②	②	②	③	②	③	③	④
11	12	13	14	15	16	17	18	19	20
③	②	④	③	①	①	②	②	①	①
21	22	23	24	25	26	27	28	29	30
③	③	④	④	③	④	④	②	①	③
31	32	33	34	35	36	37	38	39	40
①	③	④	②	③	③	②	④	②	④
41	42	43	44	45	46	47	48	49	50
②	②	③	②	①	②	①	④	①	①
51	52	53	54	55	56	57	58	59	60
①	④	③	①	①	③	③	②	①	④

조주기능사 필기 기출문제 (2013.04.14)

1. 잭 다니엘(Jack Daniel)과 버번위스키(Bourbon Whiskey)의 차이점은?

① 옥수수 사용 여부

② 단풍나무 숯을 이용한 여과 과정의 유무

③ 내부를 불로 그을린 오크통에서 숙성시키는지의 여부

④ 미국에서 생산되는지의 여부

2. 하이볼 글라스에 위스키 (40도) 1온스와 맥주 (4도) 7온스를 혼합하면 알코올 도수는?

① 약 6.5도 ② 약 7.5도 ③ 약 8.5도 ④ 약 9.5도

3. 다음에서 설명하고 있는 것은?

> 키니네, 레몬, 라임 등 여러 가지 향료 식물 원료로 만들며, 열대지방 사람들의 식용증진과 원기를 회복시키는 강장제 음료이다.

① Cola ② Soda Water ③ Ginger Ale ④ Tonic Water

4. 다음 주류 중 주재료로 곡식(Grain)을 사용할 수 없는 것은?

① Whisky ② Gin ③ Rum ④ Vodka

5. 다음 중 아이리쉬 위스키(Irish Whisky)는?

① John Jameson ② Old Forester ③ Old Parr ④ Imperial

6. 스카치위스키를 기주로 하여 만들어진 리큐르는?

① 샤트루즈 ② 드람부이 ③ 꼬앙뜨로 ④ 베네딕틴

7. 커피에 대한 설명으로 가장 거리가 먼 것은?

① 아라비카종의 원산지는 에티오피아이다.

② 초기에는 약용으로 사용되기도 했다.

③ 발효와 숙성과정을 거쳐 만들어진다.

④ 카페인이 중추신경을 자극하여 피로감을 없애준다.

8. 맥주(beer) 양조용 보리로 가장 거리가 먼 것은?

① 껍질이 얇고, 담황색을 하고 윤택이 있는 것

② 알맹이가 고르고 95% 이상의 발아율이 있는 것

③ 수분 함유량은 10% 내외로 잘 건조된 것

④ 단백질이 많은 것

9. 술과 체이서(Chaser)의 연결이 어울리지 않는 것은?

① 위스키 - 광천수   ② 진 - 토닉워터

③ 보드카 - 시드르   ④ 럼 - 오렌지 주스

10. 다음 중 호크 와인(Hock Wine)이란?

① 독일 라인산 화이트 와인   ② 프랑스 버건디산 화이트 와인

③ 스페인 호크하임엘산 레드 와인   ④ 이탈리아 피에몬테산 레드 와인

11. 버번위스키 (Bourbon Whiskey)는 Corn 재료를 약 몇 % 이상 사용하는가?

① Corn 0.1%   ② Corn 12%   ③ Corn 20%   ④ Corn 51%

12. Ginger Ale에 대한 설명 중 틀린 것은?

① 생강의 향을 함유한 소다수이다.

② 알코올 성분이 포함된 영양음료이다.

③ 식욕증진이나 소화제로 효과가 있다.

④ Gin이나 Brandy와 조주하여 마시기도 한다.

13. 스카치위스키(Scotch Whisky)의 유명상표와 거리가 먼 것은?

① 발렌타인(Ballantine's)　　　　② 커티 샥(Cutty Sark)

③ 올드 파(Old Parr)　　　　　　④ 크라운 로얄(Crown Royal)

14. 포도 품종의 그린 수확(Green Harvest)에 대한 설명으로 옳은 것은?

① 수확량을 제한하기 위한 수확　　② 청포도 품종 수확

③ 완숙한 최고의 포도 수확　　　　④ 포도원의 잡초 제거

15. Tequia에 대한 설명으로 틀린 것은?

① Agave tequiliana 종으로 만든다.

② Tequila는 멕시코 전 지역에서 생산된다.

③ Reposado는 1년 이하 숙성시킨 것이다.

④ Anejo는 1년 이상 숙성시킨 것이다.

16. 다음 중 증류주에 속하는 것은?

① Beer　　　　　　　　　　　② Sweet Vermouth

③ Dry Sherry　　　　　　　　④ Cognac

17. Malt Whisky 제조순서를 올바르게 나열한 것은?

> 1. 보리(2조 보리)　　2. 침맥　　3. 건조(피트)　　4. 분쇄　　5. 당화
> 6. 발효　　7. 증류(단식증류)　　8. 숙성　　9. 병입

① 1-2-3-4-5-6-7-8-9　　　　② 1-3-2-4-5-6-7-8-9

③ 1-3-2-4-6-5-7-8-9　　　　④ 1-2-3-4-6-5-7-8-9

18. 시대별 전통주의 연결로 틀린 것은?

① 한산소곡주 - 백제시대　　　② 두견주 - 고려시대

③ 칠선주 - 신라시대　　　　　④ 백세주 - 조선시대

19. 다음 중 싱글 몰트 위스키로 옳은 것은?

① Johnnie Walker   ② Ballantine   ③ Glenfiddich   ④ Bell's Special

20. 음료에 함유된 성분이 잘못 연결된 것은?

① Tonic Water - Quinine(Kinine)   ② Kahlua - Chocolate

③ Ginger Ale - Ginger Flavor   ④ Collins Mixer - Lemon Juice

21. 풀케(pulque)를 증류해서 만든 술은?

① Rum   ② Vodka   ③ Tequila   ④ Aquavit

22. 다음에서 설명되는 약용주는?

> 충남 서북부 해안지방의 전통 민속주로 고려 개국공신 복지겸이 백약이 무효인 병을 앓고 있을 때 백일기도 끝에 터득한 비법에 따라 찹쌀, 아미산의 진달래, 안 샘물로 빚은 술을 마심으로 병을 고쳤다는 신비의 전설과 함께 전해 내려온다.

① 두견주   ② 송순주   ③ 문배주   ④ 백세주

23. 다음 품목 중 청량음료에 속하는 것은?

① 탄산수(Sparkling Water)   ② 생맥주(Draft Beer)

③ 톰 칼린스(Tom Collins)   ④ 진 휘즈(Gin Fizz)

24. 음료류와 주류에 대한 설명으로 틀린 것은?

① 맥주에서는 메탄올이 전혀 검출 되어서는 안 된다.

② 탄산음료는 탄산가스 압이 0.5kg/㎠ 인 것을 말한다.

③ 탁주는 전분질 원료와 국을 주원료로 하여 술덧을 혼탁하게 제성한 것을 말한다.

④ 과일, 채소류 음료에는 보존료로 안식향산을 사용할 수 있다.

25. Red Wine의 품종이 아닌 것은?

① Malbec   ② Cabernet Saubignon

③ Riesling   ④ Cabernet franc

26. 진(Gin)의 설명으로 틀린 것은?

① 진의 원산지는 네덜란드다.

② 진은 프란시크루스 실비우스에 의해 만들어졌다.

③ 진의 원료는 과일에다 jniper berry를 혼합하여 만들었다.

④ 소나무 향이 나는 것이 특징이다.

27. 다음 중 각국 와인의 설명이 잘못된 것은?

① 모든 와인생산 국가는 의무적으로 와인의 등급을 표기해야 한다.

② 프랑스는 와인의 Terroir를 강조한다.

③ 스페인과 포르투갈에서는 강화와인도 생산한다.

④ 독일은 기후의 영향으로 White wine의 생산량이 Red wine보다 많다.

28. 다음 리큐르(Liqueur)중 그 용도가 다른 하나는?

① 드람뷔이(Drambuie)　　　　　② 갈리아노(Gllaiano)

③ 시나(Cynar)　　　　　　　　④ 꼬앙트루(Cointreau)

29. 다음 Whiskyd의 설명 중 틀린 것은?

① 어원은 aqua vitae가 변한 말로 생명의 물이란 뜻이다.

② 등급은 V.O, V.S.O.P, X.O등으로 나누어 진다.

③ Canadian Whisky에는 Canadian Club, Seagram's V.O, Crown Royal 등이 있다.

④ 증류 방법은 Pot Still과 Patent Sill이다.

30. 다음 중 세리를 숙성하기에 가장 적합한 곳은?

① 솔레라(Solera)　　② 보데가(Bodega)　③ 꺄브(Cave)　　　④ 프로(Flor)

31. 조주를 하는 목적과 거리가 가장 먼 것은?

① 술과 술을 섞어서 두 가지 향의 배합으로 색다른 맛을 얻을 수 있다.

② 술과 소프트드링크 혼합으로 좀 더 부드럽게 마실 수 있다.

③ 술과 기타 부재료를 가미하여 좀 더 독특한 맛과 향을 창출해 낼 수 있다.

④ 원가를 줄여서 이익을 극대화 할 수 있다.

32. 다음 중 휘젓기(Stirring) 기법으로 만드는 칵테일이 아닌 것은?

① Manhattan   ② Martini

③ Gibson   ④ Gimlet

33. 바(Bar)에서 사용하는 Wine Decanter의 용도는?

① 테이블용 얼음 용기

② 포도주를 제공하는 유리병

③ 펀치를 만들 때 사용하는 화채 그릇

④ 포도주병 하나를 눕혀 놓을 수 있는 바구니

34. 주장(Bar)을 의미하는 것이 아닌 것은?

① 주류를 중심으로 한 음료 판매가 가능한 일정시설을 갖추어 판매하는 공간

② 고객과 바텐더 사이에 놓인 널판을 의미

③ 주문과 서브가 이루어지는 고객들의 이용 장소

④ 조리 가능한 시설을 갖추어 음료와 식사를 제공하는 장

35. 위생적인 주류 취급방법 중 틀린 것은?

① 먼지가 많은 양주는 깨끗이 닦아 Setting한다.

② 백포도주의 적정냉각온도는 실온이다.

③ 사용한 주류는 항상 뚜껑을 닫아 둔다.

④ 창고에 보관할 때는 Bin Card를 작성한다.

36. 바텐더가 지켜야 할 규칙사항으로 가장 적합한 것은?

① 고객이 바 카운터에 있으면 앉아서 대기해야 한다.

② 고객이 권하는 술은 고마움을 표시하고 받아 마신다.

③ 매출을 위해서 고객에게 고가의 술을 강요한다.

④ 근무 중에는 금주와 금연을 원칙으로 한다.

37. 표준 레시피(Standard Recipes)를 설정하는 목적에 대한 설명 중 틀린 것은?

① 품질과 맛의 계속적인 유지

② 특정인에 대한 의존도를 높임

③ 표준 조주법 이용으로 노무비 절감에 기여

④ 원가계산을 위한 기초 제공

38. Onion 장식을 하는 칵테일은?

① Margarita   ② Martini   ③ Rob roy   ④ Gibson

39. Strainer의 설명으로 가장 적합한 것은?

① Mixing Glass와 함께 Stir기법에 사용한다.

② 재료를 저을 때 사용한다.

③ 혼합하기 힘든 재료를 섞을 때 사용한다.

④ 재료의 용량을 측정할 때 사용한다.

40. 칵테일의 기본 5대 요소와 거리가 가장 먼 것은?

① Decoration(장식)   ② Method(방법)

③ Glass(잔)   ④ Flavor(향)

41. 다음 중 High ball glass를 사용하는 칵테일은?

① 마가리타(Margarita)   ② 키르 로열(Kir Royal)

③ 씨 브리즈(Sea breeze)   ④ 블루 하와이(Blue Hawaii)

42. (A), (B), (C)에 들어갈 말을 순서대로 나열한 것은?

> (A)는 프랑스어의 (B)에서 유래된 말로 고객과 바텐더 사이에 가로질러진 널판을 (C)라고 하던 개념이 현재에 와서는 술을 파는 식당을 총칭하는 의미로 사용되고 있다.

① Flair, Bariere, Bar   ② Bar, Bariere, Bar

③ Bar, Bariere, Bartender   ④ Flair, Bariere, Bartender

43. 칵테일 주조 시 각종 주류와 부재료를 재는 표준용량 계량기는?

① Hand shaker   ② Mixing Glass

③ Squeezer   ④ Jigger

44. 연회용 메뉴 계획 시 에피타이저 코스 주류로 알맞은 것은?

① cordials   ② port wine

③ dry sherry   ④ cream sherry

45. 바(bar)에서 하는 일과 가장 거리가 먼 것은?

① Store에서 음료를 수령한다.   ② ppetizer를 만든다.

③ Bar Stool을 정리한다.   ④ 음료 Cost 관리를 한다.

46. 주장의 캡틴 (Bar Captain)에 대한 설명으로 틀린 것은?

① 영업을 지휘 · 통제한다.

② 서비스 준비사항과 구성인원을 점검한다.

③ 지배인을 보좌하고 업장 내의 관리업무를 수행한다.

④ 고객으로부터 직접 주문을 받고 서비스 등을 지시한다.

47. 주장관리에서 핵심적인 원가의 3요소는?

① 재료비, 인건비, 주장경비   ② 세금, 봉사료, 인건비

③ 인건비, 주세, 재료비   ④ 재료비, 세금, 주장경비

48. 식사 중 여러 가지 와인을 서빙시 적합한 방법이 아닌 것은?

① 화이트 와인은 레드 와인보다 먼저 서비스한다.

② 드라이 와인을 스위트 와인보다 먼저 서비스한다.

③ 마시 가벼운 와인을 맛이 중후한 와인보다 먼저 서비스한다.

④ 숙성기간이 오래된 와인을 숙성기간이 짧은 와인보다 먼저 서비스한다.

49. 주장의 영업 허가가 되는 근거 법률은?

① 외식업법   ② 음식업법

③ 식품위생법   ④ 주세법

50. 글라스 세척 시 알맞은 세제와 세척순서로 짝지어진 것은?

① 산성세제 - 더운물 - 찬물   ② 중성세제 - 찬물 - 더운물

③ 산성세제 - 찬물 - 더운물   ④ 중성세제 - 더운물 - 찬물

51. Which is the liquor made by the rind of grape in Italy?

① Marc   ② Grappa

③ Ouzo   ④ Pisco

52. 다음에서 설명하는 혼성주로 옳은 것은?

> The elixir of "perfect love" is a sweet, perfumed liqueur with hints of flowers, spices, and fruit, and a mauve color that apparently had great appeal to women in the nineteenth century

① triple sec   ② Peter heering

③ parfait Amour   ④ Southern comfort

53. 다음 ( )안에 알맞은 단어와 아래의 상황 후 Jenny가 Kate에게 할 말의 연결로 가장 적합한 것은?

> Jenny comes back with a magnum and glasses carried by a barman. She sets the glasses while the barman opens the bottle. There is a loud "( )" and the cork hits kate who jumps up with a cry. The champagne spills all over the carpet.

① peep - Good luck to you

② ouch - I am sorry to hear that.

③ tut - How awful!

④ pop - I am very sorry. I do hope you are not hurt

54. Table wine에 대한 설명으로 틀린 것은?

① It is a wine term which is used in two different meanings in different countries

: to signify a wine style and as a quality level with on wine classification.

② In the United Stated, it is primarily used as a designation of a wine style, and

refers to "ordinary wine", which is neither fortified nor sparkling.

③ In the EU wine regulations, it is used for the higher of two overall quality.

④ It is fairly cheap wine that is drunk with meals.

55. 다음 B에 가장 적합한 대답은?

A : What do you do for living?
B : _____

① I'm writing a letter to my mother.   ② I can't decide.

③ I work for a bank.   ④ Yes, thank you.

56. 다음 ( )안에 알맞은 것은?

(   ) is distilled spirits from the fermented juice of sugarcane or other
sugarcane by-products.

① whisky   ② vodka   ③ gin   ④ rum

57. Which is the best term used for the preparing of daily products?

① Bar Purchaser   ② Par Stock

③ Inventory   ④ Order Slip

58. 다음 ( )안에 가장 적합한 것은?

May I have (   ) coffee, please?

① some   ② many   ③ to   ④ only

59. 다음은 무엇을 만들기 위한 과정인가?

> 1. First, take the cocktail shaker and half fill it with broken ice. then add one ounce of lime juice
> 2. After that put in one and a half ounce of rum and one tea spoon of powdered sugar.
> 3. Then shake it well and pass it through a strainer into a cocktail glass.

① Bacardi   ② Cuba Libre   ③ Blue Hawaiian   ④ Daiquiri

60. Which is correc to serve wine?

① When pouring, make sure to touch the bottle to the glass.

② Before the host has acknowledged and approved his selection, open the bottle.

③ All white, roses, and sparkling wines are chilled. Red wine is served at room temperature.

④ The bottle of wine doesn't need to be presented to the host for verifying the bottle he or she ordered.

 정답

1	2	3	4	5	6	7	8	9	10
②	③	④	③	①	②	③	④	③	①
11	12	13	14	15	16	17	18	19	20
④	②	④	①	②	④	①	③	③	②
21	22	23	24	25	26	27	28	29	30
③	①	①	①	③	③	①	③	②	②
31	32	33	34	35	36	37	38	39	40
④	④	②	④	②	④	②	④	①	②
41	42	43	44	45	46	47	48	49	50
③	②	④	③	②	①	①	④	③	④
51	52	53	54	55	56	57	58	59	60
②	③	④	③	③	④	②	①	④	③

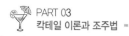
 조주기능사 필기 기출문제　(2013.07.21)

1. 다음 중 양조주에 대한 설명이 옳지 않은 것은?

① 맥주, 와인 등이 이에 속한다.

② 증류주와 혼성주의 제조원료가 되기도 한다.

③ 보존기간이 비교적 짧고 유통기간이 있는 것이 많다.

④ 발효주라고도 하며 알코올발효는 효모에 의해서만 이루어진다.

2. 양조주의 설명으로 맞지 않는 것은?

① 주로 과일이나 곡물을 발효하여 만든 술이다.

② 단발효주, 복발효주 2가지 방법이 있다.

③ 양조주의 알코올 함유량은 대략 25%이상이다.

④ 발효하는 과정에서 당분이 효모에 의해 물, 에틸알코올, 이산화탄소가 발생한다.

3. 다음 중 증류주가 아닌 것은?

① 보드카(vodka)　　　　　② 샴페인(champagne)

③ 진(gin)　　　　　　　　④ 럼(rum)

4. 단식 증류법(pot still)의 장점이 아닌 것은?

① 대량생산이 가능하다.

② 원료의 맛을 잘 살릴 수 있다.

③ 좋은 향을 잘 살릴 수 있다.

④ 시설비가 적게 든다.

5. 음료에 관한 설명으로 틀린 것은?

① 음료는 크게 알콜성 음료와 비알콜성 음료로 구분된다.

② 알콜성 음료는 양조주, 증류주, 혼성주로 분류된다.

③ 커피는 영양음료로 분류된다.

④ 발효주에는 탁주, 와인, 청주, 맥주 등이 있다.

6. 탄산음료에서 탄산가스의 역할이 아닌 것은?

① 당분 분해   ② 미생물의 발효 저지

③ 향기의 변화 보호   ④ 청량감 부여

7. 다음 중 과실음료가 아닌 것은?

① 토마토 주스   ② 천연과즙주스

③ 희석과즙음료   ④ 과립과즙음료

8. 호남의 명주로서 부드럽게 취하고 뒤끝이 깨끗하여 우리의 고유한 전통술로 정평이 나있고, 쌀로 빚은 30도의 소주에 배, 생강, 울금 등 한약재를 넣어 숙성시킨 약주에 해당하는 민속주는?

① 이강주   ② 춘향주   ③ 국화주   ④ 복분자주

9. 다음 민속주 중 약주가 아닌 것은?

① 한산 소곡주   ② 경주 교동 법주

③ 아산 연엽주   ④ 진도 홍주

10. 다음 중 의미가 다른 것은?

① 섹(Sec)   ② 두(Doux)   ③ 둘체(Dulce)   ④ 스위트(Sweet)

11. 독일의 스파클링 와인(Sparkling wine)은?

① 젝트   ② 로트바인   ③ 로제바인   ④ 바이스바인

12. 독일의 QmP 와인등급 6단계에 속하지 않는 것은?

① 라트바인 　　② 카비네트 　　③ 슈페트레제 　　④ 아우스레제

13. 다음 중 이탈리아 와인 등급 표시로 맞는 것은?

① A.O.C 　　② D.O 　　③ D.O.C.G 　　④ QbA

14. Sherry wine의 원산지는?

① Bordeaux 지방 　　② Xeres 지방 　　③ Rhine 지방 　　④ Hockheim 지방

15. 다음 중 White wine 품종은?

① Sangiovese 　　② Nebbiolo 　　③ Barbera 　　④ Muscadelle

16. 빈티지(Vintage)란 무엇을 뜻하는가?

① 포도주의 이름 　　　　　　② 포도주의 수확년도

③ 포도주의 원산지명 　　　　④ 포도의 품종

17. 브랜디의 설명으로 틀린 것은?

① 브랜딩하여 제조한다.

② 향미가 좋아 식전주로 주로 마신다.

③ 유명산지는 꼬냑과 아르마냑이다.

④ 과실을 주원료로 사용하는 모든 증류주에 이 명칭을 사용한다.

18. 가장 오랫동안 숙성한 브랜디(Brandy)는?

① V.O. 　　② V.S.O.P 　　③ X.O. 　　④ EXTRA

19. 프리미엄 테킬라의 원료는?

① 아가베 아메리카나 　　　　② 아가베 아즐 데킬라나

③ 아가베 시럽 　　　　　　　④ 아가베 아트로비렌스

20. 다음 중 버번위스키(bourbon whiskey)는?

① Ballantine's ② I. W. Harper's

③ Lord Calvert ④ Old Bushmills

21. 슬로우 진(sloe gin)의 설명 중 옳은 것은?

① 증류주의 일종이며, 진(gin)의 종류이다.

② 보드카(vodka)에 그레나딘 시럽을 첨가한 것이다.

③ 아주 천천히 분위기 있게 먹는 칵테일이다.

④ 오얏나무 열매 성분을 진(gin)에 첨가한 것이다.

22. 저먼 진(German gin)이라고 일컬어지는 Spirits 는?

① 아쿠아비트(Aquavit) ② 스타인헤거(Steinhager)

③ 키르슈(Kirsch) ④ 후람보아즈(Framboise)

23. 에소프레소의 커피추출이 빨리 되는 원인이 아닌 것은?

① 약한 탬핑 강도 ② 너무 많은 커피 사용

③ 높은 펌프 압력 ④ 너무 굵은 분쇄입자

24. 콘 위스키(corn whiskey)란?

① 50%이상 옥수수가 포함된 것 ② 옥수수 50%, 호밀 50% 섞인 것

③ 80% 이상 옥수수가 포함된 것 ④ 40% 이상 옥수수가 포함된 것

25. Straight Whisky에 대한 설명으로 틀린 것은?

① 스코틀랜드에서 생산되는 위스키이다.

② 버번위스키, 콘 위스키 등이 이에 속한다.

③ 원료곡물 중 한 가지를 51% 이상 사용해야 한다.

④ 오크통에서 2년 이상 숙성시켜야 한다.

26. quavit에 대한 설명으로 틀린 것은?

① 감자를 맥아로 당화시켜 발효하여 만든다.

② 알코올 농도는 40~45%이다.

③ 엷은 노란색을 띄는 것을 taffel이라고 한다.

④ 북유럽에서 만드는 증류주이다.

27. 생강을 주원료로 만든 것은?

① 진저엘   ② 토닉워터

③ 소다수   ④ 칼린스 믹서

28. 다음 중 리큐르(Liqueur)는 어느 것인가?

① 버건디(Burgundy)   ② 드라이 쉐리(Dry sherry)

③ 꼬앵뜨로(Cointreau)   ④ 베르무트(Vermouth)

29. 다음 중 하면발효맥주에 해당 되는 것은?

① Stout Beer   ② Porter Beer

③ Pilsner Beer   ④ Ale Beer

30. 다음 중 알코올성 커피는?

① 카페 로얄(Cafe Royale)   ② 비엔나 커피(Vienna Coffee)

③ 데미타세 커피(Demi-Tasse Coffee)   ④ 카페오레(Cafe au Lait)

31. 주장(bar) 경영에서 의미하는 "happy hour"를 올바르게 설명한 것은?

① 가격할인 판매시간   ② 연말연시 축하 이벤트 시간

③ 주말의 특별행사 시간   ④ 단골고객 사은 행사

32. 다음 중 주장 관리의 의의에 해당되지 않는 것은?

① 원가관리   ② 매상관리   ③ 재고관리   라. 예약관리

33. 주장(bar)의 핵심점검표 사항 중 영업에 관련한 법규상의 문제와 관계가 가장 먼 것은?

① 소방 및 방화사항　　　　② 예산집행에 관한 사항

③ 면허 및 허가사항　　　　④ 위생 점검 필요사항

34. 주장의 시설에 대한 설명으로 잘못된 것은?

① 주장은 크게 프런트 바(front bar), 백 바(back bar), 언더 바(under bar)로 구분된다.

② 프런트 바(front bar)는 바텐더와 고객이 마주보고 서브하고 서빙을 받는 바를 말한다.

③ 백 바(back bar)는 칵테일용으로 쓰이는 술의 저장 및 전시를 위한 공간이다.

④ 언더 바(under bar)는 바텐더 허리 아래의 공간으로 휴지통이나 빈병 등을 둔다.

35. 구매관리와 관련된 원칙에 대한 설명으로 옳은 것은?

① 나중에 반입된 저장품부터 소비한다.

② 한꺼번에 많이 구매한다.

③ 공급업자와의 유대관계를 고려하여 검수 과정은 생략한다.

④ 저장창고의 크기, 호텔의 재무상태, 음료의 회전을 고려하여 구매한다.

36. 영업을 폐점하고 남은 물량을 품목별로 재고조사하는 것을 무엇이라 하는가?

① daily issue　　　　② inventory management

③ par stock　　　　④ FIFO

37. 호텔에서 호텔홍보, 판매촉진 등 특별한 접대목적으로 일부를 무료로 제공하는 것은?

① Complaint　　　　② Complimentary Service

③ F/O Cashier　　　　④ Out of Order

38. 다음 중 주장 종사원(waiter / waitress)의 주요 임무는?

① 고객이 사용한 글라스와 빈 잔을 세척한다.

② 칵테일의 부재료를 준비한다.

③ 창고에서 주장(bar)에서 필요한 물품을 보급한다.

④ 고객에게 주문을 받고 주문받은 음료를 제공한다.

39. Bar 종사원의 올바른 태도가 아닌 것은?

① 영업장내에서 동료들과 좋은 인간관계를 유지한다.

② 항상 예의 바르고 분명한 언어와 태도로 고객을 대한다.

③ 고객과 정치성이 강한 대화를 주로 나눈다.

④ 손님에게 지나친 주문을 요구하지 않는다.

40. 바텐더(bartender)의 직무에 관한 설명으로 가장 거리가 먼 것은?

① 바 카운터 내의 청결, 정리정돈 등을 수시로 해야 한다.

② 파 스탁(par stock)에 준한 보급수령을 해야 한다.

③ 각종 기계 및 기구의 작동상태를 점검해야 한다.

④ 조주는 바텐더 자신의 기준이나 아이디어에 따라 제조해야 한다.

41. 바텐더의 영업 개시 전 준비사항이 아닌 것은?

① 모든 부재료를 점검한다.

② White wine을 상온에 보관하고 판매한다.

③ Juice 종류는 다양한지 확인한다.

④ 칵테일 네프킨과 코스터를 준비한다.

42. 다음 중 쉐이크(shaker)를 사용하여야 하는 칵테일은?

① 브랜디 알렉산더(Brandy Alexander)

② 드라이 마티니(Dry Martini)

③ 올드 패션드(Old fashioned)

④ 크렘드 망뜨 프라페(Creme de menthe frappe)

43. 칵테일을 컵에 따를 때 얼음이 들어가지 않도록 걸러주는 기구는?

① Shaker   ② strainer   ③ stick   ④ blender

44. Hot drinks cocktail 이 아닌 것은?

① God Father

② Irish Coffee

③ Jamaica Coffee

④ Tom and Jerry

45. 위스키가 기주로 쓰이지 않는 칵테일은?

① 뉴욕(New York)

② 로브 로이(Rob Roy)

③ 맨하탄(Manhattan)

④ 블랙러시안(Black Russian)

46. 다음 중 mixing glass의 설명으로 옳은 것은?

① 칵테일 조주 시에 사용되는 글라스의 총칭이다.

② Stir 기법에 사용하는 기물이다.

③ 믹서기에 부착된 혼합용기를 말한다.

④ 칵테일 혼합되는 과일을 으깰 때 사용한다.

47. 1 Jigger에 대한 설명 중 틀린 것은?

① 1 Jigger 는 45mL이다.

② 1 Jigger 는 1.5 once이다

③ 1 Jigger 는 1 gallon 이다.

④ 1 Jigger 는 칵테일 제조 시 많이 사용된다.

48. 주스류(juice)의 보관 방법으로 가장 적절한 것은?

① 캔 주스는 냉동실에 보관한다.

② 한번 오픈한 주스는 상온에 보관한다.

③ 열기가 많고 햇볕이 드는 곳에 보관한다.

라. 캔 주스는 오픈한 후 유리그릇, 플라스틱 용기에 담아서 냉장 보관한다.

49. 음료저장관리 방법 중 FIFO의 원칙을 적용하기에 가장 적합한 술은?

① 위스키

② 맥주

③ 브랜디

④ 진

50. 음료 저장 방법에 관한 설명 중 옳지 않은 것은?

① 포도주병은 눕혀서 코르크 마개가 항상 젖어 있도록 저장한다.

② 살균된 맥주는 출고 후 약 3개월 정도는 실온에서 저장할 수 있다.

③ 적포도주는 미리 냉장고에 저장하여 충분히 냉각시킨 후 바로 제공한다.

④ 양조주는 선입선출법에 의해 저장, 관리한다.

51. Which one is made with ginger and sugar?

① Tonic water ② Ginger ale

③ Sprite ④ Collins mix

52. Which one is the cocktail containing Creme de Cassis and white wine?

① Kir ② Kir royal

③ Kir imperial ④ King Alfonso

53. 다음의 ( )안에 들어갈 적합한 것은?

( ) whisky is a whisky which is distilled and produced ant just one particular distillery.

( )s are made entirely from one type of malted grain, traditionally barley, which is cultivated in the region of the distillery.

① grain ② blended

③ single malt ④ bourbon

54. 다음은 커피와 관련한 어떤 과정을 설명한 것인가?

The heating process that releases all the potential flavors locked in green beans.

① Cupping ② Roasting

③ Grinding ④ Brewing

55. 다음 빈칸에 들어갈 적합한 말로 바르게 짝지어진 것은?

> W: Would you like a dessert?
> G: Yes, please. Could you tell us what you have (a)
> W: Certainly. (a) we have fruit salad, chocolate gateau, and lemon pie.
> G: The gateau looks nice but what is (b)?
> W: (b) there is fresh fruit, cheesecake, and profiteroies.
> G: I think I'll have them, please, with chocolate sauce.

① (a) on it (b) under　　　　　② (a) on the top (b) underneath

③ (a) over (b) below.　　　　　④ (a) one the tp (b) under

56. ( ) 안에 알맞은 리큐르는?

> (　　　　　) is called the queen of liqueur. This is one of the French traditional liqueur and is made from several years aging after distilling of various herbs added to spirit.

① Chartreuse　　　　　② Benedictine

③ Kummel　　　　　④ Cointreau

57. 다음에서 설명하는 것은?

> It is a liqueur made by orange peel originated from Venezuela.

① Drambuie　　　　　② Jagermeister

③ Benedictine　　　　　④ Curacao

58. 다음의 ( )안의 들어갈 적합한 것은?

> A: Do you haver a new job?
> B: Yes, I (　　　　　) for a wine bar now.

① do　　　　② take　　　　③ can　　　　④ work

59. 다음 밑줄 친 단어와 바꾸어 쓸 수 있는 것은?

A: Would you <u>like</u> some more drinks?
B: No, thanks. I've had enough.

① care in   ② care for   ③ care to   ④ care of

60. 밑줄 친 곳에 들어갈 가장 알맞은 말은?

A: May I take your order?
B: Yes, please.
A: _____
B: I'd like to have Bulgogi.

① Do you have a table for three?   ② Pass me the salt, please.

③ What would you like to have?   ④ How do yo like your steak?

 정답

1	2	3	4	5	6	7	8	9	10
④	③	②	①	③	①	①	①	④	①
11	12	13	14	15	16	17	18	19	20
①	①	③	②	④	②	②	④	②	②
21	22	23	24	25	26	27	28	29	30
④	②	②	③	①	③	①	③	③	①
31	32	33	34	35	36	37	38	39	40
①	④	②	④	④	②	②	④	③	④
41	42	43	44	45	46	47	48	49	50
②	①	②	①	④	②	③	④	②	③
51	52	53	54	55	56	57	58	59	60
②	①	③	②	②	①	④	④	②	③

조주기능사 필기 기출문제   (2013.10.12)

1. Gin에 대한 설명으로 틀린 것은?

① 저장, 숙성을 하지 않는다.

② 생명의 물이라는 뜻이다.

③ 무색, 투명하고 산뜻한 맛이다.

④ 알코올 농도는 40~50% 정도이다.

2. 일반적인 병맥주(Lager Beer)를 만드는 방법은?

① 고온발효   ② 상온발효   ③ 하면발효   ④ 상면발효

3. 다음 중 Irish Whiskey는?

① Johnnie Walker Blue   ② John Jameson

③ Wild Turkey   ④ Crown Royal

4. 다음 중 블렌디드(Blended) 위스키가 아닌 것은?

① Johnnie Walker Blue   ② Cutty Sark

③ Macallan 18   ④ Ballentine's 30

5. 샴페인에 관한 설명 중 틀린 것은?

① 샴페인은 포말성(Sparkling) 와인의 일종이다.

② 샴페인 원료는 피노 노아, 피노 뫼니에, 샤르도네이다.

③ 동 페리뇽(Dom perignon)에 의해 만들어졌다.

④ 샴페인 산지인 샹파뉴 지방은 이탈리아 북부에 위치하고 있다.

6. 부르고뉴(Bourgogne) 지방과 함께 대표적인 포도주 산지로서 Medoc, Graves 등이 유명한 지방은?

① Pilsner　　　　② Bordeaux　　　　③ Staut　　　　④ Mousseux

7. 작은 포도알, 깊은 적갈색, 두꺼운 껍질, 많은 씨앗이 특징이며 씨앗은 타닌함량을 풍부하게 하고, 두꺼운 껍질은 색깔을 깊이 있게 나타낸다. 블랙커런트, 체리, 자두 향을 지니고 있으며, 대표적인 생산지역은 프랑스 보르도 지방인 포도 품종은?

① 메를로(Merlot)

② 삐노 느와르(Pinot Noir)

③ 까베르네 쇼비뇽(Cabernet Sauvignon)

④ 샤르도네(Chardonnay)

8. 혼성주의 제조방법 중 시간이 가장 많이 소요되는 방법은?

① 증류법(Distillation process)　　　② 침출법(Infusion process)

③ 추출법(Percolation process)　　　④ 배합법(Essence process)

9. 오렌지향이 가미된 혼성주가 아닌 것은?

① Triple Sec　　　② Tequila　　　③ Grand Marnier　　　④ Cointreau

10. 혼성주의 설명으로 틀린 것은?

① 증류주에 초근목피의 침출물로 향미를 더한다.

② 프랑스에서는 꼬디알이라 부른다.

③ 제조방법으로 침출법, 증류법, 에센스법이 있다.

④ 중세 연금술사들에 의해 발견되었다.

11. 북유럽 스칸디나비아 지방의 특산주로 감자와 맥아를 부재료로 사용하여 증류 후에 회향초 씨(Caraway Seed)등 여러 가지 허브로 향기를 착향시킨 술은?

① 보드카(Vodka)　　　　　　② 진(Gin)

③ 데킬라(Tequla)　　　　　　④ 아쿠아비트(Aquavit)

12. 우리나라 전통주가 아닌 것은?

　① 이강주　　　　　② 과하주　　　　　③ 죽엽청주　　　　　④ 송순주

13. Vodka에 속하는 것은?

　① Bacardi　　　　② Stolichnaya　　　③ Blanton's　　　　④ Beefeater

14. 다음 중, 리큐르(Liqueur)와 관계가 없는 것은?

　① Cordials　　　　　　　　　　② Arnaud de Villeneuve

　③ Benedicictine　　　　　　　　④ Dom Perignon

15. 차를 만드는 방법에 따른 분류와 대표적인 차의 연결이 틀린 것은?

　① 불발효차 – 보성녹차　　　　　② 반발효차 – 오룡차

　③ 발효차 – 다즐링차　　　　　　④ 후발효차 – 쟈스민차

16. 다음 단발효법으로 만들어진 것은?

　① 맥주　　　　　　② 청주　　　　　　③ 포도주　　　　　④ 탁주

17. 지방의 특산 전통주가 잘못 연결된 것은?

　① 금산 – 인삼주　　　　　　　　② 홍천 – 옥선주

　③ 안동 – 송화주　　　　　　　　④ 전주 – 오곡주

18. 탄산음료의 종류가 아닌 것은?

　① 진저엘　　　　　② 카린스 믹스　　　③ 토닉워터　　　　④ 리까르

19. 핸드 드립 커피의 특성이 아닌 것은?

　① 비교적 조리 시간이 오래 걸린다.

　② 대체로 메뉴가 제한된다.

　③ 블렌딩한 커피만을 사용한다.

　④ 추출자에 따라 커피맛이 영향을 받는다.

20. 차나무의 분포 지역분포지역을 가장 잘 표시한 것은?

① 남위 20° ~ 북위 40° 사이의 지역

② 남위 23° ~ 북위 43° 사이의 지역

③ 남위 26° ~ 북위 46° 사이의 지역

④ 남위 25° ~ 북위 50° 사이의 지역

21. 다음 중 리큐르(Liqueur)의 종류에 속하지 않는 것은?

① Creme de Cacao ② Curacao

③ Negroni ④ Dubonnet

22. 커피 로스팅의 정도에 따라 약한 순서에서 강한 순서대로 나열한 것으로 옳은 것은?

① American Roasting → German Roasting → French Roasting → Italian Roasting

② German Roasting → Italian Roasting → American Roasting → French Roasting

③ Italian Roasting → German Roasting → American Roasting → French Roasting

④ French Roasting → American Roasting → Italian Roasting → German Roasting

23. 좋은 맥주용 보리의 조건으로 알맞은 것은?

① 껍질이 두껍고 윤택이 있는 것

② 알맹이가 고르고 발아가 잘 안 되는 것

③ 수분 함유량이 높은 것

④ 전분 함유량이 많은 것

24. 몰트위스키의 제조과정에 대한 설명으로 틀린 것은?

① 정선 - 불량한 보리를 제거한다.

② 침맥 - 보리를 깨끗이 씻고 물을 주어 발아를 준비한다.

③ 제근 - 맥아의 뿌리를 제거시킨다.

④ 당화 - 효모를 가해 발효시킨다.

25. 증류주가 사용되지 않은 칵테일은?

① Manhattan   ② Rusty Nail   ③ Irish Coffe   ④ Grasshopper

26. 꿀로 만든 리큐르(Liqueur)는?

① Creme de Menthe   ② Curacao

③ Galliano   ④ Drambuie

27. 다음 중 레드와인용 포도 품종이 아닌 것은?

① 리슬링(Riesling)   ② 메를로(Merlot)

③ 삐노 누아(Pinot Noir)   ④ 카베르네 쇼비뇽(Cabernet Sauvignon)

28. 다음 중 상면발효맥주가 아닌 것은?

① 에일   ② 복   ③ 스타우트   ④ 포터

29. 증류주가 아닌 것은?

① 풀케   ② 진   ③ 데킬라   ④ 아쿠아비트

30. 음료의 역사에 대한 설명으로 틀린 것은?

① 기원전 6000년경 바빌로니아 사람들은 레몬과즙을 마셨다.

② 스페인 발렌시아 부근의 동굴에서는 탄산가스를 발견해 마시는 벽화가 있다.

③ 바빌로니아 사람들은 밀빵이 물에 젖어 발효된 맥주를 발견해 음료로 즐겼다.

④ 중앙아시아 지역에서는 야생의 포도가 쌓여 자연 발효된 포도주를 음료로 즐겼다.

31. 다음 중 올바른 음주방법과 가장 거리가 먼 것은?

① 술 마시기 전에 음식을 먹어서 공복을 피한다.

② 본인의 적정 음주량을 초과하지 않는다.

③ 먼저 알코올 도수가 높은 술부터 낮은 술로 마신다.

④ 술을 마실 때 가능한 천천히 그리고 조금씩 마신다.

32. 조주 시 필요한 쉐이커(Shaker)의 3대 구성 요소의 명칭이 아닌 것은?

① 믹싱(Mixing)

② 보디(Body)

③ 스트레이너(Stainer)

④ 캡(Cap)

33. 개봉한 뒤 다 마시지 못한 와인의 보관방법으로 옳지 않은 것은?

① vacuum pump로 병 속의 공기를 빼낸다.

② 코르크로 막아 즉시 냉장고에 넣는다.

③ 마개가 없는 디캔터에 넣어 상온에 둔다.

④ 병속에 불활성 기체를 넣어 산소의 침입을 막는다.

34. 주로 추운 계절에 추위를 녹이기 위하여 외출이나 등산 후에 따뜻하게 마시는 칵테일로 가장 거리가 먼 것은?

① Irish Coffee

② Tropical Cockail

③ Rum Grog

④ Vin Chaud

35. 행사장에 임시로 설치해 간단한 주류와 음료를 판매하는 곳의 명칭은?

① Open Bar

② Dance Bar

③ Cash Bar

④ Lounge Bar

36. Red Wine Decanting에 사용되지 않는 것은?

① Wine Cradle

② Candle

③ Cloth Napkin

④ Snifter

37. 주류의 Inventory Sheet에 표기되지 않는 것은?

① 상품명

② 전기 이월량

③ 규격(또는 용량)

④ 구입가격

38. 생맥주를 중심으로 각종 식음료를 비교적 저렴하게 판매하는 영국식 선술집은?

① Saloon

② Pub

③ Lounge Bar

④ Banquet

39. Stem Glass인 것은?

① Collins Glass

② Old Fashioned Glass

③ Straight up Glass

④ Sherry Glass

40. 바(Bar)의 업무 효율향상을 위한 시설물 설치방법으로 옳지 않은 것은?

① 얼음 제빙기는 가능한 바(Bar) 내에 설치한다.

② 바의 수도 시설은 믹싱 스테이션(Mixing Station)바로 후면에 설치한다.

③ 각 얼음은 아이스 텅(Ice Tongs)에다 채워놓고 바(Bar) 작업대 옆에 보관한다.

④ 냉각기(Cooling Cabinet)는 주방 밖에 설치한다.

41. 식재료 원가율 계산 방법으로 옳은 것은?

① 기초재고 + 당기매입 – 기말재고

② (식재료 원가/총매출액) × 100

③ 비용 + (순이익/수익)

④ (식재료 원가/월매출액) × 30

42. 바(Bar)의 기구가 아닌 것은?

① 믹싱 쉐이커(Mixing Shaker)

② 레몬 스퀴저(Lemon Squeezer)

③ 바 스트레이너(Bar Strainer)

④ 스테이플러(Stapler)

43. 칵테일을 만드는 기법으로 적당하지 않은 것은?

① 띄우기(floating)

② 휘젓기(stirring)

③ 흔들기(shaking)

④ 거르기(filtering)

44. 구매관리 업무와 가장 거리가 먼 것은?

① 납기관리

② 우량 납품업체 선정

③ 시장조사

④ 음료상품 판매촉진 기획

45. 다음 식품위생법상의 식품접객업의 내용으로 틀린 것은?

① 휴게음식점 영업은 주로 빵과 떡 그리고 과자와 아이스크림류 등 과자점 영업을 포함한다.

② 일반음식점 영업은 음식류만 조리 판매가 허용되는 영업을 말한다.

③ 단란주점영업은 유흥종사자는 둘 수 없으나 모든 주류의 판매 허용과 손님이 노래를 부르는 행위가 허용되는 영업이다.

④ 유흥주점영업은 유흥종사자를 두거나 손님이 노래를 부르거나 춤을 추는 행위가 허용되는 영업니다.

46. 물로 커피를 추출할 때 사용하는 도구가 아닌 것은?

① Coffe Urn   ② Siphon   ③ Dripper   ④ French Press

47. cork screw의 사용 용도는?

① 잔 받침대

② 와인 보관용 그릇

③ 와인의 병마개용

④ 와인의 병마개 오픈용

48. 식재료가 소량이면서 고가인 경우나 희귀한 아이템의 경우에 검수 하는 방법으로 옳은 것은?

① 발췌 검수법

② 전수 검수법

③ 송장 검수법

④ 서명 검수법

49. 주장 경영 원가의 3요소로 가장 적합한 것은?

① 재료비, 노무비, 기타경비

② 재료비, 인건비, 세금

③ 재료비, 종사원 급여, 권리금

④ 재료비, 노무비, 월세와 관리비

50. 바텐더의 자세로 가장 바람직하지 못한 것은?

① 영업 전 후 Inventory 정리를 한다.

② 유통기한을 수시로 체크한다.

③ 손님과의 대화를 위해 뉴스, 신문 등을 자주 본다.

④ 고가의 상품을 판매를 위해 손님에게 추천한다.

51. "How often do you drink?"의 대답으로 적합하지 않은 것은?

① Every day   ② About three time a month

③ once a week   ④ After work

52. "All tables are booked tonight"과 의미가 같은 것은?

① All books are on the table.

② There are a lot of table here.

③ All tables are very dirty tonight.

④ There aren't any available tables tonight.

53. Please select the cocktail-based wine in the following.

① Mai-Tai   ② Mah-jong   ③ Salty-Dog   ④ Sangria

54. Which one is the best harmony with gin?

① sprite   ② ginger ale   ③ cola   ④ tonic water

55. Which cocktail name means "Freedom"?

① God mother   ② Cuba libre   ③ God father   ④ French kiss

56. "그걸로 주세요."라는 표현으로 가장 적합한 것은?

① I'll have this one.   ② Give me one more.

③ That's please.   ④ I already had one.

57. 다음에서 설명하는 bitters는?

> It is made from a Trinidadian sector recipe.

① peyshaud's bitters   ② Abbott's aged bitters

③ Orange bitters   ④ Angostura bitters

58. 아래의 대화에서 ( ) 안에 알맞은 단어로 짝지어진 것은?

> A: Let's go (   ) a drink after work, will you?
> B: I don't (   ) like a drink today.

① for, feel   ② to, have   ③ in, know   ④ of, give

59. (   )에 들어갈 단어로 옳은 것은?

> (   ) is a late morning meal between breakfast and lunch.

① Buffet   ② Brunch

③ American breakfast   ④ Continental breakfast

60. (   )안에 가장 알맞은 것은?

> W: What would you like to drink, sir?
> G: Scotch (   ) the rocks, please.

① in   ② with   ③ on   ④ put

1	2	3	4	5	6	7	8	9	10
②	③	②	③	④	②	③	②	②	②
11	12	13	14	15	16	17	18	19	20
④	③	②	④	④	③	④	④	③	②
21	22	23	24	25	26	27	28	29	30
③	①	④	④	④	④	①	②	①	②
31	32	33	34	35	36	37	38	39	40
③	①	③	②	③	④	④	②	④	③
41	42	43	44	45	46	47	48	49	50
②	④	④	④	②	①	④	②	①	④
51	52	53	54	55	56	57	58	59	60
④	④	④	④	②	①	④	①	②	③

 조주기능사 필기 기출문제   (2014.01.26)

1. 고구려의 술로 전해지며, 여름날 황혼 무렵에 찐 차좁쌀로 담가서 그 다음날 닭이 우는 새벽녘에 먹을 수 있도록 빚었던 술은?

① 교동법주   ② 청명주   ③ 소곡주   ④ 계명주

2. 다음 술 종류 중 코디얼(cordial)에 해당하는 것은?

① 베네딕틴(Benedictine)

② 골든스 론돈 드라이 진(Gordons london dry gin)

③ 커티 샥(Cutty sark)

④ 올드 그랜드 대드(Old grand dad)

3. 독일와인의 분류 중 가장 고급와인의 등급표시는?

① Q.b.A   ② Tafelwein   ③ Landwein   ④ Q.m.P

4. 하면 발효 맥주가 아닌 것은?

① Lager beer   ② Porter beer

③ Pilsen beer   ④ Munchen beer

5. 조선시대의 술에 대한 설명으로 틀린 것은?

① 중국과 일본에서 술이 수입되었다.

② 술 빚는 과정에 있어 여러 번 걸쳐 덧술을 하였다.

③ 고려시대에 비하여 소주의 선호도가 높았다.

④ 소주를 기본으로 한 약용약주, 혼양주의 제조가 증가했다.

6. 프랑스 보르도(Bordeaux) 지방의 와인이 아닌 것은?

① 보졸레(Beaujolais), 론(Rhone)

② 메독(Medoc), 그라브(Grave)

③ 포므롤(Pomerol), 소테른(Sauternes)

④ 생떼밀리옹(Saint-Emilion), 바르삭(Barsac)

7. 스카치 위스키가 아닌 것은?

① Crown Royal　　　　　　　② White Horse

③ Johnnie Walker　　　　　　④ VAT 69

8. 맥주의 효과와 가장 거리가 먼 것은?

① 향균 작용　　　　　　　　② 이뇨 억제 작용

③ 식욕 증진 및 소화 촉진 작용　④ 신경 진정 및 수면 촉진 작용

9. 오렌지 과피, 회향초 등을 주원료로 만들며 알코올 농도가 24% 정도가 되는 붉은 색의 혼성주는?

① Beer　　　　　　　　　　② Drambuie

③ Campari　　　　　　　　　④ Cognac

10. 커피를 주원료로 만든 리큐르는?

① Grand Marnier　　　　　　② Benedictine

③ Kahlua　　　　　　　　　④ Sloe Gin

11. 소다수에 대한 설명 중 틀린 것은?

① 인공적으로 이산화탄소를 첨가한다.

② 약간의 신맛과 단맛이 나며 청량감이 있다.

③ 식욕을 돋우는 효과가 있다.

④ 성분은 수분과 이산화탄소로 칼로리는 없다.

12. 와인에 관한 용어 설명 중 틀린 것은?

① 탄닌(tannin) - 포도의 껍질, 씨와 줄기, 오크통에서 우러나오는 성분

② 아로마(aroma) - 포도의 품종에 따라 맡을 수 있는 와인의 첫 번째 냄새 또는 향기

③ 부케(bouquet) - 와인의 발효과정이나 숙성과정 중에 형성되는 복잡하고 다양한 향기

④ 빈티지(vintage) - 포도주 제조년도

13. 다음 중 혼성주가 아닌 것은?

① Apricot brandy   ② Amaretto

③ Rusty nail   ④ Anisette

14. 다음 중 코냑이 아닌 것은?

① Courvoisier   ② Camus

③ Mouton Cadet   ④ Remy Martin

15. 맥주의 재료인 호프(hop)의 설명으로 옳지 않은 것은?

① 자웅이주 식물로서 수꽃인 솔방울 모양의 열매를 사용한다.

② 맥주의 쓴맛과 향을 낸다.

③ 단백질을 침전·제거하여 맥주를 맑고 투명하게 한다.

④ 거품의 지속성 및 항균성을 부여한다.

16. 음료에 대한 설명이 잘못된 것은?

① 진저엘(Ginger ale)은 착향 탄산음료이다.

② 토닉워터(Tonic Water)는 착향 탄산음료이다.

③ 세계 3대 기호음료는 커피, 코코아, 차(Tea)이다.

④ 유럽에서 Cider(또는 Cidre)는 착향 탄산음료이다.

17. 위스키(Whisky)와 브랜디(Brandy)에 대한 설명이 틀린 것은?

① 위스키는 곡물을 발효시켜 증류한 술이다.

② 캐나디언 위스키(Canadian Whisky)는 캐나다 산 위스키의 총칭이다.

③ 브랜디는 과실을 발효 · 증류해서 만든다.

④ 꼬냑(Cognac)은 위스키의 대표적인 술이다.

18. 레몬주스, 슈가시럽, 소다수를 혼합한 것으로 대용할 수 있는 것은?

① 진저엘　　　　② 토닉워터　　　　③ 칼린스 믹스　　　④ 사이다

19. 커피의 품종이 아닌 것은?

① 아라비카(Arabica)　　　　　　② 로부스타(Robusta

③ 리베리카(Riberica)　　　　　　④ 우바(Uva)

20. 다음 광천수 중 탄산수가 아닌 것은?

① 셀처 워터(Seltzer Water)　　　　② 에비앙 워터(Evian Water)

③ 초정약수　　　④ 페리에 워터(Perrier Water)

21. 이탈리아 와인 중 지명이 아닌 것은?

① 키안티　　　　　　　　② 바르바레스코

③ 바롤로　　　　　　　　④ 바르베라

22. 와인에 국화과의 아티초크(Artichoke)와 약초의 엑기스를 배합한 이태리산 리큐르는?

① Absinthe　　　　　　　② Dubonnet

③ Amer picon　　　　　　④ Cynar

23. 다음 중 식전주(Aperitif)로 가장 적합하지 않은 것은?

① Campari　　　　　　　② Dubonnet

③ Cinzano　　　　　　　④ Sidecar

24. 브랜디의 제조순서로 옳은 것은?

① 양조작업 - 저장 - 혼합 - 증류 - 숙성 - 병입

② 양조작업 - 증류 - 저장 - 혼합 - 숙성 - 병입

③ 양조작업 - 숙성 - 저장 - 혼합 - 증류 - 병입

④ 양조작업 - 증류 - 숙성 - 저장 - 혼합 - 병입

25. 다음 중 Bitter가 아닌 것은?

① Angostura ② Campari ③ Galliano ④ Amer Picon

26. Tequila에 대한 설명으로 틀린 것은?

① Tequila 지역을 중심으로 지정된 지역에서만 생산된다.

② Tequila를 주원료로 만든 혼성주는 Mezcal이다.

③ Tequila는 한 품종의 Agave만 사용된다.

④ Tequila는 발효 시 옥수수당이나 설탕을 첨가할 수도 있다.

27. 증류주에 대한 설명으로 옳은 것은?

① 과실이나 곡류 등을 발효시킨 후 열을 가하여 분리한 것이다.

② 과실의 향료를 혼합하여 향기와 감미를 첨가한 것이다.

③ 주로 맥주, 와인, 양주 등을 말한다.

④ 탄산성 음료는 증류주에 속한다.

28. 리큐르의 제조법이 아닌 것은?

① 증류법 ② 에센스법 ③ 믹싱법 ④ 침출법

29. 와인 제조 시 이산화황(SO_2)을 사용하는 이유가 아닌 것은?

① 항산화제 역할 ② 부패균 생성 방지

③ 갈변 방지 ④ 효모 분리

30. 진(Gin)의 상표로 틀린 것은?

① Bombay Sapphire   ② Gordon's

③ Smirnoff   ④ Beefeater

31. 연회용 메뉴 계획시 에피타이저 코스에 술을 권유하려 할 때 다음 중 가장 적합한 것은?

① 리큐르(liqueur)   ② 크림 쉐리(cream sherry)

③ 드라이 쉐리(dry sherry)   ④ 포트 와인(port wine)

32. 주장(bar) 영업종료 후 재고조사표를 작성하는 사람은?

① 식음료 매니저   ② 바 매니저   ③ 바 보조   ④ 바텐더

33. 화이트와인 서비스과정에서 필요한 기물과 가장 거리가 먼 것은?

① Wine cooler   ② Wine stand

③ Wine basket   ④ Wine opener

34. 일과 업무 시작 전에 바(bar)에서 판매 가능한 양만큼 준비해 두는 각종의 재료를 무엇이라고 하는가?

① Bar Stock   ② Par Stock

③ Pre-Product   ④ Ordering Product

35. 흔들기(Shaking)에 대한 설명 중 틀린 것은?

① 잘 섞이지 않고 비중이 다른 음료를 조주할 때 적합하다.

② 롱 드링크(long drink) 조주에 주로 사용한다.

③ 애플마티니를 조주할 때 이용되는 기법이다.

④ 쉐이커를 이용한다.

36. 칵테일글라스(Cocktail Glass)의 3대 명칭이 아닌 것은?

① 베이스(Base)   ② 스템(Stem)   ③ 보울(Bowl)   ④ 캡(Cap)

37. 싱가포르 슬링(Singapore Sling) 칵테일의 장식으로 알맞은 것은?

① 시즌과일(season fruits)　　　② 올리브(olive)

③ 필 어니언(peel onion)　　　④ 계피(cinnamon)

38. 네그로니(Negroni) 칵테일의 조주 시 재료로 가장 적합한 것은?

① Rum 3/4oz, Sweet Vermouth 3/4oz, Campari 3/4oz, Twist of lemon peel

② Dry Gin 3/4oz, Sweet Vermouth 3/4oz, Campari 3/4oz, Twist of lemon peel

③ Dry Gin 3/4oz, Dry Vermouth 3/4oz, Grenadine Syrup 3/4oz, Twist of lemon peel

④ Tequila 3/4oz, Sweet Vermouth 3/4oz, Campari 3/4oz, Twist of lemon peel

39. 브랜디 글라스(Brandy Glass)에 대한 설명으로 틀린 것은?

① 코냑 등을 마실 때 사용하는 튤립형의 글라스이다.

② 향을 잘 느낄 수 있도록 만들어졌다.

③ 기둥이 긴 것으로 윗부분이 넓다.

④ 스니프터(snifter)라고도 하며 밑이 넓고 위는 좁다.

40. Cocktail Shaker에 넣어 조주하는 것이 부적합한 재료는?

① 럼(Rum)　　　　　　　② 소다수(Soda Water)

③ 우유(Milk)　　　　　　④ 달걀흰자

41. 다음 음료 중 냉장 보관이 필요 없는 것은?

① White Wine　　② Dry Sherry　　③ Beer　　④ Brandy

42. 칵테일 조주 시 사용되는 다음 방법 중 가장 위생적인 방법은?

① 손으로 얼음을 Glass에 담는다.

② Glass 윗부분(Rine)을 손으로 잡아 움직인다.

③ Garnish는 깨끗한 손으로 Glass에 Setting 한다.

④ 유효기간이 지난 칵테일 부재료를 사용한다.

43. 주장요원의 업무규칙에 부합하지 않는 것은?

① 조주는 규정된 레시피에 의해 만들어져야 한다.

② 요금의 영수 관계를 명확히 하여야 한다.

③ 음료의 필요재고보다 두 배 이상의 재고를 보유하여야 한다.

④ 고객의 음료 보관 시 명확한 표기와 보관을 책임진다.

44. 와인을 주재료(wine base)로 한 칵테일이 아닌 것은?

① 키어(Kir)   ② 블루 하와이(Blue hawaii)

③ 스프리처(Sprizer)   ④ 미모사(Mimosa)

45. 물품검수 시 주문내용과 차이가 발견될 때 반품하기 위하여 작성하는 서류는?

① 송장(invoice)

② 견적서(price quotation sheet)

③ 크레디트 메모(Credit memorandum)

④ 검수보고서(receiving sheet)

46. 고객에게 음료를 제공할 때 반드시 필요치 않은 비품은?

① Cocktail Napkin   ② Can Opener

③ Muddler   ④ Coaster

47. 칵테일 부재료 중 spice류에 해당되지 않는 것은?

① Grenadine syrup   ② Mint

③ Nutmeg   ④ Cinnamon

48. Wine 저장에 관한 내용 중 적절하지 않는 것은?

① White Wine은 냉장고에 보관하되 그 품목에 맞는 온도를 유지해 준다.

② Red Wine은 상온 Cellar에 보관하되 그 품목에 맞는 적정온도를 유지해 준다.

③ Wine을 보관하면서 정기적으로 이동 보관한다.

④ Wine 보관 장소는 햇볕이 잘 들지 않고 통풍이 잘되는 곳에 보관하는 것이 좋다.

49. 주장원가의 3요소로 가장 적합한 것은?

① 인건비, 재료비, 주장경비　　　　② 인건비, 재료비, 세금봉사료

③ 인건비, 재료비, 주세　　　　　　④ 인건비, 재료비, 세금

50. Muddler에 대한 설명으로 옳은 것은?

① 설탕이나 장식과일 등을 으깨거나 혼합할 때 사용한다.

② 칵테일 장식에 체리나 올리브 등을 찔러 장식할 때 사용한다.

③ 규모가 큰 얼음덩어리를 잘게 부술 때 사용한다.

④ 술의 용량을 측정할 때 사용한다.

51. Which one is made with vodka and coffee liqueur?

① Black russian　　　　　　　② Rusty nail

③ Cacao fizz　　　　　　　　　④ Kiss of fire

52. Which of the following doesn't belong to the regions of France where wine is produced?

① Bordeaux　　　　　　　　　② Burgundy

③ Champagne　　　　　　　　④ Rheingau

53. Which is the correct one as a base of Port Sangaree in the following?

① Rum　　　　② Vodka　　　　③ Gin　　　　④ Wine

54. "a glossary of basic wine terms"의 연결로 틀린 것은?

① Balance : the portion of the wine's odor derived from the grape variety and

　　fermentation.

② Nose : the total odor of wine composed of aroma, bouquet, and other factors.

③ Body : the weight or fullness of wine on palate.

④ Dry : a tasting term to denote the absence of sweetness in wine.

55. 다음에서 설명하는 것은?

> When making a cocktail, this is the main ingredient into which other things are added.

① base

② glass

③ straw

④ decoration

56. 다음에서 설명하는 것은?

> An anise-flavored, high-proof liqueur now banned due to the alleged toxic effects of wormwood, which reputedly turned the brains of heavy users to mush.

① Curacao

② Absinthe

③ Calvados

④ Benedictine

57. 다음에서 설명하는 것은?

> A honeydew melon flavored liqueur from the Japanese house of Suntory.

① Midori

② Cointreau

③ Grand Marnier

④ Apricot Brandy

58. 다음 (   )에 알맞은 단어는?

> Dry gin merely signifies that the gin lacks (   ).

① sweetness

② sourness

③ bitterness

④ hotness

59. 다음 (   )안에 들어갈 알맞은 것은?

> (   ) is a Caribbean coconut-flavored rum originally from Barbados.

① Malibu

② Sambuca

③ Maraschino

④ Southern Comfort

60. 다음 ( )안에 들어갈 알맞은 것은?

> This is our first visit to Korea and before we (   ) our dinner, we want
> to (   ) some domestic drinks here.

① have, try

② having, trying

③ serve, served

④ serving, be served

1	2	3	4	5	6	7	8	9	10
④	①	④	②	①	①	①	②	③	③
11	12	13	14	15	16	17	18	19	20
②	④	③	③	①	④	④	③	④	②
21	22	23	24	25	26	27	28	29	30
④	④	④	②	③	②	①	③	④	③
31	32	33	34	35	36	37	38	39	40
③	④	③	②	②	④	①	②	③	②
41	42	43	44	45	46	47	48	49	50
④	③	③	②	③	②	①	③	①	①
51	52	53	54	55	56	57	58	59	60
①	④	④	①	①	②	①	①	①	①

조주기능사 필기 기출문제 (2014.04.16)

1. 진(Gin)이 제일 처음 만들어진 나라는?
① 프랑스　　　② 네덜란드　　　③ 영국　　　④ 덴마크

2. 다음 중 식전주로 가장 적합한 것은?
① 맥주(Beer)　　　　　　② 드람뷔이(Drambuie)
③ 캄파리(Campari)　　　　④ 꼬냑(Cognac)

3. 다음 중 Fortified Wine이 아닌 것은?
① Sherry Wine　　　　　② Vermouth
③ Port Wine　　　　　　④ Blush Wine

4. 화이트와인용 포도품종이 아닌 것은?
① 샤르도네　　　② 시라　　　③ 소비뇽 블랑　　　④ 삐노 블랑

5. 혼성주의 특징으로 옳은 것은?
① 사람들의 식욕부진이나 원기 회복을 위해 제조되었다.
② 과일 중에 함유되어 있는 당분이나 전분을 발효시켰다.
③ 과일이나 향료, 약초 등 초근목피의 침전물로 향미를 더하여 만든 것으로, 현재는 식후주로 많이 애음된다.
④ 저온 살균하여 영양분을 섭취할 수 있다.

6. 아쿠아비트(Aquavit)에 대한 설명 중 틀린 것은?

① 감자를 당화시켜 연속 증류법으로 증류한다.

② 혼성주의 한 종류로 식후주에 적합하다.

③ 맥주와 곁들여 마시기도 한다.

④ 진(Gin)의 제조 방법과 비슷하다.

7. 스팅거(Stinger)를 제공하는 유리잔(Glass)의 종류는?

① 하이볼(High ball) 글라스

② 칵테일(Cocktail) 글라스

③ 올드 패션드(Old Fashioned) 글라스

④ 사워(Sour) 글라스

8. 주정 강화로 제조된 시칠리아산 와인은?

① Champagne   ② Grappa   ③ Marsala   ④ Absente

9. Scotch whisky에 대한 설명으로 옳지 않은 것은?

① Malt whisky는 대부분 Pot still을 사용하여 증류한다.

② Blended whisky는 Malt whisky와 Grain whisky를 혼합한 것이다.

③ 주원료인 보리는 이탄(Peat)의 연기로 건조시킨다.

④ Malt whisky는 원료의 향이 소실되지 않도록 반드시 1회만 증류한다.

10. 커피의 품종에서 주로 인스턴트커피의 원료로 사용되고 있는 것은?

① 로부스타   ② 아라비카

③ 리베리카   ④ 레귤러

11. Whisky 1 Ounce(알코올 도수 40%), Cola 4 oz(녹는 얼음의 양은 계산하지 않음)를 재료로 만든 Whisky Coke의 알코올 도수는?

① 6%   ② 8%   ③ 10%   ④ 12%

12. 증류하면 변질될 수 있는 과일이나 약초, 향료에 증류주를 가해 향미성을 용해시키는 방법으로 열을 가하지 않는 리큐르 제조법으로 가장 적합한 것은?

① 증류법　　　　　　　　　　② 침출법

③ 여과법　　　　　　　　　　④ 에센스법

13. 와인 병 바닥의 요철 모양으로 오목하게 들어간 부분은?

① 펀트(Punt)　　　　　　　　② 발란스(Balance)

③ 포트(Port)　　　　　　　　④ 노블 롯(Noble Rot)

14. 이탈리아 리큐르로 살구씨를 물과 함께 증류하여 향초 성분과 혼합하고 시럽을 첨가해서 만든 리큐르는?

① Cherry Brandy　　　　　　② Curacao

③ Amaretto　　　　　　　　④ Tia Maria

15. 포도즙을 내고 남은 찌꺼기에 약초 등을 배합하여 증류해 만든 이태리 술은?

① 삼부카　　　　　　② 버머스　　　　③ 그라빠

④ 캄파리

16. 조선시대에 유입된 외래주가 아닌 것은?

① 천축주　　　② 섬라주　　　③ 금화주　　　④ 두견주

17. 고려 때에 등장한 술로 병자호란이던 어느 해 이완 장군이 병사들의 사기를 돋우기 위해 약용과 가향의 성분을 고루 갖춘 이 술을 마시게 한 것에서 유래된 것으로 알려졌으며, 차보다 얼큰하고 짙게 우러난 호박색이 부드럽고 연 냄새가 은은한 전통제주로 감칠맛이 일품인 전통주는?

① 문배주　　　② 이강주　　　③ 송순주　　　④ 연엽주

18. 테킬라에 대한 설명으로 맞게 연결된 것은?

> 최초의 원산지는 (㉠)로서 이 나라의 특산주이다.
> 원료는 백합과의 (㉡)인데 이 식물에는 (㉢)이라는 전분과 비슷한 물질이 함
> 유되어 있다.

① ㉠ 멕시코, ㉡ 풀케(Pulque), ㉢ 루플린

② ㉠ 멕시코, ㉡ 아가베(Agave), ㉢ 이눌린

③ ㉠ 스페인, ㉡ 아가베(Agave), ㉢ 루플린

④ ㉠ 스페인, ㉡ 풀케(Pulque), ㉢ 이눌린

19. 차(Tea)에 대한 설명으로 가장 거리가 먼 것은?

① 녹차는 차 잎을 찌거나 덖어서 만든다.

② 녹차는 끓는 물로 신속히 우려낸다.

③ 홍차는 레몬과 잘 어울린다.

④ 홍차에 우유를 넣을 때는 뜨겁게 하여 넣는다.

20. 이탈리아 I.G.T 등급은 프랑스의 어느 등급에 해당되는가?

① V.D.Q.S   ② Vin de Pays

③ Vin de Table   ④ A.O.C

21. 진저엘의 설명 중 틀린 것은?

① 맥주에 혼합하여 마시기도 한다.

② 생강향이 함유된 청량음료이다.

③ 진저엘의 엘은 알코올을 뜻한다.

④ 진저엘은 알코올분이 있는 혼성주이다.

22. 곡류와 감자 등을 원료로 하여 당화시킨 후 발효하고 증류한다. 증류액을 희석하여 자작나무
숯으로 만든 활성탄에 여과하여 정제하기 때문에 무색, 무취에 가까운 특성을 가진 증류주는?

① Gin   ② Vodka   ③ Rum   ④ Tequila

23. 차와 코코아에 대한 설명으로 틀린 것은?

① 차는 보통 홍차, 녹차, 청차 등으로 분류된다.

② 차의 등급은 잎의 크기나 위치 등에 크게 좌우된다.

③ 코코아는 카카오 기름을 제거하여 만든다.

④ 코코아는 사이폰(syphon)을 사용하여 만든다.

24. 그랑드 샹빠뉴 지역의 와인 증류원액을 50% 이상 함유한 코냑을 일컫는 말은?

① 샹빠뉴 블랑　　　　　　　　　② 쁘띠뜨 샹빠뉴

③ 핀 샹빠뉴　　　　　　　　　　④ 샹빠뉴 아르덴

25. 단식증류기의 일반적인 특징이 아닌 것은?

① 원료 고유의 향을 잘 얻을 수 있다.

② 고급 증류주의 제조에 이용한다.

③ 적은 양을 빠른 시간에 증류하여 시간이 적게 걸린다.

④ 증류 시 알코올 도수를 80도 이하로 낮게 증류한다.

26. 다음 중 과즙을 이용하여 만든 양조주가 아닌 것은?

① Toddy　　　　② Cider　　　　③ Perry　　　　④ Mead

27. 상면발효 맥주 중 벨기에에서 전통적인 발효법을 이용해 만드는 맥주로, 발효시키기 전에 뜨거운 맥즙을 공기 중에 직접 노출시켜 자연에 존재하는 야생효모와 미생물이 자연스럽게 맥즙에 섞여 발효하게 만든 맥주는?

① 스타우트(Stout)　　　　　　　② 도르트문트(Dortmund)

③ 에일(Ale)　　　　　　　　　　④ 람빅(Lambics)

28. 각국을 대표하는 맥주를 바르게 연결한 것은?

① 미국 - 밀러, 버드와이저　　　② 독일 - 하이네켄, 뢰벤브로이

③ 영국 - 칼스버그, 기네스　　　④ 체코 - 필스너, 벡스

29. 조주 상 사용되는 표준계량의 표시 중에서 틀린 것은?

① 1 티스푼(tea spoon) = 1/8 온스 ② 1 스플리트(split) = 6 온스

③ 1 핀트(pint) = 10 온스 ④ 1 포니(pony) = 1 온스

30. 다음 중 홍차가 아닌 것은?

① 잉글리시 블랙퍼스트(English breakfast)

② 로브스타(Robusta)

③ 다즐링(Dazeeling)

④ 우바(Uva)

31. 칵테일의 종류 중 마가리타(Margarita)의 주원료로 쓰이는 술의 이름은?

① 위스키(Whisky) ② 럼(Rum)

③ 테킬라(Tequila) ④ 브랜디(Brandy)

32. 1 온스(oz)는 몇 mL인가?

① 10.5 mL ② 20.5 mL ③ 29.5 mL ④ 40.5 mL

33. 바카디 칵테일(Bacardi Cocktail)용 글라스는?

① 올드 패션드(Old Fashioned)용 글라스 ② 스템 칵테일(Stemmed Cocktail) 글라스

③ 필스너(Pilsner) 글라스 ④ 고블렛(Goblet) 글라스

34. 다음 주류 중 알콜 도수가 가장 약한 것은?

① 진(Gin) ② 위스키(Whisky)

③ 브랜디(Brandy) ④ 슬로우진(Sloe Gin)

35. 다음에서 주장관리 원칙과 가장 거리가 먼 것은?

① 매출의 극대화 ② 청결유지 ③ 분위기 연출 ④ 완벽한 영업 준비

36. 메뉴 구성 시 산지, 빈티지, 가격 등이 포함되어야 하는 주류와 가장 거리가 먼 것은?

① 와인 ② 칵테일 ③ 위스키 ④ 브랜디

37. 조주보조원이라 일컬으며 칵테일 재료의 준비와 청결 유지를 위한 청소담당 및 업장 보조를 하는 사람은?

① 바 헬퍼(Bar helper)　　　　　② 바텐더(Bartender)

③ 헤드 바텐더(Head Bartender)　　④ 바 매니져(Bar Manager)

38. 코스터(Coaster)란?

① 바용 양념세트　　② 잔 밑받침　　③ 주류 재고 계량기　　④ 술의 원가표

39. 칵테일 기구에 해당되지 않는 것은?

① Butter Bowl　　② Muddler　　③ Strainer　　④ Bar Spoon

40. 와인병을 눕혀서 보관하는 이유로 가장 적합한 것은?

① 숙성이 잘되게 하기 위해서

② 침전물을 분리하기 위해서

③ 맛과 멋을 내기 위해서

④ 색과 향이 변질되는 것을 방지하기 위해서

41. 얼음을 다루는 기구에 대한 설명으로 틀린 것은?

① Ice Pick - 얼음을 깰 때 사용하는 기구

② Ice Scooper - 얼음을 떠내는 기구

③ Ice Crusher - 얼음을 가는 기구

④ Ice Tong - 얼음을 보관하는 기구

42. 핑크 레이디, 밀리언 달러, 마티니, B-52의 조주 기법을 순서대로 나열한 것은?

① shaking, stirring, building, float &layer

② shaking, shaking, float &layer, building

③ shaking, shaking, stirring, float &layer

④ shaking, float &layer, stirring, building,

43. 선입선출(FIFO)의 원래 의미로 맞는 것은?

① First - in, First - on

② First - in, First - off

③ First - in, First - out

④ First - inside, First - on

44. Honeymoon 칵테일에 필요한 재료는?

① Apple Brandy

② Dry Gin

③ Old Tom Gin

④ Vodka

45. 바 매니져(Bar Manager)의 주 업무가 아닌 것은?

① 영업 및 서비스에 관한 지휘 통제권을 갖는다.

② 직원의 근무 시간표를 작성한다.

③ 직원들의 교육 훈련을 담당한다.

④ 인벤토리(Inventory)를 세부적으로 관리한다.

46. 주로 tropical cocktail을 조주할 때 사용하며 "두들겨 으깬다."라는 의미를 가지고 있는 얼음은?

① shaved ice

② crushed ice

③ cubed ice

④ cracked ice

47. 칵테일을 제조할 때 계란, 설탕, 크림(cream) 등의 재료가 들어가는 칵테일을 혼합할 때 사용하는 기구는?

① Shaker

② Mixing Glass

③ Jigger

④ Strainer

48. Champagne 서브 방법으로 옳은 것은?

① 병을 미리 흔들어서 거품이 많이 나도록 한다.

② 0 ~ 4℃ 정도의 냉장온도로 서브한다.

③ 쿨러에 얼음과 함께 담아서 운반한다.

④ 가능한 코르크를 열 때 소리가 크게 나도록 한다.

49. 칵테일 용어 중 트위스트(Twist)란?

① 칵테일 내용물이 춤을 추듯 움직임   ② 과육을 제거하고 껍질만 짜서 넣음

③ 주류 용량을 잴 때 사용하는 기물   ④ 칵테일의 2온스 단위

50. 칵테일 재료 중 석류를 사용해 만든 시럽(Syrup)은?

① 플레인 시럽 (Plain Syrup)   ② 검 시럽 (Gum Syrup)

③ 그레나딘 시럽 (Grenadine Syrup)   ④ 메이플 시럽 (Maple Syrup)

51. "What will you have to drink?" 의 의미로 가장 적합한 것은?

① 식사는 무엇으로 하시겠습니까?

② 디저트는 무엇으로 하시겠습니까?

③ 그 외에 무엇을 드시겠습니까?

④ 술은 무엇으로 하시겠습니까?

52. What is the name of famous Liqueur on Scotch basis?

① Drambuie   ② Cointreau

③ Grand marnier   ④ Curacao

53. What is the meaning of the following explanation?

> When making a cocktail, this is the main ingredient into which other things are added.

① base   ② glass   ③ straw   ④ decoration

54. "Would you care for dessert?"의 올바른 대답은?

① Vanilla ice-cream, please.   ② Ice-water, please.

③ Scotch on the rocks.   ④ Cocktail, please

55. Which one is made of dry gin and dry vermouth?

① Martini   ② Manhattan   ③ Paradise   ④ Gimlet

56. 다음 중 의미가 다른 하나는?

① Cheers!　　　② Give up!　　　③ Bottoms up!　　　④ Here's to us!

57. Which of the following is a liqueur made by Irish whisky and Irish cream?

① Benedictine　　　　　　② Galliano

③ Creme de Cacao　　　　④ Baileys

58. Which of the following is not scotch whisky?

① Cutty Sark　　　② White Horse　　　③ John Jameson　　　④ Royal Salute

59. Which is the syrup made by pomegranate?

① Maple syrup　　　　　　② Strawberry syrup

③ Grenadine syrup　　　　④ Almond syrup

60. 다음 문장 중 나머지 셋과 의미가 다른 하나는?

① What would you like to have?　　② Would you like to order now?

③ Are you ready to order?　　　　④ Did you order him out?

 정답

1	2	3	4	5	6	7	8	9	10
②	③	④	②	③	②	②	③	④	①
11	12	13	14	15	16	17	18	19	20
②	②	①	③	③	④	④	②	②	②
21	22	23	24	25	26	27	28	29	30
④	②	④	③	③	④	④	①	③	②
31	32	33	34	35	36	37	38	39	40
③	③	②	④	①	②	①	②	①	④
41	42	43	44	45	46	47	48	49	50
④	③	③	①	④	②	①	③	②	③
51	52	53	54	55	56	57	58	59	60
④	①	①	①	①	②	④	③	③	④

김경옥. 신용호(2005). 주장관리와 양주학. 교문사:서울.

김종규. 고치원. 이석현(2006). 실전칵테일. 백산출판사:서울.

김충호. 원융희(1999). 호텔조직인사관리. 대왕사:서울.

김형열. 박소연. 박효철. 변풍식. 유은경. 이재진. 정재홍. 추연우(2006). 외식관리. 한올
　　　출판사:서울.

류무희(2006). 음료의 이해. 교문사: 서울.

박영배(2004). 호텔 · 외식산업 음료주장관리. 백산출판사:서울.

서원재(2006). 최신 식품학. 한올출판사:서울.

안우규. 이정미(2008). 최신 바리스타 창업실무. 한올출판사:서울.

안치호. 조춘봉. 백승희. 이형우(2004). 칵테일:Cocktail & Beverage. 백산출판사:서울.

이 걸. 이상명(2004). 음료와 칵테일 이야기. 형설출판사:서울.

이명식(2004). 서비스마케팅. 형설출판사:서울.

이석현. 김의겸. 김종규. 김학재(2006). 조주학개론:현대칵테일과 음료이론. 백산출판사:
　　　서울.

이세일. 정호권. 정두연. 이영일(2004). 한올출판사:서울.

오승일(2000). 주장관리. 형설출판사:서울.

유영진. 정연국(2005). 주장서비스 실무론. 한올출판사:서울.

전병길. 김영훈. 이승미(역, 2006). 식음료 원가관리 실무. 한올출판사:서울.

정익준(2004). 최신관광사업론:관광경영론. 형설출판사:서울.

최동열(1999). 연회실무. 백산출판사:서울.

최학수. 강인호. 이병연. 정승환. 김상철. 조문식(2004). 실전!외식사업경영론. 한올출판사:
　　　서울.

한국커피전문가협회(2011). 바리스타가 알고 싶은 커피학. 교문사:서울.

하헌국. 이성희. 유영진((1998). 호텔 식음료 경영론. 한올출판사:서울.

허용덕. 고윤희. 최용석. 홍영택. 김광우. 이상준(2014). 음료와 칵테일.한올출판사:
서울.

저자 소개

하 동 현

- 동국대학교 경영학과(경영학사)
- 미국 Ohio대학교 M.B.A.(경영학석사)
- 세종대학교 경영학박사(마케팅 전공)
- 동국대학교 관광경영학과(부) 주임교수, 학부장(역임)
- 동국대학교 문화관광산업연구소 전 · 현 소장
- 한국호텔관광학회, 한국호텔외식경영학회 부회장 역임
- 한국관광서비스학회, 대한관광경영학회 회장 역임
- 동국대학교 경주캠퍼스 관광대학 학장 역임
- 현) 동국대학교 사회과학계열대학 교수

■ 연구실적
- 여가와 인간행동(역서), 백산출판사, 2006.
- 신호텔경영론, 한올출판사, 2006.
- 관광사업론, 대왕출판사, 2011.
- 패밀리 레스토랑에서의 관계혜택, 브랜드애착, 브랜드 충성도 간의 관계, 2011 외 다수.

황 성 혜

- 동국대학교 호텔관광경영학 박사
- 조주기능사자격증(한국산업인력공단)
- 소믈리에 전문가 과정 수료(한국와인협회)
- 대한조주사협회이사
- 사단법인 한국능력교육개발원 커피자격검정시험 심사위원
- 현) 동국대학교 호텔관광학과 외래강사
- 현) 동국대학교 문화관광산업연구소 전문연구원

■ 역서
- 여가와 인간행동, 백산출판사, 2006.
- 리조트 경영론, 한올출판사, 2012.

김 윤 형

- 동국대학교 대학원 경영학석사
- 전) 힐튼 호텔 객실근무
- 전) 대한공제회 교육문화회관 객실 · 식음료 근무
- 전) 경주대학교 외래강사
- 전) 서라벌대학교 외래강사
- 전) 선린대학교 외래강사
- 현) 동국대학교 외래강사
- 현) 조주기능사, 와인 소믈리에, 프로서비스 강사

■ 저서
- 현대호텔식음료경영론, 한올출판사
- 신호텔경영론, 한올출판사

주장관리론

초판1쇄 발행 2014년 8월 30일
초판2쇄 발행 2016년 8월 25일

지은이   하동현 · 황성혜 · 김윤형
펴낸이   임 순 재

펴낸곳   한올출판사
등 록   제11-403호
주 소   서울특별시 마포구 모래내로 83(성산동, 한올빌딩 3층)
전 화   (02)376-4298(대표)
팩 스   (02)302-8073
홈페이지 www.hanol.co.kr
e-메일   hanol@hanol.co.kr

값 18,000원   ISBN 979-11-5685-031-1